Reserve
p Ye. 197.

LE MIROIR D'E-
TERNITE, COMPRE-
NANT LES SEPT AAGES DV
monde, les quatre Monarchies, & diuersité des regnes d'iceluy.

*A LA FIN DVQVEL SONT
contenus le general Iugement de Dieu, la peine
des Reprouuez, & la gloire des
Predestinez.*

COMPOSÉ PAR M. ROBERT LE ROC-
QVEZ DE CARENTEN EN
NORMANDIE.

A C'AEN,
De l'Imprimerie de Pierre le Chandelier.
─────────
1589.

L'Imprimeur au Lecteur.

AMy Lecteur, Par ce que vous pourrez trouuer estrange que ce liure n'a esté plustost mis en lumiere, veu le long temps qu'il y a qu'il est composé, comme il apparoist par l'Epistre suyuante, de la dedication faite d'iceluy au feu Roy François, que Dieu absolue, lors Dauphin de France. I'ay bien voulu vous en contenter par ce petit mot, qui est, Que l'Autheur d'iceluy l'ayant acheué, & deliberé de le faire imprimer, il y a vingtneuf ans passez, alla de vie à decez, ne laissant aucuns heritiers qu'vn sien neueu, pour lors en bas aage: lequel deuenu aagé, ayant cogneu l'intention de sondit oncle, & le labeur qu'il y auoit employé, n'a voulu qu'vne chose tant profitable à tout vn public, demeurast comme inutile, & enseuelie sous les tenebres d'oubliance. Vous prendrez donc (s'il vous plaist) ceste excuse en bonne part, & vous seruirez de son labeur, que sondit neueu vous presente, d'aussi bon cœur, comme il s'asseure que la volonté de sondit oncle ne tendoit à autre fin.

A TRES-ILLVSTRE ET TRES-NOBLE PRINCE, FRANÇOIS DE VALOIS,

par la grace de Dieu Roy d'Escoce, & Dauphin de France, fils du tref-Chreftien Roy Henry, protecteur du fainct fiege Apoftolique, fon plus que tref-humble, & tref-obeiffant feruiteur Robert le Rocquez de Carenten en Normandie, Salut, & profperité immortelle.

I'Ay veu plufieurs (ô Prince tref-heu-
reux)
D'ardent vouloir, & de cœur defi-
reux,
Tafchans marquer en memoire eternelle,
Leur nom, leur bruit, & louange immortelle,
Qui fe voyans en tranquile repos,
Hors tout negoce, & d'vn efprit difpos,
Ont propofé œuures faire, & efcrire,
Qu'ils ont voulu à leur defir conduire :
Comme moyen fans tache, ou deshonneur,
De paruenir au but de tel honneur.
Ou ie ne fçay fi leur trop rude plume,

ã ij

EPISTRE

Qui moult souuent pleinc de dueil s'allume,
A pretendu de ruiner le nom
De l'enuieux, ou croistre le renom
D'vn Mecenas, ou autre Prince Auguste:
Ou descouurir d'vn Neron faux, iniuste,
Les cruautez: ou vertu enthroner
Auecques Dieu, pour le haut ciel orner.
Ou si l'esprit de leur plume doree
Vouloit hausser la beauté adoree
D'vne Venus, esperant la renger
A leur desir, ou d'elle se venger.
En suyuant quoy ceste plume diuine,
A esclandré de Troye la ruine,
Pour la punir du fol rauissement
Que fist Paris: & de son iugement
Contre Pallas, & Iunon la deesse.
 L'vn a purgé d'infamie Lucrece,
Qui pour honneur se concita la mort.
 Autres ont peinct le belliqueux effort
Des Empereurs, & guerres Martiales,
Les trahisons fausses, & desloyales:
Et descouuert le vice, & deshonneur,
Lequel a fait apparoistre l'honneur
De l'innocent: plusieurs en leur sentence
Ont tant escrit du mal, & penitence
Que donne Amour à ce cœur langoureux,
Ses longs trauaux, & souspirs rigoureux:
Lançans par vers vne Andrie, ou Pandore,

AV ROY.

Ou vne Laure au ciel qui l'en decore.
Quoy qu'il en soit, ie le croy pour certain
(Prince benin) que telle heureuse main
N'a rien escrit, qui ne tende ou calenge,
A exalter du haut Dieu la louange.
Combien qu'on voit en tant dignes escrits,
Venans du ciel par si nobles esprits,
Aucunesfois termes pleins d'insolence
Lasciuieuse, ou maint bon œil s'offense.
Ce non pourtant l'extreme, & seule fin
Des escriueurs, nous est donnee, afin
Que vertu soit à l'homme vne asseurance
D'eternel bien, auecques l'esperance
D'auoir le fruict en leurs œuures caché,
Et euiter l'erreur de vil peché:
Qui auoir fait aucun œuure louable,
L'ont presenté (comme au fort defensable
Contre enuieux qui pourroyent mal parler)
A quelque Prince, ou afin que par l'air,
Leur bruit, & gloire à tous fust espandue:
Ou en auoir la grace pretendue
De ceux, à qui tel œuure ont adressé.

 Quand de ma part (cher Prince) i'ay dressé
Ce petit œuure à vostre digne face,
Me contentant de vostre seule grace:
Cognoissant bien qu'vn Royal cœur desire,
A tousiours veoir chose nouuelle, & lire
Liures nouueaux, dont fruict puisse venir.

EPISTRE

Si ceste main ne s'est peu contenir,
Ni mon esprit prenant la hardiesse,
Oser escrire à la digne hautesse
De vostre nom au haut ciel herité,
Punissez m'en ie l'ay bien merité.
Mais cognoissant l'affection loyale
Que i'ay de veoir l'excellence Royale
De vous (Seigneur) vous me ferez pardon :
Et si prendrez en gré ce petit don.
Petit ie di : car il vient d'vne terre,
Qui ioint aux bords de la mer d'Angleterre,
Vn pays froid, de gens, & de sçauoir.
Ce non pourtant mis me suis à deuoir,
De vous offrir ce que la terre apporte :
Si toutesfois quelque bon fruict ell' porte,
Il vient de Dieu, lequel par sa bonté
Peut eschauffer la froide volonté,
Tant du petit, que du grand : auquel donne
Son haut thresor, & si luy abandonne.
 O cœur Royal ! pourroit-il bien sortir
D'vn Carenten, vn don, qui ressortir
Viendroit en soy pour se faire assez digne
D'vn fils de Roy, d'vne face diuine !
Non, non (Seigneur) car le lieu n'est adroit
De si haut bien, à vostre seul endroit.
En cestuy lieu Dieu m'a donné naissance :
Auquel i'ay prins le laict de ma croissance,
Trop loin de vous (ô Prince tres-heureux)

AV ROY.

Dont ie m'estime en ce trop malheureux,
Que ie n'ay peu en ce sacré domaine,
Puiser de l'eau de la source, & fontaine,
Prenant son cours au cœur des hauts docteurs,
Grecs, & Latins, & de plusieurs autheurs,
Par qui Paris arrouse toute France :
Combien ma plume au fort de l'asseurance
De mon espoir, auroit bien autrement
Vostre haut nom exalté hautement.
 A mon vouloir que ce petit sçauoir
Fust autant grand, que grand est le deuoir
De ce mien cœur, qui grandement desire,
De mon seul Roy les louanges escrire,
Et ses vertus, dont France fleurira,
Et saintement en soy s'esiouira.
 Comme ainsi soit, que sous la confidence
De feu haut Roy, François, plein de prudence,
Sous la bonté de vostre geniteur :
De tout sçauoir, & lettres amateur,
Tant d'Orateurs se soyent mis, & retirent,
Ont desiré, & encores desirent
Se retirer, leur faisant vn present,
Qui soit muni d'aucun acte recent :
Auquel leur œil le lisant se delecte.
Combien mon cœur ardentement affecte
Les ensuyuir ? Et tant ay desiré
Vostre bonté, que m'y suis retiré
Par ce present, estant comme œuure indigne

EPISTRE

De vostre nom, & lequel n'est pas digne
Qu'vn œil Royal le vousist regarder,
Ni sa bonté seulement le garder.
Ce non pourtant de bon cœur ie vous l'offre,
L'ayant tiré du thresor de mon coffre,
Sous la bonté du hautain Createur,
Lequel m'en a esté le donateur:
Ainsi qu'estant le bouton & primice
De mes labeurs : auquel s'il y a vice,
Ie l'ay remis en la protection
De vous tout seul, sous la correction
Des hauts Docteurs, qui par leur diligence
Amenderont ceste ma negligence.
 Ie l'ay titré, sous vostre authorité,
Le clair Miroir de toute eternité:
Faisant discours des sept aages du monde,
Comme vn miroir ayant la face ronde,
Ou l'homme voit en sa clarté entiere,
Tout ce qui est deuant luy, & derriere:
Pour lequel clorre, & finir rondement
Selon l'escrit, est mis le Iugement
Du sixiéme aage, auquel sera donné
De Iesus Christ la sentence, ordonnee
Du Createur contre les obstinez:
Remunerant les bons predestinez.
Si le haut Dieu qui nos effects dispose
Me donne temps, au septiéme propose,
Determiner, & amplement escrire

AV ROY.

Leur peine, & mal, & leur gloire deduire.
  Ie cognoy bien en moy, que l'entreprise,
Laquelle i'ay dessous vostre nom prise
Moult pesante est, à moy, pour la porter,
Mais si Bonté me vouloit supporter,
Qui en vous est, point ne m'est difficile,
Vostre support, toute chose facile
Rend à mon cœur: combien que ce labeur,
Tres-difficile est à vn ieune cœur
Comme le mien: mais doux pour l'esperance,
Que ce mien liure apporte vne asseurance
De quelque bien, à vous, & aux lecteurs:
Lesquels voyans le fruict de mes labeurs,
Le trouuerez estre moult delectable:
Voire & trop plus à l'esprit profitable.
Vostre œil pourra cognoistre clairement,
Combien i'ay mis cœur, & entendement
Chercher au vray le sens de l'Escriture,
Pour de haut Dieu cognoistre la nature,
Et pour la faire entendre à tous lecteurs:
Non comme sont les nobles Orateurs,
Persuadans par humaine eloquence:
Mais l'ay escrit sous la iuste clemence
Du haut Seigneur, qui ma plume a conduit
Iusques en fin de mon œuure produit.
  La phrase n'est d'vne douceur benigne,
Mais plus tost suis, ainsi qu'aupres du Cygne
Est le corbeau qui s'efforce chanter,

EPISTRE.

Pour celuy Cygne en son chant surmonter.
Ce non pourtant, le sens de ce mien œuure,
A qui le veut sentir, ou le descœuure,
Apporte vn fruict diuin, & amoureux,
Pour nourrir l'homme au lieu des bienheureux :
Et lequel peut à l'ame vagabonde,
Par les destroits de ce perilleux monde,
Donner vn goust, duquel s'enyurera,
Et du plaisir mondain se tirera,
Pour viure au ciel : c'est ou l'œuure veut tendre,
Et rien de vous (cher Prince) ne pretendre,
Fors que gaigner il puisse vostre cœur,
Et veu de vous, vous luy portez faueur.

FORS DIEV TOVT PASSE.

EPISTRE DE L'AV-
*teur, au Lecteur, declaratiue de
ce que l'œuure traitte.*

LONGVEMENT en moy considerant (tref-benin & amy Lecteur) le discours dangereux, & breuité attedieuse de ceste nostre vie humaine, i'ay grandement entre tous les œuures parfaits du Souuerain Createur admiré, que combien qu'vne infinité de ses creatures raisonnables soit richement marquee du precieux thresor de ses diuines richesses, prenant commencement, & origine premier d'vne seule & mesme bonté. Ce nonobstant le tant peu qui s'en trouue sur ceste nostre terre, non seulement est en gestes, figure, ou forme de viure different & variable, que mesme à peine se rencontrent deux ou trois personnes d'vn conforme desir, & volonté semblable: En quoy se manifeste & apparoist la supresme & infinie puissance de ce diuin architecte, tous ses œuures disposant en sapience. Suyuant quoy, pour tant de diuerses affections iustement contenter, il a voulu, & bien luy a pleu, entre icelles ses creatures semer, susciter, & espandre diuersité de sciences, pour que chacun de leurs esprits se peust plaire, ou la lumiere de ceste diuine bonté (par le charactere de sa face en eux imprimee) l'attirast, qui par le naturel instinct de ce bon Dieu ardentement desiré, le cognoistre, ce qui diuersement se peut accomplir, en la seule notice de celles sciences diuerses, toutes ensemble scaturiantes, & diffusement emanentes de ceste diuine source, & eternelle bonté. Les vns ont cognu Dieu aux cours variables, & continuels mouuemens des astres celestes, & aux subtiles retroflexions des cieux azurez. Les autres l'ont veu aux inundations de l'incertaine mer fluctuante, & par les impetueuses haleines des horribles vents voguee, & agitee. Les vns se sont totalemēt arrestez (par quelque inspiration conduits) à la seule contemplation perspectiue de ceste diuine bonté. Les autres se sont retirez des ne-

AV LECTEVR.

oces tumultueux, & curieux affaires de ce monde, pour sur les coupeaux solitaires des hautes montaignes, philosopher, & là mieux inuestiguer, sonder, & entendre la grandeur de la terre, & profondité de la mer spacieuse. Les vns ont mis leur dernier but, & seul plaisir à reduire par escrit les gestes admirables, & perilleuses entreprises de ceux, qui ont consumé le discours de leur temps aux conquestes aduentureuses des effects magnanimes de la guerre. Les autres ont diligemment enquis & esprouué l'excellente & cachee vertu des herbes, & des plantes : pour par vn contemperament medicinal, promptement obuier, & donner remede aux frequentes infirmitez, & vrgentes maladies de ce corps humain. Et sommairement, plusieurs, & pres-que tous autres (selon que leur naturelle inclinarion les a poussez) se sont delectez aux autres vacations diuerses. De toutes lesquelles choses, les escriueurs curieux (ausquels nous sommes grandement obligez) nous en ont laissé liures excellens, & œuures louables, pour nous donner à entendre de ce haut Dieu en leurs escrits, qui tous ensemble

EPISTRE

(combien qu'en diuerses sortes) ne tendent qu'à la seule & parfaite cognoissance d'iceluy. Et si tant estoit que ces trois sœurs Parcales, tenantes le fuseau de la vie humaine, tirassent nostre fil autant fort, & long, comme elles faisoyent aux hommes du premier aage, i'estimerois celuy, plus que malheureux, & comme mourant au grand regret d'vn non contentement de son esprit, lequel ne s'efforceroit à parfaitement veoir, lire, & entendre ce, que les anciens nous en ont laissé en perpetuelle memoire. Mais tant y a que la grande & multipliee malice des hommes a tellement vicié, affoibli, & accourci leur miserable vie, qu'en si peu de temps il seroit à nul impossible de ce faire: donc que chacun s'efforce entant qu'il en a le temps, oportunité, & loisir, de prendre le plus facile & abregé chemin de paruenir à ceste cognoissance de ce bon Dieu: ou soit par la frequente contemplation de la saincte Theologie, par le continu exercice, & estude des autres sciences: ou par l'infatigable, & laborieuse lecture des liures, & memorables histoires que nous auons: comme le precieux & ri-

AV LECTEVR.

...he thresor de l'industrieux labeur des anciens. A cause dequoy (benin, & amy lecteur) cognoissant que l'abondante, & diuerse lecture, de tant & si grand nombre de liures, peut laisser vne inextricable confusion aux esprits des hommes, (& specialement à ceux de ce temps, impliquez en cent mille afflictions, fortunes, & miseres humaines, au labyrinthe & expedition desquelles le plus long & le meilleur de leurs ans est grandement empesché, & obstineement consume) Ie me suis enhardi en ma ieunesse, sous la grace & benigne conduite du haut Seigneur, faire, & composer (ainsi que la petite & prouide mousche va cueillir, & çà & là amasser la cire, & liquide miel, au temps du renouueau & Esté chaleureux, sur les tendres fueillettes des arbres verdoyans, & sur les espanissantes fleurettes des douces herbes de la terre, dont elle remplit l'ample concauité de son odorifere Ruche) vn petit abregé, & compendieux recueil des choses que i'ay cogneuës estre à l'homme les plus necessaires, pour s'y plaire & delecter, & qui luy pourront donner en le lisant (selon le pouuoir de son esprit) vne autant parfaite & viue cognoissance de ce souuerain Dieu, & autant ou plus le contenter, comme la totale laborieuse lecture de ceste presque infinie multitude de liures, qui (possible est) le pourroyent faire tomber, irretir, & entortiller en tel labyrinthe de confusion, qu'à grande difficulté s'en pourroit desuelopper. Quoy faisant, en lisant ce petit œuure, se trouuera deschargé d'vne incroyable peine, & labeur indicible, de fueilleter & reuoluer telle copieuse, & onereuse masse de liures: Combien (ô Lecteur studieux) que ie ne te vueille pas oster le goust, & desir de veoir, lire, & perscruter autres liures que cestuy-ci, à toy qui es de plus grande intelligence, & de plus haute entreprise. Toutesfois en lisant cestuy nostre petit œuure, tu y pourras succinctement veoir le discours hystorial de tout le vieil & nouueau Testament, commençant à l'eternité de Dieu, la creation de l'vniuers, & machine du monde, la nature & proprieté de l'Ange, & de l'homme, & leur ruine: Toutes les histoires plus fameuses, & memorables, depuis la creation d'Adam, iusques en cestuy

cestuy nostre temps. Le commécement, diuturnité, & mutation des quatre Monarchies du monde: auec l'origine, & changement diuers des dynasthies, & regnes de la terre: Et sous quelle Monarchie, & combien ils ont fleuri. Tu y cognoistras le principe, & premiere fondation de plusieurs Villes antiques, & Chasteaux de renom, tant de l'Asie, Aphrique, que de l'Europe. Tu y sçauras en le lisant la plus grande partie des ioyeuses, & fructueuses poësies, escrites & narrees au liure de la transformation des bestes. Tu y entendras l'origine, race & nom des Monarques, Empereurs, & Roys, tant des Allemaignes, Rome, Gaules, que de la France iusques en notre temps. Aussi tous les Roys Chretiens, lesquels ont regné en Ierusalem, & en la terre Saincte, successeurs du tres-preux, & tres-victorieux Godefroy de Buillon, Duc de Lorraine: depuis la conqueste & recouurance miraculeuse qu'il en fist sur les ennemis de nostre saincte Foy Catholique. Et pour clorre & arrondir ce present œuure, (dit le Miroir d'Eternité) tu y apprendras le discours veritable du dernier, general, &

ē

EPISTRE.

terrible Iugement de Dieu: auec la peine eternelle des Reprouuez, & la gloire inenarrable des Predestinez. Le tout ful-ci, & curieusement approuué par textes, & authoritez de l'Escriture saincte, & autres docteurs cottez en la marge de ce liure. En lisant lequel, il ne te pourra beaucoup ennuyer, tant pour sa compendieuse deduction, que pour la frequente varieté, & assiduel changement de sentences diuerses, qui en iceluy souuent deuant tes yeux se viendront offrir, & presenter, & que naturellement tout esprit desire. Donc (amy Lecteur) si tu y trouues aucune chose, qui te puisse apporter quelque fruict, & vtilité, ne m'en vueilles donner ni attribuer aucune louange: mais seulement rends en graces immortelles à la diuine bonté, & Pere de l'vniuers, duquel tout bien procede, & de luy descend à ses creatures.

DIXAIN.

Benin Lecteur que liras ce mien œuure,
Voy combien grand a esté le labeur
A disposer, ce qu'à l'œil il descœuure,
Pour contenter le desir de ton cœur:
En quoy i'ay fait, que du haut Createur

DIXAINS.

Tu entendras la puissance notoire,
Ce liure ici sera vn repertoire,
Pour soulager ton labeur grandement:
Si fruict y a ne m'en donne la gloire,
Mais à celuy dont vient contentement.

FORS DIEV TOVT PASSE.

NOBLE HOMME MI-CHEL KADOT, SIEVR DE Sebeuille, aux Poëtes, & Lecteurs de ce Liure.

Faites cesser ces doux chants amoureux
Poëtes diuins, à vostre chaste Muse :
Ne chantez plus ces carmes langoureux,
Ou vostre esprit se trauaille, & s'amuse.
Faites cesser à vostre cornemuse
Ces chants diuers, qui viennent enflammer
Maint cœur nauré, par le poison amer
De ce fol dieu, lequel tient tout en serre.
Faites plustost Cupidon desarmer
De son fier dard, qui nous liure la guerre.

Venez chanter auecques ce Normand,
Non chant d'amour, qui maint esprit affole:

e ij

DIXAINS.

Mais chants diuins, qui le pecheur dormant
Font resueiller de sa pensee fole :
Voire & trop mieux du haut Dieu la parole,
(Comme il a fait) il vous conuient chanter.
Ne vueillez plus Vlixes enchanter,
Ni ses soldards par Circé la mondaine :
Touchez vn chant lequel puisse planter
Crainte de Dieu, en la pensee humaine.

    Par ce Rocquez vn haut Roch s'est fendu,
Ainsi que fist la roche Mosaïque,
Qui ses ruisseaux par tout a respandu,
Pleins de liqueur celeste, & deifique.
Nul deuant luy par sa Muse heroïque
N'auoit emprins celle roche enferrer,
Pour en tirer des eaux, & s'y mirer,
Comme au ruisseau qui demonstre la face :
Mais a ce faict, pour l'homme en Dieu tirer,
Qui se veut veoir en ce Miroir de grace.

F I N.

SONETS.

A MAISTRE ROBERT LE ROCQVEZ, DOCTEVR en Theologie, Sur son Miroir d'eternité.

PAR MAISTRE GVILLAVME ALEXANDRE ADVOCAT.

SONET.

LE Roces dont sortit la source & origine
De ce diuin Miroir, œuure de tes esprits,
Dans lequel doctemēt tu monstres, & descris
Les effects excellens de l'essence diuine.

Tu nous fais veoir aussi en sa face plus fine,
Qu'acier, ou que cristal, tout ce qui est cōpris,
De rare & excellent, aux antiques escrits
Que tu as recerchez par ton labeur insigne.

Les Normans deueroyent, pour te faire reuiure,
Engrauer tes beaux vers en cent tableaux de cuyure,
Et faire en ton honneur eriger vn autel :

Mais que leur seruiroit tāt de tableaux cōstruire,
Que le Tēps ruineur en fin pourroit destruire,
Puis q̃ ce Liure seul te peut rendre immortel ?

SONETS.

AV LECTEVR DE CE LIure, pour exhortation à prier pour l'Auteur d'iceluy.

SONET.

Ami Lecteur, qui remires ta face
   Dans le cristal de ces polis Tableaux,
   Ie te suppli' de faire vœux nouueaux,
   Pour celuy là qui en bastit la glace :

Que son esprit, par la diuine grace,
   Soit abbruué dans les sacrez ruisseaux
   Du doux Nectar, & gouste les morceaux
   De l'Ambrosie, en la celecte place.

Qu'à son tombeau les Roses, & les Lys,
   Ouurent tousiours de leurs robbes les plis :
   Qui pour fuir toute iniure profane,

Soyent par dessus d'vn' Aub'-espin' couuers,
   Là où viendra redire ses beaux vers
   Le Rossignol, par chacune Diane.

                     M. DV HAMEL.

SONETS.

A MAISTRE ROBERT LE Rocquez, DOCTEUR EN Theologie, sur son liure du Miroir d'eternité.

SONET.

Ainsi que l'Eternel bastissant l'vniuers,
  Pour le rendre parfait, & embellir le monde,
  Crea des animaux toute espece feconde,
  Dont il remplit par tout l'air, la terre, & les mers.
Tout ainsi, le Rocquez, doctement par tes vers,
  Bastissant ce Miroir, pareil en forme ronde,
  Tu as fait que de rang vne suitte y abonde
  De beaux enseignemens, & de suiets diuers.
Et comme les humains par l'ordre de nature,
  Pour substanter leurs corps reçoyuent nourriture,
  Des fruicts q̃ rend la terre en grãd' cõmodité.
De mesme leurs esprits se mirans dans ton liure,
Y trouueront vn fruict lequel les fera viure,
D'vne seconde vie au mont d'eternité.
         Gab. Aleaume, Caren.

A L'AVTEVR.

Ce Miroir, le Rocquez, tu ne nous as dõné,
Afin de nous farder, & mirer nostre face :
Mais afin que l'esprit aux vices adonné,
Puisse en se corrigeãt auoir de Dieu la grace.
         L. P.

SONETS.

A MAISTRE ROBERT LE ROCQVEZ DE CARENTEN, EN son viuant Docteur en Theologie, Sur son Miroir d'eternité.

PAR MARIN MAHIEV.

SONET.

Ton liure intitulé Miroir d'eternité,
C'est vn corps diaphane, ou du monde l'essence,
La beauté, la grandeur, la cause, la naissance,
Reluisent clairement dans sa rotondité :
Le Miroir, di-ie moy, plein de diuinité,
Qui monstre des hauts Cieux la grand' magnificence,
L'immuable vouloir, l'admirable puissance,
Du tout seul & vray Dieu regnant en Trinité.
Comme iceluy viendra le iour du Iugement,
Donner aux vertueux paix & contentement,
Depuis l'aage derniere à ceste-la d'enfance,
Et bailler aux mauuais les tourmens de l'enfer.
Veillons donc tous à bien en ce siecle de fer,
Ce Miroir nous esclaire à fuir toute offense.

DIXAIN SVR LE MESME LIVRE.

Heureux qui bastit en ce monde
Quelque œuure à nostre enseignement,
Et qui de la terre, & de l'onde,
Narre les faits entierement:
Plus sage qui du firmament,
Tout bellement le sçauoir sonde :
Aussi qui l'histoire feconde
Poursuit pas à pas brauement:

SONETS.

Le Rocquez tout ceci demonstre,
En son Miroir qu'au peuple il monstre.
                          MAHIEV.

SONET ENCORES SVR LE LIVRE DVDIT le Rocquez.

Comme lon voit la Nef sur le Neptun' flottant,
   Se guider seurement par le flambeau du Pole,
   Fuyant les chants trompeurs, & pleins de monopole,
   Du Triton, ou Seraine, au Caribde habitant.
De mesme du Rocquez cest ouurage sortant,
   Qui parmi l'vniuers merite qu'il s'envole,
   Veu maints suiets qu'il a de sa sainte Parole,
   Les humains va sans fin à bien faire exhortant:
Leur monstrant vn Miroir qui hait la vanité,
   De ces vaux gemissans, & la mondanité,
   Qui perd les vicieux pour estre enchanteresse.
Receuons donc Chrestiens, les sades & bons fruicts,
   Que ce docte Normand de son temps a produits,
   Pour conduire à vertu toute ame pecheresse.

SONET A ROBERT LE ROC-quez, de la diligence qu'il a faite de mettre en lumiere le Miroir d'eternité de son oncle le Rocquez deffunct.

LE ROCQVEZ (mon amy) tu n'aurois sçeu mieux faire,
   Que vouloir estaler en ce grand vniuers,
   Le liure de ton oncle, or' gisant à l'enuers,
   Sous l'ombre d'vn tombeau pleureux & solitaire:
Il n'estoit pas raison si sainct œuure aussi taire,

Et le laisser tousiours dans les antres couuers,
Veu les fruicts sauoureux qui sortent de ses vers,
Et d'vn si beau Miroir vne nuict en pourtraire :
Dans lequel toutes gens se pourront bien mirer,
Et les faicts excellens du Seigneur admirer,
Comme ce qui se voit aux Cieux, sur T'erre, en l'Onde.
Ton nom, comme le sien, par ainsi dureront,
Tant que les clairs flambeaux sans cesse brileront,
Et tandis que viura creature en ce monde.

AVTRE SONET AVX LECTEVRS DV MIROIR D'ETERnité dudit le Rocquez.

Quand vous verrez (Lecteurs) le labeur du Rocquez,
Que la Parque a tiré de la peine mortelle,
Quoy qu'il soit auec nous de memoire immortelle,
Nous ouurant le cachet de ses diuins pacquez.
Oncques vous ne sçauriez faire meilleurs conquests,
Que d'apprendre & sçauoir la lecture tant belle
De son diuin Miroir, qui bannit la cautelle,
Et veut mener nostre ame aux celestes banquets.
Si la phrase des vers n'est aussi decoulante,
Tant braue, tant mignarde, ou si bien auenante,
Que celle d'apresent de nos Poëtes François :
Cela despend du Temps qui sur tout a puissance,
Car ils ne laissent pas d'estre beaux en substance,
L'esprit ne deust lasser les lisant mille fois.

Le tout par ledit Marin Mahieu.

SONETS.

AVX CVRIEVX, SVR LA RE-
COMMANDATION DE CE LIVRE
intitulé le Miroir d'eternité, Composé par
feu de bonne memoire, maistre Robert le
Rocquez, Docteur en Theologie, en son
viuant de Carenten en Normandie.

SONET.

N'allez plus celebrant, ô vous Magiciens,
  Ce miroir de Iacob, lequel vous represente
  Aux yeux, ce dites vous, de toute chose absente
Le pourtraict figuré, par occultes moyens.
Ceste ruze a pipé quelques fols anciens,
  Qui cerchoyent, aueuglez, la verité latente,
  Parmi l'obscur nuicteux d'vne illusoire attente,
Estans encheuestrez d'ensorcelez liens.
Ostez moy tout cela, ce n'est que menterie,
  Diabolique engin de fausse tromperie:
  Et venez, si encor le desir vous estraint
De veoir, ainsi qu'à l'œil, vne affaire cachee,
  Contempler ce Miroir, de telle sorte empraint,
  Qu'il vous enseignera toute chose cerchee.

A MAISTRE ROBERT LE
Rocquez, neueu dudit deffunct, auteur de ce liure, pour auoir
mis ce Miroir en lu-
miere.

SONET.

Si Orfé merita vne gloire immortelle,
  Pour auoir r'amené des stigiens manoirs

SONETS.

L'ombre, ia se meslant parmi les ombres noirs,
  De sa femme, au babil de sa douce chant'relle :
Si Esculap' encor rattachant l'ame belle
  D'Hippolite à son corps, acquist par ses deuoirs,
Vn grand los: Mon Rocquez, tu peux par ces miroirs,
  Gaigner sur eux le pris de louange eternelle.
Maintenant que tu as, gracieux, deterré
  De ton oncle deffunct l'esprit vif enterré,
  Qui s'en alloit passer l'oublieuse ruiere:
Quand tu l'as r'appellé du Lethean seiour,
  Luy rompant le bandeau qui serroit sa paupiere,
  Pour luy faire reueoir la clarté de ce iour.

ENCORE AVDIT LE ROCQVEZ, NEVEV DV-dit deffunct.

SONET.

Comme le Roc assis sur la riue marine,
  Despite les efforts de l'ondeux flot bruyant :
  Combien que nuict & iour de pres le costoyant,
  Ne cesse de choquer sa pierreuse racine :
Ainsi ton nom qui prend d'vn Roc son origine,
  Ne craindra point les coups d'vn Zoïle abbayant,
  Encor' que dans son sein le fiel bouille ondoyant,
  Et liure maint assaut d'vne rage mâtine.
Car comme le courroux de la vague escumeuse,
  Se pert incontinent dedans l'eue areneuse :
  S'estans entrecreuez ses bouillons furieux.
Ainsi, mon cher amy, la rage plus felonne,
  Grosse de noir venin du ialoux enuieux,
  Se deffera, cuidant aborder ta personne.

Par M. DV HAMEL.

SONETS.

A MAISTRE ROBERT LE ROCQVEZ,

Sur le Miroir d'eternité de deffunct maistre Robert le Rocquez son oncle.

SONET.

Comme celuy qui fait vn bastiment,
 Cerche tousiours, non la mouuante areine:
 Mais bien plustost la Roche souterraine,
 Pour de ses murs estre le fondement.
Ainsi ton oncle a choisi sagement,
 Voulant bastir, la matiere certaine,
 Qui le fera, pour loyer de sa peine,
 Apres sa mort reuiure heureusement.
L'eternité ce beau Miroir commence,
 Ou se voit Dieu trin'-vn en simple essence,
 Et du grand Tout les changemens diuers.
Puis pour la fin l'arrest irreuocable,
 Plaisant aux bons, & fascheux aux peruers,
 Pour le repos, ou tourment perdurable.

Thomas Gosselin, S. de Fontené
Gentilhomme Bessinois.

SONETS.

SVR LE MIROIR D'ETER-
NITÉ DE MAISTRE
Robert le Rocquez.

PAR ROBERT LE ROCQVEZ SON NEVEV.

SONET.

Ce Miroir ne ressemble à vn glace de verre,
   Dedans lequel se mire vne ieune beauté,
   Qui n'a souci de rien, qu'en toute volupté
   Nourrir son fresle corps, tant qu'il est sur la terre.
Aussi l'homme de bien, que le monde n'enserre,
   Et auquel la Foy viue a tousiours habité,
   Se plaira grandement aux raiz de sa clarté,
   Qui viuement brillans font au vice la guerre.
Car lisant le discours de ce grand Iugement,
   Plus l'ayant bien compris en son entendement,
   Il tremblera de peur de commettre vne offense :
Et craignant d'encourir la peine des damnez,
   Qui descendre anx enfers seront tous condamnez,
   De ses pechez commis il fera penitence.

PAR LE MESME,

AVX LECTEVRS.

Par ce que l'auteur de ce liure,
En mourant auoit ordonné,
Qu'il vous fust offert & donné,
De tres-bon cœur ie vous le liure.

SONETS.

A MAISTRE ROBERT LE ROCQVEZ, EN SON viuant Docteur en Theologie, sur le Miroir d'eternité.

SONET PAR SIMON BERTOT, CITOYEN DE BAYEVX.

Qui voudra veoir coment dessus l'aire Asienne,
Tant de superbes murs iadis furent plantez:
Qui voudra veoir aussi orner de tous costez
De mesmes bastimens la terre Gallicane:

Qui voudra veoir courir la gent Deucaliénne,
Dans la France erigeant ses villes & citez,
Qui voudra veoir encor de leurs antiquitez,
Contemple du Rocquez ce Miroir qui l'enseigne.

Et tout ce qui est saint, & saintement apprins
Aux escoles des Grecs, des Hebreux & Latins,
Que sa docte vranie ici bas nous estalle,

Concluant par l'effroy du tiers euenement,
Que son pinceau nous graue au cœur si viuement,
Qu'vn Scythe en auroit peur, vn Goth, vn Canniballe.

SONETS.
A MAISTRE ROBERT LE ROCQVEZ, AVteur de ce liure.

SONET.

Qui voudra recercher d'vne antique origine,
 Qui furẽt des citez les premiers fondateurs:
 Qui voudra s'informer des faicts & des valeurs
 Des plus braues guerriers, s'exerce en ta doctrine.
Qui voudra sous l'obiect d'vne vertu diuine
 Cõtẽpler les desseins de nos premiers maieurs:
 Et quiconque voudra des celestes faueurs
 Admirer les effects, suyue ta discipline.
Qui voudra plus heureux, d'vn sentier asseuré,
 Attaindre au promõtoir ou l'ouurage honoré
 Du seul Dieu se cognoist, vueille ta muse eslire:
Car nul plus doctement n'auroit sçeu façonner,
 Ce Miroir esclairant que tu fais resonner,
 Pour des vices humains la puissance destruire.

IAQ. LE HERICY.

ENSVY-

SONETS.

ENSVYVENT TREZE SO-
NETS, PAR M. PIERRE LOM-
bard, Licentié aux Loix, & Archer à Grand-ville.

SONET I.

Ainsi comme vn miroir, viuement represente,
La certaine figure, ou forme qu'il reçoit,
Et les grans, & petis, nullement ne deçoit:
Ains nous demonstre au vif toute chose presente.
Amy Lecteur, ainsi, ce liure nous presente,
Ce qui deuant les cieux, iusqu'à ce temps se voit:
Des bons, & des peruers, le iugement preuoit:
De vice, & de vertu, nous remonstrant la sente.
Est doncques bien dit, Miroir d'eternité:
Puis que par iceluy de la diuinité,
Nous voyons de tous temps, les effects admirables.
Donc, Rocquez, tant qu'vn roc, dedans la mer sera,
Et qu'auec les François, françois on parlera,
Nos neueux vanteront, tes escrits perdurables.

SONET. II.

Si vous voulez sauoir, comme la Parque esgale
Les Sceptres, & Carquois, des plus grans Empereurs,
Aux Leuiers, & Rateaux, des poures Laboureurs:
Poisez cest œuure sainct d'vne balance esgale.
Si vous voulez sauoir, comme fortune estale,
Diuersement à tous, ses fragiles faueurs:
De Mars les durs assauts, ses Paniques fureurs,
Et l'horrible tourment de l'auare Tantale.
Si de tous les climats, qui sont dessous les Cieux,
Vous desirez sauoir les actes vicieux,
Ou dignes de vertu, pour les fuir, ou suyure:
Si vous voulez preuoir le iour du iugement,

SONETS.

Le repos des Esleus, ou d'Enfer le tourment:
De monsieur le Rocquez, lisez le docte liure.

SONET III.

Phœbus seillant ses yeux, la nuict est couronnee,
De mille petis feux, brilans au firmament:
Mais Phœbus resueillé, la nuict tout promptement,
De ces crayons luysans ell' est abandonnee.
Et le Rocquez absent, la lecture est aimee,
De mille beaux escrits, de l'amour ornement:
Le Rocquez de retour, chacun voit clairement,
Comme il obtient le prix, par sa plume animee.
Quand ie ly du Rocquez les celebres escrits,
Ie cognoy du grand Dieu la Loy, les faits, & cris:
Que chacun bon Chrestien pose en sa fantasie.
Donc suyuons du Rocquez ceste belle clarté,
Qui conduit au repos d'eternelle beauté:
Puis qu'il est le Soleil de sainte poësie.

SONET IIII.

Pandore auoit laissé le vase precieux,
Vase vrayement exquis, plein de vertus prosperes:
Nous apportant çà bas les monstres, & viperes,
Qui bourrelent nos iours de leurs traicts vicieux.
Mais le seigneur Rocquez, en partant des hauts cieux,
Expres vint apporter, ce thresor à nos peres:
Pour essuyer leurs pleurs, leurs maux, & improperes:
Et les faire iouir du repos gracieux.
Il renuoye à Pluton, Erinne la felonne,
Ericthon l'orgueilleuse, & l'horrible Belonne,
Pandore, & son malheur des peruers adoré.
On n'oit que tout plaisir dessous la voute astree,
Pour nous regir en paix, reuient la vierge astree:
Et par ce bon Rocquez auons l'aage doré.

SONETS.

SONET V.

Comme le Pelerin, qui de nuict fait voyage,
S'arreste à contempler les feux du firmament:
Pensant sous leur faueur marcher asseureement,
Esgaré s'apperçoit au trauers d'vn boscage,
Ne sait que deuenir: en fin preuoit le page,
Du radieux Titan. Alors tout promptement,
Recognoist son chemin, & chantant doucement,
Ensuit ceste clarté: comme guide tres-sage.
Ainsi, vous qui lisez vn million d'escrits,
Volans par l'vniuers, de maints auteurs escrits:
Las! vous vous esgarez, sur la terre, & sur l'onde.
Arrestez-vous vn peu, voyez ceste lumiere,
Qui luire maintenant à tous est coustumiere:
Suyuez-là comme vn Astre, esclairant tout le monde.

SONET VI.

Le bon Nocher, voulant par l'Ocean ramer,
Il propose à ses yeux vne nuictale Phare:
Pour garder ses vaisseaux, du roc aspre, & caphare,
Et surgir à bon port, ayant franchi la mer:
Ainsi (Lecteur) celuy, qui voudra s'imprimer,
Ce Fanal eternel, œuure excellent & rare,
N'abismera iamais, sa nef au Cap barbare:
Ains se fera en terre, & au ciel estimer.
Nocher ne craint point de Charibde, ou de Scile,
Les perils eminens, ou le North difficile:
Esperant de s'ancrer, vn iour riche, & dispos.
Ainsi ce bon Rocquez, marche d'vne ame munde,
Ne doutant nullement Sathan, la Chair, le Monde:
Tant q grand le desir du celeste repos.

SONET VII.

Ne vantez plus, Messieurs, ne vantez plus Parnasse,
Ni de Pyrene aussi les ruisseaux argentins,

SONETS.

Du verger Cynthien, les Roses, & les Thims:
  Ou les doux arbrisseaux du Phœbean Caucasse.
De ce Gregeois troupeau, ne vantez plus la grace,
  Que lon disoit auoir, grans honneurs & diuins,
  Marchant esgalement, sous les doigts yuoirins,
Et l'harmonieux son du doux harpeur de Thrace.
Mais admirez ici, les graces, & faueurs,
  Les diuines vertus, & signalez honneurs,
  De monsieur le Rocquez, afin qu'vn iour vous serue:
Qui par son grand sauoir, peut arrester la mer,
  Les postillons d'Eole, aussi Mars desarmer:
  Et gaigner le Laurier de la Grecque Minerue.

SONET VIII.

Ouurage de nature, ingenieuse Auette,
  Subtil desrobe-fleur, de la verte saison,
  Laisse (si tu me croy) l'hybleenne maison,
Et les thims doucereux, du Printemnier Hymette.
Ne croy que dans Attique, vn si grand soin on mette,
  Sinon pour desrober ta mielleuse toison:
  Lors que par grans labeurs, tu auras à foison,
Empli de l'Hypocras, d'autruy la maisonnette.
Vien cueillir vn Nectar, plus doux, plus precieux,
  Que le miel Attiquois, sur le front gracieux,
  De monsieur le Rocquez, grand amy de ta race.
Là dessus trouueras mille sortes de fleurs,
  D'Hyacinthes, de Lys, pleins de rares douceurs:
  Et pour toutes saisons, vne fidele place.

EPITAPHE DE MONSIEVR LE ROCQVEZ.

SONET IX.

La race de Iuppin, & filles Pegasides,

SONETS.

Ayans receu du ciel les dons plus precieux,
En firent au Rocquez vn present gracieux:
L'enyurant sainctement des douceurs Caucasides.
Minerue le nourrit aux antres Parnasides:
L'eloquence il receut du grand courrier des dieux:
Pour son los triomphal, Phœbus l'aima le mieux:
Et le fist Eschanson des dames Mnemosides.
Mais la terre, & le ciel, ont eu de grans discords,
A qui de ce Rocquez, auroit l'ame, & le corps:
Et chacum de leur deux doit gaigner ce luy semble.
Lors pour les accorder, Iuppiter ordonna,
Le corps estre au cercueil, & l'ame au ciel donna:
Attendans l'heureux iour qu'ils reuiuront ensemble.

SONET X.

Pour l'vsage perdu, de la terre alteree,
De nul temps on n'a veu tant de corps blanchissans:
Pour la perte d'Hylas, aux amours blandissans,
D'Alcide, ne fut tant l'ame desesperee.
Pour le gentil Adon, la dame Cytheree,
Ne fist tant de torrens de ses yeux gemissans:
Pour Hyacinthe mort, tant de cris fremissans,
On n'a ouy d'Apollon, sous la voute etheree.
Comme le neufuain cœur, a laué de ses pleurs,
Le tombeau du Rocquez, tout esmaillé de fleurs:
De rozes, & de Lys, & mille Marguerites.
Et s'il est ici bas, de tous tant honoré,
Il est encore plus dans les cieux decoré:
Receuant le doux fruict de ses heureux merites.

SONET XI.

Comme la femme iointe aux tables d'Hymenee,
Cueillant de son mari tous amoureux esbats:
Ne ppeuoit qu'en sa couche assemble son trespas,
Et laissant son pareil, au ciel est remenee.

SONETS.

Ainsi de ce Rocquez, la Muse demenee,
 Par tout cest vniuers, a lustré haut & bas:
 Ciel, air, mer, terre, enfer, leurs guerres, & sabbats,
 Tant fut heureusement d'Apollon estrenee.
Mais pensant poursuyuir son labeur coustumier,
 Ce grand Dieu luy a dit, de ton œuure premier,
 Contente toy ma fille: Et adresse ton ame,
A receuoir le fruict de ses labeurs passez.
 Et vous autres (Messieurs) qui par ici passez,
 Lict du fils de Phœbus, admirez ceste lame.

SONET XII.

Il n'est qu'vn seul Phœnix, entre le double Pole,
 Admirable proiect de l'immortalité:
 Car preuoyant son corps de la mort alicté,
 Il se brusle, & consomme, & vif de mort s'en vole.
Ainsi ce seul Rocquez, par sa docte parole,
 Nous a produit ce liure, œuure d'Eternité:
 Qui sont les hautains faits de nostre humanité:
 Surpassant en beauté, le cercueil de Mansole.
Car rendant au tombeau ce qu'il auoit mortel,
 S'est acquis l'heritier de son los immortel,
 Qu'ont offert les neuf sœurs au Temple de Memoire.
Et si vn laboureur les fruicts doit perceuoir,
 De ses labeurs passez: Cestuy doit receuoir,
 Pour vn œuure eternel, vne eternelle gloire.

SONET XIII.
AVX BENEVOLES LECTEVRS.

On dit que Iuppiter autre cas ne demande,
 Aux deuots Pelerins qu'vn cœur humble & fasché,
 D'estre par si long temps aux vices attaché:
 Prest ainsi que Zachee, à luy payer l'amende.
Ainsi (prudens Lecteurs) receuez mon offrande:
 Ausquels ce grand Iuppin, iamais n'a rien caché,

SONETS.

Si mon cœur s'apperçoit de quelque cas taché,
Rendre le peut luysant vostre seule commande.
Ainsi, vous qui semblez imiter les hauts dieux,
Ne vous rendez vers moy, messeigneurs, odieux:
Vous offrant mon deuoir, mon cœur, mō corps, ma vie.
Car tant qu'en l'vniuers, le Ciel porte-flambeaux,
Produira nuicts & iours, par ses rayons tant beaux:
Ie n'auray du Rocquez la memoire rauie.

ADVERTISSEMENT
aux Lecteurs studieux.

SONET.

Pour sauoir de Iupin, de Pluton, & Neptune,
De Saturne, & Palez, de Vulcan, & de Mars,
Des Aigles, & Lions, des Dauphins & Homars,
La race, & le pouuoir, & celuy de Fortune:
Le sort de Phaëton, des Astres, & la Lune:
Qui premier a fondé les villes, & rempars:
De Belonne les chefs, de tous costez espars:
Et quels Roys ont receu sa grace, ou infortune.
Pour sauoir ce qui fut deuant le firmament,
Et cela qui sera apres le Iugement:
S'il reuiendra çà bas des nouueaux hōmes viure.
Bref, si voulez sauoir le destin de ce Tout,
Ne faut circuir la terre iusqu'au bout.
Mais seulement, Messieurs, achetez ce beau liure.

Pierre Lombard, Licencié aux Loix,
Regent à Caen, & Archer Granuillois.

EPIGRAMMES.

A MAISTRE ROBERT LE ROCQVEZ.

I.

Comme vn Dieu trois fois sainct, qui par la Foy s'ad-
uise,
Est sans corruption, sans principe, & sans fin:
Ainsi malgré les ans, la Parque, & le Destin,
Ce Miroir, mon Rocquez, eternel t'eternize.

II.

Le terroir Vandomois vante son grand Ronsard,
L'Aniou son du Bellay, & sa Muse diuine,
Et la Françoise Court Des-portes le mignard,
Costentin le ROCQVEZ, pour son labeur insigne.

ANNE LE HERICY.
D. BESS.

LE MIROIR D'E-
ternité, comprenāt les sept
aages du monde: les quatre
Monarchies, & diuersité
des regnes d'iceluy.

Vant que Dieu, par ses diuins accords,   L'Eternité d
Eust separé les discordans efforts   Dieu.
Des elemens : & que sa bonté pure   Exod.3.& 34
[E]ust eslargi un bel ordre à Nature:
[L]uy seul en soy, plein de diuinité,
[V]oioit les faicts de son eternité:
([E]t plein d'honneur, d'excellence, & de gloire,
[Q]ui de luy seul se peut rendre notoire)
[E]t tout en tout, sans nul commencement,   Apocalyp.1.
[D]ieu infini, regnoit au firmament.
[E]n point compris, ainsi qu'on voit au monde
[Le] centre assis dedans sa boule ronde:
[Q]ui tout remplit, & dont la sommité
[Ne] se peut veoir par son extremité.

A

LE MIROIR

Si haut parler rend toute creature
Foible d'esprit, pour de telle ouuerture
Apprehender les effects merueilleux,
Du Dieu puissant, en faicts miraculeux :
Et comme il a, d'vn eternel ouurage,
Rendu son fils esgal à son image.
Qui de luy seul procede, sans que rien
Que sa bonté, soit l'œuure d'vn tel bien.
Dieu incarné, pour le meffait du monde :
Duquel l'honneur au seul Pere redonde.

Dieu le Fils engendré eternellemēt.
Psalm. 2.
Matth. 5.
Ioan. 8.

A ce Principe, & Verbe supernel,
Seul engendré : le grand Dieu eternel
A eslargi sa totale substance,
Sans amoindrir sa diuine puissance.

Le sainct Esprit procede du Pere & du Fils eternellement.
Roman. 8.
Galat. 4.
Ioan. 14.
2. Thessal. 2.

Puis d'vn vouloir diuinement reiglé,
Par vnion en eux-mesme assemblé,
Le Sainct Esprit, du Pere, & Fils procede,
Qui trois en vn leur essence n'excede :
Mais comme esgal à leur perfection,
Du Pere, & Fils, sans diminution,
Prend vnité de substance commune :
(Qui toutesfois en essence n'est qu'vne)
De temps, de lieu, & de sublimité,
Ayant en soy pareille esgalité.

1. Ioan. 5.
Augustin. de fid. ad Petr. c. 1. 2. & 3.

Les trois sont vn : les trois sont Sapience,
Force, Bonté, Verité, & Science :
Indiuisez en substance & pouuoir,
Entre les trois ne logeant qu'vn vouloir.

D'ETERNITÉ.

Essence pure, ou le divin ouvrage,
Fait rabbaisser nostre fresle courage:
Pour ne pouvoir nostre esprit imparfait,
Loger en soy la charge d'un tel fait:
Mais comme en Foy il faut par certitude,
Croire l'effect de telle heureuse estude.

 Ioan. 14.

L'un n'est premier comme en creation,
Mais seulement par generation
D'eternité: qui sans aucun desordre,
A ce suppost a mis naturel ordre.
En quoy se peut cognoistre, que le Fils
Estre ne peut le Pere: ni admis
Au rang premier de divine personne.
Mais que l'effect qui hautement resonne
Du Sainct Esprit, monstre notoirement,
Esqualité avoir divinement.

 Vne seule essence en trois personnes.
Psalm. 66.
Athanasius.

Comme ainsi soit qu'essence indivisee,
En ce suppost personne ait divisee:
Ce non pourtant en celle eternité,
N'a divisé l'immense Trinité
En sa substance: en quoy peut apparoistre,
Chacun en soy: Non trois, mais un Dieu estre.

 Tout esprit creé impuissant à cognoistre Dieu parfaitement.
Exod. 33.

Pour ce l'effect de ce Dieu supernel,
Seul se cognoist de luymesme eternel:
Sans que iamais humaine creature,
L'ait peu au vif comprendre en sa nature:
Car qui voudroit son essence exprimer,
Trop curieux, se pourroit abismer.

 Hebr. 4.

A ij

En ce Miroir, & eternelle Idee,
(Ou des esleus toute gloire est fondee)
Ioan. 1.
Augustinus.
Tout ce qui est, qui fut, & qui sera,
Iusques au iour ou tout se finira,
Estoit compris, & desia auoit vie,
Et residoit en la gloire infinie
De ce haut Dieu, & d'vn mesme pouuoir,
Il faisoit tout sans de lieu se mouuoir.

Par son regard, & simple cognoissance,
Il preuoit tout dedans sa prescience :
Ayant pouuoir faire tout ce qu'il veut,
Mais ne voulant faire tout ce qu'il peut.

1. Timoth. 1.
Il est tres-fort à faire toutes choses,
Augustin. de diff. orth. fid. cap. 10.
Craint, redouté, des puissances encloses :
Vn Dieu tres-haut, sans fin, & eternel :
Vn pur esprit, diuin, & supernel :
Seul tres-puissant, singulier, & vnique :
Augustin. de spir. & anima cap. 45.
Le vray espoux de l'Eglise mystique.
Et qui seul peut en vn petit moment,
Reduire en rien la terre, & firmament.

De ces trois-vn en forme essentielle,
Vint aux humains la premiere estincelle
D'eternel bien, & de luy sans effect,
La machine de l'vniuers creée.
Genes. 1.
Fut à l'instant tout ce monde parfait :
Qui sans celer ceste gloire excellente,
(Qui se monstroit en ses faicts apparente)
En vn instant fist terre, & firmament.
Dont son vouloir fut son commandement :

D'ETERNITÉ.

Qui separa, par ordre magnifique
Les elemens d'vne carriere oblique:
Leur ordonnant, selon leur qualité,
En lieu espars d'vn & d'autre costé.
Non point bornez en desordre, & contents,
Furent creez: non comprins d'aucun temps.
Sans qualité, sans couleur, ni sans lieu,
Sans quelque forme: en quoy l'Eternel Dieu,
Leur appliqua commencement & estre:
Quand mouuement en eux fist apparoistre.
Le Ciel raui par son agilité,
Comme accident luy faisant qualité
Connaturelle: en luy inseparable, — *Le ciel & elemens incorruptibles substantiellement.*
Qui retiendra leur substance immuable: *1. Corinth. 7.*
Sans prendre fin, ni decours vicieux, *Matth. 24.*
Conseruatif de la terre, & des cieux.

   Le haut decret, & sentence diuine,
Qui temps, & lieu aux creatures signe, — *La creation de l'Ange.*
Comme il a pleu à sa discretion: *Genes. 1.*
L'Ange crea en la conionction
Du premier temps, & de l'eternité,
Du Createur faisant affinité
Son essence, en sa simple nature:
Plus proche à luy qu'aucune creature.

   Cest Ange fut creé tres-simplement,
Subtil en soy: en son entendement — *Les proprietez de l'Ange.*
Plein de vertus, & formes entendibles:
Et qui comprend especes cognoscibles,

Comme en instant, sans espace de temps:
Ains tous ensemble en ordre sans contens.
　　En volonté franche, & non corporelle,

L'Ange Immortel par grace.
Aug.de fid.ad Pet.cap.20.

Creée fut leur essence immortelle,
Incorruptible, en aucun lieu, ou place:
Non par nature: ains par le don de grace,
Du haut Seigneur, qui crea leur vouloir
Muable en eux, leur donnant le pouuoir
De meriter celle excellente gloire,
Qui leur estoit apparente & notoire.
　　En quelque lieu, au ciel, ou elemens,

Matth.18.

Qu'ils soyent portez par diuins mandemens
Du Createur, leur aspect ne desplace:
Ains clairement voyent la diuine face
Du Dieu viuant: auquel ils sont vnis
Par Charité & amour reunis.
　　Ces saincts esprits pleins d'ardeur choruscante,
Sont les flambards de clarté rutilante,
En Paradis, les miroirs purs & clairs,
Pleins de terreur, plus que tous les esclairs,
Faicts & causez aux corps elementaires.

L'Ange deputé à la garde de l'homme.
Psalm. 90.
1. Corinth. 6.
Hebr. 1.

Le vray soustien, & gardes salutaires,
Contre le mal, & tout empeschement,
Que l'homme peut auoir aucunement.
A luy baillé pour sa tres-seure garde:
Et deputé de Dieu, pour qu'il regarde
A gouuerner les regnes, & citez,
A quoy ils sont protecteurs deputez.

Aucunesfois pour leurs hautes sciences,
Ils sont nommez du ciel intelligences,
A eux baillé comme en gouuernement.
  Combien qu'en eux soit mis vn mouuement   L'Ange creé
Continuel, sur toute creature,   à operer infa-
Chacun retient en l'ordre de nature   tigablement.
En certain lieu, vn temps, & action,
Pour exercer son operation.
Ce non pourtant leur nature en eux mise,
En aucun lieu ne peut estre comprise:
En operant sans trauail, ni labeur,
Agilement, sans vice, ou deshonneur.
  De ces esprits, en leur tres-simple essence,   Diuersité de
Les vns ont plus de diuine science,   gloire aux an-
Selon qu'il pleut au hautain Createur   ges, auec con-
Leur en donner, & estre largiteur: tentement.
Car Charité, de grace, & d'alliance,
Leur donna plus parfaite cognoissance
Des hauts secrets, & diuins iugemens,
Tant aux hauts cieux, qu'infinis mouuemens.
Ce non pourtant, chacun est en son ordre
Content en soy, sans enuie, ou desordre,
Du bien qu'il a en sa perfection,
Donné de Dieu en sa creation.
  Ces hauts esprits sont en triplicité   Triple hierar-
De hierachie, en quoy diuinité   chie des An-
Les ordonna: ou sont en la premiere   ges.
Les Seraphins, qui par claire lumiere,
           A iiij

Ouurent de Dieu la lumineuse face,
A tous esprits qui resident en grace :
A leurs consors, Thrones, & Cherubins,
En sapience, & haut sçauoir diuins:
Secondement, les Dominations,
Principautez, aux hautes mansions,
Donnent au ciel tres-claires reluisances
Par leur moyen, aux celestes puissances.
Le tiers degré, comprenant les vertus,
Par qui au ciel sont fulcis, & vestus
De gloire en Dieu, les celestes Archanges,
Associez au confinal des Anges.

La creation de l'homme. Genes. 1.
 Pour le dernier, comme chef de l'ouurage,
L'homme fut fait, ayant de Dieu l'image,
Où furent mis deux supposts bien d'accords,
L'esprit vital, en vn terrestre corps :
Soufflé de Dieu, commença esmouuoir
Ce corps, lequel la mort n'eust peu mouuoir,
En son estat de nature immortelle,
Gardant en Dieu iustice originelle :

1. Timoth. 6. Car rien de soy n'est dit estre immortel,
Fors le haut Dieu, Createur eternel,
Lequel habite vne immense lumiere
Inaccessible, & gloire singuliere.
 Ce noble esprit, en sa creation,
Receut de Dieu en reuelation
Dernier, apres le haut ordre Angelique,
Les dons diuins, sous l'ordre Seraphique,

D'ETERNITÉ.

...ef-excellent en sa simple nature,
...us que le corps, terrestre creature.
...ste ame ici en haute dignité,
...ite semblable à la diuinité,
...tient en soy substance incorporelle,
...corruptible, & par grace immortelle :
...nonobstant, elle au corps imposee:
...mme coniointe, & en luy composee,
...ut receuoir contraire passion,
...mme le corps en sa mutation.
...Ce vif esprit enclos en la cauerne
...ce vil corps, qui le tient & gouuerne,
...fait subiect des especes creées,
...i point ne sont auec luy concreées.
...En son palais, pour son gouuernement,
...eu luy donna memoire, entendement,
...volonté, libre en toute franchise,
...r mieux dresser ses œuures à sa guyse:
...refrener en toute agilité,
...bride & frain de sensualité ;
...quoy Raison, souueraine maistresse,
...du Palais faite Royne, & maistresse :
...i ce suppost rendit tres-apparent,
...s animaux terrestres different.
...son secret de contemplation
...t du haut Dieu certaine election,
...bien & mal, qui reflexe en puissance :
...soy-mesme a parfaite cognoissance.

L'ame immortelle par grace.
Roman. 8.
Aug. de spir.
& anima. c. 8.
& cap. 45.

La proprieté de l'ame.

Aug. de spiri-
tu & anima.
c. 1. & cap. 51.

LE MIROIR

Combien que Dieu en son entendement,
Creast de rien au hautain firmament,
Tres-noblement la nature Angelique,
Pleine de dons, & de grace celique :
Ce non obstant sa nature & semblant,
N'est de si pres au haut Dieu ressemblant
Ainsi que l'homme, en quoy Nature humaine
Vint habiter le terrestre domaine :
Et appliquer ses cinq sens admirables,
Pour le conduire en ses faicts desirables.

Tous animās subiects à l'homme. Genes. 1.

Dieu auoir fait en instant toutes choses,
Les saincts esprits, & les vertus encloses
Aux elemens, & puissances celestes,
Donna pouuoir sur animaux, & bestes,
A l'homme fait, le voulant dominer,
Sur elemens triompher, & regner :
Qui comme Roy, sur toute creature,
Eust le pouuoir sur les corps, que Nature
Tenoit en soy, & acquist le sçauoir
De leurs vertus, qui le faisoyent sçauoir,

La premiere habitation de l'homme. Gen. 2.

Pour le sien lieu, & habitation,
Fut exalté en consolation,
Sur les vertus des corps elementaires,
N'ayans pouuoir aux doux lieux debonnaires :
En region si tres-bien temperee,
Que pour les siens Dieu auoit preparee.
Lieu qui rendoit Adam estre immortel,
Car point n'y est vn accident mortel :

D'ETERNITÉ.

quel eust peu par sa corruption,
duire l'homme en putrefaction.
son couppeau saillent d'inundante erre
quatre ruisseaux qui arrousent la terre,
ont animaux, & mainte creature,
ennent en eux leur past & nourriture.
  En ce Verger de parfaite beauté,
ne regnoit fraude, ou desloyauté,
Createur planta l'arbre de vie,
ein de science, & douceur assouuie.
fruict duquel, en tout fut defendu
cestuy homme : ayant bien entendu
haut vouloir du Createur immense,
r un arrest donné en leur presence.
ce Verger, & mont Oriental,
t Paradis, plus luysant que cristal,
uoyent Adam, & Eue sa partie,
mme les chefs d'authorité partie
l'Eternel, qui par seule puissance,
ce Verger leur donna iouissance.
  L'ordre des cieux, & des quatre elemens,
s & posé, aux cours & mouuemens,
ropres aux corps de toute creature :
un instant, sous l'effect de nature,
Createur, lequel les disposa,
éées de rien, en soy se reposa.
  Au clair miroir de l'essence diuine,
n fier aspect Luciabel assigne :

Origine de toutes eaux douces.
Genes. 2.
Eccles. 1.

Le fruict de Vie defendu à Adam.
Genes. 2.

Le repos de Dieu.
Genes. 2.

Luciabel, le plus beau, & le plus parfait

LE MIROIR

<small>des Anges.
Yſa. 14.
Ezechiel. 28.
Iob 40.</small>

Comme celuy, qui par haute ſcience,
Plus approchoit de Dieu la preſcience.
Là il cogneut tres-veritablement,
Qu'vn temps viendroit que ſouuerainement,
Par deſſus luy ſeroit nature humaine,
Haut exaltee au celeſte domaine.

<small>Enuie premier peché.
Yſayę 14.
Sapien. 2.</small>

Cela voyant, enuie conſpira :
D'enuie orgueil, par lequel aſpira :
Luy, & pluſieurs de ligne drachonique :
Leuer leur ſiege en place Aquilonique,
Plus haut que Dieu leur ſouuerain Seigneur,
Et vſurper ſa gloire, & ſon honneur.

<small>Les ſept pechez commis en Paradis par Lucifer.</small>

Dont à l'inſtant en l'eternelle gloire,
Que ce peché, Enuie tant notoire,
Deſſous Orgueil, Luciabel amaſſe,
Approcher fiſt la pondereuſe maſſe
D'autres pechez, qui lors furent commis
Par ce Dragon, & autres ennemis
Du Dieu viuant, qui en tout mal fermez
Furent : Les bons en grace conſermez.

<small>Guerre en Paradis.
Apocal. 12.</small>

Lors entre Dieu, & ce glouton tricherre,
En Paradis ſe ſourdit vne guerre :
Car le Seigneur, en vertu tout-puiſſant,
Miſt le combat comme à feu & à ſang.
Dont champions de flamboyante face,
Ardens en Dieu, ſe ietterent en place,
Pour debeller plus toſt qu'en vn clin d'œil,
Luciabel, & complices d'orgueil.

D'ETERNITÉ.

Ce dur combat fut si aspre, & si chaud,
Qu'en vn instant de son siege tres-haut,
Ce grand dragon, aux abysmes, & gouffres,
Tomba du ciel, en flammes, & en soulphres.
Son seul vouloir à peché rugissant,
Fut si subtil, si tres-graue, & pesant,
Qu'il fist ouurir les hauts catharacteres,
Et penetra les corps elementaires,
Si tres-auant en son trebuschement,
Qu'il fut toucher le central fondement,
Plus roidement que fouldre choruscante,
Où que ne cheoit la Comette flambante :
Monstrant en soy, aux hautes regions,
Ardens cheueux, par ses tristes rayons.
Ainsi tomba ce dragon Plutonique,
Accompagné d'vne troupe Angelique,
Dont le vouloir fut trop tost adonné
En vn desir, faux & desordonné :
Qui trebuschant en la celeste veuë,
Tira du ciel de son infecte queuë,
La tierce part des luysantes estoilles
Auecques luy, aux flammes eternelles.
   Voila de mal la source, & origine
De tout peché, la souche, & la racine :
De tout orgueil le vray commencement,
Qui ne donna certain contentement
A ce lyon, Roy d'angoisse infernalle :
Ains despité en sa chartre auernalle,

La ruine de Lucifer, & de ses complices. Ysa. 14. Lucæ 10.

La tierce partie des Anges ruinee. Apocal. 12.

Saillit du lac obscur & latebreux,
Par vn grand vol nocturne, & tenebreux,
Pour mettre à fin sa conceuë entreprinse:
Et se masquant, de serpent forme a prinse,
Qui tres-subtil se crousla par buissons,
En s'efforçant ietter viues poisons,
Contre les deux, qui en mortel danger
Auoyent pouuoir tous humains ledenger,
Et les bannir du celeste domaine,
Donc lors bransloit toute nature humaine.

La tentation du Serpent, & forfaicture d'Adam, & d'Eue. Genes. 3. Ioan. 8.

En ce Verger, ce Serpent tortueux,
Vint adresser son erre fluctueux,
Entortillant le noble arbre de Vie:
Lequel parla par mensonge & enuie,
Et tant vsa de persuasion,
Qu'Eue tomba par telle abusion.
Auquel parler, & trop fardé languange
De ce Serpent, dressa tost son courage,
Le fol Adam: qui rangea son vouloir
Au sot rapport d'Eue, sans se douloir,
Qui de Dieu fut moult estrange & difforme:
Mais au Serpent, & à Eue conforme.

1. Timoth. 2.

Combien qu'Adam à manger fust induit
De celuy fruict, si ne fut-il seduit:
Croyant le dit du Serpent veritable:
Ains vn peché, leger, & pardonnable
Facilement: Mais si peu de plaisir,
Bien luy donna le temps, & le loisir

D'ETERNITÉ.

Se repentir: car sur toute autre offense,
Desplaisant fut à la bonté immense.
Lors aussi tost le ciel, & clemens,
En leurs discours monstrerent tremblemens,
Aspres, & durs, sentans le grief affaire,
Du mords amer du morceau mortifere.

Le peché d'Adam tresgrief.
Aug. lib. 14. cap. 12. de Ciuit. Dei.

Au vray parler, la Lune, & le Soleil,
Le double Pole, auec tout l'appareil,
De tous les corps des hauts Astres celestes,
Comme indignez en fureurs, & molestes
Du forfaicteur: comme en ire vengee,
Perdirent lors la clarté ledengee
De leur vertu, qui d'eux se retira,
Et qui iamais en eux ne reluira, *
Iusques au iour du dernier iugement:
Où l'Eternel fera parfaitement
Vn ciel nouueau, vne terre nouuelle,
Où leur clarté se double, & renouuelle:
Combien qu'aucuns ont voulu affermer,
Celle clarté que Dieu fist enfermer
Dedans ces corps, estre au desaduantage
De l'homme humain, au fait de leur vsage:
Non en chaleur, ou celeste splendeur,
Diminuant leurs rayons, ou ardeur:
Ainsi comment fut la terre maudite,
Quand aux effects de sa vertu produite.

La clarté des astres celestes diminuee pour le peché d'Adam.

Sur le vray poinct de la transgression,
Au monde vint telle confusion,

Commotion des elemens pour le peché d'Adam.

LE MIROIR

Qu'en vn instant, pour telle horrible guerre,
Dieu fist courir tenebres sur la terre.
Des elemens chacun se concita,
Et en fureurs l'vn vers l'autre, excita
Dures rigueurs, pour faire violence,
Et se bander contre la griefue offense
De leur Seigneur, qui par ce crime infect,
Au Createur s'estoit rendu forfaict.

Tous animaux offensez, & indignez contre Adam.

  Les durs Rochers des concaues montaignes,
Donnerent lors vrais signes, & enseignes,
Pour les grans plaints, & tristes vrlemens
Des animaux, qui tous les elemens
Faisoyent vaucrer, & retentir aux plaines,
Sentans de loin leurs miserables peines.
Lyons, Leopards, Tygres, Ours furieux,
Cerfs, & Chameaux, qui estoyent curieux
A cil Adam porter obeissance,
Et qui estoyent soubmis à sa puissance:
Se prindrent tost à se desordonner,
Et de leur cœur l'appetit ordonner:
Moult indignez, se retirant en place,
Comme offensez de regarder la face
Du forfaicteur: aux sentes, & glatiers,
S'allerent mettre aux concaues rochiers,
Et habiter les fosses, & cisternes,
Parmi les bois, & profondes cauernes,
Se declarans outrageux ennemis,
Vindicateurs de ce crime commis.

Tom

Tous les poissons, comme voulans s'armer,
Voulurent tost au profond de la mer
Se retirer, abhorrans la presence
De ce pecheur, infect d'infecte offense.

Oiseaux volans de l'air aux regions,
Furent choisir leurs nids, & mansions,
Aux lieux deserts, aux arbres, & landages,
Et se cacher aux sylvestres ramages :
Pour euiter le crime, & vil forfaict
De leur seigneur, lequel s'estoit forfaict.

A bref parler, pour celle forfaicture,   *Toute crea-*
Tous animaux & toute creature,   *ture rebelle à*
Qui mise estoit en sa subiection,   *Adam pour*
En son pouuoir & domination,   *son peché.*
Se demonstra furieuse & cruelle,
Et contre luy calcitrante & rebelle.

O triste mors! plein de rage, & douleur,
Goust angoisseux, toxiqué de malheur,
Dont le plaisir, & douceur douloureuse,
A tous mortels demeure rigoureuse.
O fol contract! dont furent interdits
Tous les humains du plaisant Paradis,
Pour l'homme fait, sauf à bonté plaisante
De l'exalter en gloire triomphante.

O dur morceau! tout infect, & tout mort,   *Mort venuë*
Empoisonné de peché, qui la mort   *à l'home pour*
Nous engendra en la souche, & racine   *son peché.*
D'Adam, portant l'estandart & le signe   *Rom.5.cph.2*

B

De tout peché, & le commencement,
D'ire, & malheur, de peine, & de tourment,
Dont ce lyon, & damnee cohorte,
De tout plaisir nous fermerent la porte.
Lors aussi tost aux enfers latebreux
Fut faite ioye aux manoirs tenebreux,
Pour le triumphe, acquis en peu de peine
Dessus Adam, chef de nature humaine:

Genes.3. — Lesquels apres, au haut terrestre lieu,
Auoir forfaict contre l'Eternel Dieu,
Les yeux secrets de leur tenebreuse ame,
Virent ouuerts, qui voyans le diffame
De leur erreur, qui les rendit discords,

Peché rend l'homme honteux. Gen.3. — Cuidant couurir leur miserable corps,
De honte espris, & d'angoisse tous mattes,
Firent bien tost habits perizomattes:
Estans cachez en vn lieu vmbrageux
De ce Verger, comme gens outrageux,
Ouirent lors la parole tonnante
Du Createur, moult terrible, & tremblante,
A eux parlant, dont chacun empesché
Donna excuse à son crime & peché.
Adam sur Eue, & elle en sa descharge
Le vil serpent de tout le crime charge.

La malediction de peché. Genes.3. — Dont pour ce fait plein de deception,
Dieu luy donna la malediction,
En se croulant ramper dessus la terre:
Et fist mouuoir contre luy vne guerre

De par la femme, & par elle vaincu,
Fut, & sera destruit, & conuaincu.
Eue receut pour son vice & credence
Triste concept, auec douleur intense,
Venu le temps de son enfantement.
Et pour punir Adam tres-iustement,
Dieu luy donna sueur, peine, & misere
A ses labeurs, trauail, & dueil austere:
Et que la terre en sa vertu produite,
Seroit de Dieu, en son œuure maudite,
Luy produisant au but de sa vigueur,
Ronces, chardons, espines de rigueur.
Si tost Adam ne fut mis hors de grace
Que le Seigneur ne luy tournast sa face
Pleine d'horreur, & rigueur furieuse.
Et au surplus, Bonté fut curieuse
Le iecter hors de ce lieu tres-plaisant,
Pour viure au monde en chagrin desplaisant,
L'Ange tenant sa versatille espee,
De ce haut mont a l'entree occupee,
Et deffendu que nul homme fust prest
Y acceder, sur peine de l'arrest.

Adam, & Eue bannis de Paradis terrestre pour leur peché. Gen.3.

FORS DIEV TOVT PASSE.

B ij.

COMMENCEment du premier aage du monde, qui dura 1656 ans.

Le premier aage du monde, qui commença à l'expulsion d'Adam hors de Paradis terrestre.

Plus de cent ans regret de penitence
Saisit Adam, pour son crime & offense,
Au val d'Ebron, en douleur difforme,
En Damascene, où Dieu l'auoit formé.
Ce non pourtant, comme premier Prophete,
Cogneut en soy l'offense estre deffaitte
Au futur temps, dont se reconforta,
Et le haut Dieu en ses faits redouta.
 Cent ans coulez multiplia sa race
En ses enfans, qui ressembloyent la face,
Et naturel, du pere, & geniteur.

Le fratricide de Cain tousiours tremblant. Gen. 4.

Mais sur Abel Cain fut proditeur,
Qui l'espiant en sa rage indomptee,
En son faux cœur, & enuie eshontee,
Le mist à mort: dont ce crime inhumain
Fut le premier trouué au genre humain.
Dont le meurtrier oyant la voix tonnante
Du Createur, sentit sa chair tremblante,

Pasle deuint, tout craintif, & paoureux,
De tous cogneu pour son fait malheureux,
Qui auoir fait ce crime abhominable,
(Trouué sur tout deuant Dieu detestable,
Pour ce sang iuste, en terre respandu:
Lequel criant, du ciel fut entendu)
A son peché, qui deuant Dieu l'accuse.
En desespoir donna superbe excuse:
Dieu le marqua d'vn signe en reconfort,
Pour le sauuer & respiter de mort.
Ce nonobstant, comme exul, & profuge,
Par les buissons, qui estoyent son refuge,
Fut par Lamech occis douteusement:
Ou Bygamie eut son commencement.
 Apres Cain, plein de desesperance,
Adam receut du haut Dieu asseurance,
Qui luy donna vn enfant precieux,
Qu'il nomma Seth, entre tous gracieux.
 Long temps apres Enoch, le sainct Prophete,
Fut haut en l'air par puissance celeste
Raui de Dieu, auquel il comparut,
Et plus au monde aux humains n'apparut.
 Du faux Cain, l'enuieux fratricide,
Aux successeurs lascha le frain & bride,
De perpetrer crimes ords & diffaicts
Encontre Dieu, & pechez putrefaicts:
Trahir son sang, & rauir nobles femmes,
En abusant d'elles par grans diffames.

Le sang d'Abel demandât vengeance. Genes. 4. Hebr. 12.

Occision de Cain par Lamech, inuenteur de bygamie. Gen. 4.

Le rauissement du Prophete Enoch. Genes. 5.

La race de Cain commencement de mal. Gen. 6.

B iij

PREMIER AAGE

Car les enfans de Dieu le Createur
Venus de Seth, leur prothogeniteur,
Considerans la noble, & belle face
De mainte femme, issuë en droite race
De ce Cain, en ieunesse & verdeur,
Dedans leur cœur enflammerent l'ardeur
De fol desir, & de concupiscence.
Car hors l'edict d'Adam, & sa deffense,
Toute bonté, & honte debellez,
Lubriquement en icelle meslez
Furent, en quoy la puissance benigne
Fut prouoquee en sa fureur diuine.

<small>Les sodomites au premier aage. Gen. 6. Rom. 1.</small>

  Les hommes lors boucquins, & inhumains
Furent souillez de leurs lubriques mains,
Tant que l'ardeur de puante luxure
Fist destriuer l'vsage de nature :
Car ceux humains, sans honte ou autrement,
Abusoyent tous du sexe villement,
En se meslant, par ardeur detestable,
L'homme auec l'homme, & l'homme insatiable
Auec la femme, & enfans, sans raison,
Furent souillez de ce vice & poison.
Toute la chair ia corrompoit sa voye,
Et en faisoit sa miserable proye
Ce vil peché, les hommes destriuez
En puanteur estoyent desordonnez.

<small>Le deluge reuelé aux hommes.</small>

  Maint Philosophe, & Vaticinateur,
Fut aux humains le prononciateur

Du grand danger d'euersion totale,
En son esprit, & vision mentale :
Maint personnage en inspiration,
De ce deluge eut reuelation,
Qui escriuit aux escorches des arbres,
Et le graua sur les pierres & marbres :
Mais le malheur de triste destinee
Auoit voilé volonté obstinee,
Qui ne cogneut de Dieu la rectitude,
Ains attendoit de mal l'incertitude.

 Leur grand peché ia cogneu en tout lieu,   Genes.6.
Fist enflammer l'ire du hautain Dieu
Contre le mal, qui de soy se consomme,
Se repentant d'ainsi auoir fait l'homme,
Pour sa fureur, & ire prouoquer,
Et son vouloir de mal ne reuoquer.
Dont fut l'arrest pour l'ardeur de luxure,
Faire perir toute humaine nature.

 Cela conclu au diuin parlement,   Construction
Reuelé fut du ciel diuinement   de l'Arche de
Au bon Noé, qui de l'offense vile   Noé.
Fut trouué net, & sept de sa famile.   Genes 7.
Dont aduerti par celeste presage,
Estre prochain aux humains le naufrage,
L'Arche bastit de bois en mer flottans,
Qu'il acheua en terme de cent ans,
Pour conseruer des animaux le sexe,
De chacun d'eux selon l'ordre, & espece.

     B iiij

PREMIER AAGE

Huict personnes sauuez du deluge.
1. Pet. 3.

Cent ans passez par reuolution
Que Dieu donna à la conuersion
Du genre humain, qui ne fist adherence
Au bon Noé, annonçant penitence :
Ils sont entrez en l'Arche seulement
Sept auec luy, & tout le nombrement
Des animaux, qui furent conseruez
De ce deluge, & peril preseruez.
Lors aussi tost les hauts catharacteres
Firent brunir les corps elementaires,
Qui demonstroyent l'Eternel Createur,
De sa fureur estre nonciateur.
Car en tremeurs, & choruscations,

Les eaux tombantes du ciel fontaines, & fleuues ouuerts.
Gen. 7.

Vindrent du ciel les inundations,
Qui d'abord furent tumultueuses,
Et en degout grandes, impetueuses.
Dieu desborda les fleuues, & estangs,
Et desrompit les abysmes flottans,
Faisant ouurir les sources, & fontaines,
Les desriuant parmi les basses plaines :
Tant cheurent eaux que les plus hautes tours,
Les plus hauts monts dedans quarante iours,
Furent couuerts du vorage aquatique,
Quinze pieds haut par le vouloir celique.

Tous animaux peris au deluge.
Genes. 7.

Les animaux habitans sur la terre,
Sentirent lors auoir combat & guerre
Encontre Dieu, qui pour punition
De leur peché, fist abolition

Par cestuy flot, de tres-dure nature,
Qui lors perir fist toute creature.
Abolissant toutes les bestes muës,
Iettant des cris au ciel deuers les nuës,
Qui ne pouuoyent trouuer aucun refuge
En ces reflots, & general deluge.
L'air fut purgé, & tout homme expira,
Dont tost apres peché se retira
En son enfer, plein de toute souffrance,
Quand Dieu eut pris sur les hommes vengeance.

FORS DIEV TOVT PASSE.

Fin du premier aage du
monde.

SECOND AAGE

ENSVIT LE SEcond aage, qui dura 292 ans.

Le second aage, qui commença en l'an de la creation du monde. 1657.
L'arc du ciel signe de confederation. Genes.9.

LE flot passé, qui fut vniuersel,
Le Createur, & Monarque eternel,
Aimāt les siens d'amitié tresprofonde,
Monstra du ciel en ce terrestre monde
Son arc courbé, dedans l'air estendu,
Qui à Noé fut vn signe entendu,
Que le facteur de l'immortel empire
Auoit en luy pacifié son ire.
Donc pour sçauoir si les vndes, & eaux
Auoyent cessé, la colombe aux rameaux
Testifia par son diligent erre,
Estre du tout descouuerte la terre:
Mais le corbeau à manger seiourna
Les corps infects, & point ne retourna.
Adonc Noé sortit hors de son Arche
Mist pied à terre, & chacun d'eux desmarche,
Tant animaux, & vsans de raison,
Pour augmenter son sexe en sa saison.

L'aage doré.

Lors en triomphe, & celeste parage,
En haut repos de tres-ioyeux courage,

Vint commencer l'aage d'or à regner,
Iustice aussi le monde gouuerner:
Lequel estoit tres-iuste & equitable,
Doux & benin, en ses faits veritable,
Qui receuoit en goust plein de plaisir
Les biens du ciel, à son gré & desir,
Fleuues couloyent de douceur melliflue,
Pleins de liqueur, & rosee qu'influë
L'air temperé. Les mousches apportoyent
Le tres-doux miel, & les vignes donnoyent
Le doux raisin, en tout temps inseré
Dessous leur fueille, en tel aage doré.

  L'homme admirant par vertu euidente,
Du haut Seigneur la bonté excellente,
Viuoit en paix, & tranquile repos,
Rien ne pensant fors que iustes propos:
Chacun viuoit en amour & concorde,
Chacun fuyoit rigueur, haine & discorde,
Chacun estoit parfaitement content,
Des biens venans du Pere omnipotent:
Chacun estoit content de sa partie,
Luxure estoit des hommes diuertie.
Nul s'ingeroit se faire intronizer
Sur les humains, pour les tyrannizer.
Point n'habitoit aux climats de la terre
Mars furieux forcené de la guerre:
Mais l'homme estant encore en sa bonté
Memoire auoit du naufrage indompté.

La terre diuisée par Noé en trois parties.

Le vieil Noé voyant sa progenie
Multipliee, & en auoir vnie,
Alla marcher, & circuir la mer,
La terre aussi qu'il voulut reclamer,
Et diuiser, dont le premier partage,
Fut assigné, pour fief & heritage,
A Sem l'aisné, dite Asie de nom,
Grande à excez, & d'illustre renom.

Cham demoqueur de son pere.

Combien que Cham eust par trop offensé
Contre Noé, si fut-il dispensé,
Et assigné en son peché inique,
En portion de la terre d'Aphrique.
Iaphet le tiers, supresme en tout honneur,
Fut de l'Europe & vray Roy & Seigneur.
Plus de cent ans le monde trouua grace
Vers le Seigneur, qui maintenoit en place
Dame Vertu, & Iustice sa sœur,
Qui rendoyent l'homme en toute paix asseur.

L'aage d'or violé par Cham, & son sang reprouné de Dieu, Gen. 9.

Les temps coulez des siecles heroïques,
Temps azurez, tant beaux & aureiques.
Ce Cham (qui fut premier violateur
De l'aage d'or) fut vray instaurateur
De vil peché, contre vertu benigne,
Tenant le monde en sa saincte doctrine:
Car de son sang malheureux & maudit,
Sang inhumain, & sang que Dieu maudit,
Sortit au monde vne cruelle race
De fiers Geants, qui monstroyent en leur face

…stre de Cham, non point degenerans:
…ins tyrannie aux hommes procurans.
…onc memorans encores le vorage,
…ui mis auoit les hommes au naufrage
…eçà long temps, en telle esmotion
…urent troublez de l'inondation
…ogneuë à eux de certaine asseurance:
…ais la tremeur de froide inasseurance
…u'ils eurent lors qu'vn temps approcheroit,   *La terre peri-*
…ue par le feu la terre brusleroit,   *ra par feu.*
…roubla du tout leur cœur, sens, & pensee.   *2.Petr.3.*
…ont pour oster telle crainte pensee,
…e fort Nembroth, puissant & orgueilleux,   *La fondation*
…enu de Cham, le geant merueilleux,   *de la ville & *
…t ses consors de superbe courage,   *cité de Baby-*
…nt commencé vn merueilleux ouurage: *lone, sur le*
…ui assemblez en forts embrassemens,   *fleuue d'Eu-*
…indrent ietter les larges fondemens,   *phrates, & la*
…t circuir en fier cœur d'Amazone,   *construction*
…ur Euphrates la grande Babylone,   *de la tour Ba-*
…e murs ayant soixante mille pas   *bel, le pre-*
…n circuit, quadranglez au compas,   *mier des mer-*
…t esleuez en hauteur, de l'ouurage   *ueilles du mõ-*
…e deux cents pieds, & l'espaisseur de large   *de. Gen.11.*
…inquante pieds, en l'amortissement:
…rofonds fossez faisoyent renforcement.
…our la garder, cent tours, autant de portes
…'vn fin metal, & de cent ponts, tres-fortes:

SECOND AAGE

Comme vn renfort qu'on voudroit machiner,
Que nuls viuans ne pourroyent ruiner.
 Et pour fuir à ces flammes celestes,
Qu'ils preuoyoyent par l'escrit des Prophetes,
Ont commencé en fiere ambition
La tour Babel, Tour de confusion,
En Assyrie, Sennaar large plaine,
Qui de Geants estoit couuerte & pleine :
Pour acheuer & parfaire la tour,
Ains que tourner ailleurs autre retour.
Ceste grand' Tour fut construite & montee
Du sable & chaux de Sodome, apportee
Par ces Geants : & ses murs chimentez
D'argille, & sang par ensemble boutez.

La confusion des langues. Genes. 11.
 Si haut monta tel œuure fait de bricque,
Que ia touchoit la region celique,
Quand le haut Dieu leur langage troubla,
Et l'imparfait œuure desassembla,
Qui aux climats, par les mers & riuage,
Comme confus fist changer leur langage,
Pour lors estant entre tous apparent,
A tous commun, & non point different.

La langue Hebraique premiere de toutes les langues.
Cestuy langage estoit dit Hebraïque,
Premier de tous, & par vouloir celique,
Au iuste Heber conserué seulement,
Qui n'assista au fol bastiement,
De ceste tour superbe & merueilleuse,
Et d'entreprinse en soy trop orgueilleuse.

Cestuy Heber vint de Seth, fils d'Adam,
Et par apres de luy vint Abraham.

COMMENCEMENT de la premiere Monarchie aux Babyloniens.

Lors commença au pays d'Assyrie,
Dessous Nembroth la haute Monarchie
Des tres-puissans, forts Babyloniens,
Se donnans gloire estre Saturniens,
En reuerence, & par nom diuturne
Du bon Noé, qui fut nommé Saturne :
Lesquels suyuans tel heur premierement
Ont estendu loing, & planierement
Leur haut empire en fureur de Licorne,
Loing exaltant son orgueilleuse corne,
Sur tous humains à eux rendus subiects,
Par leurs efforts & belliqueux effects,
   Apres Nembroth, Belus portant la marque
De grand' vertu fut le second Monarque,
Qui en son temps fort vaillant qu'il estoit,
Ses ennemis à ses pieds abbattoit :
Lequel ayant exploité sur la terre
Maints braues faits & proüesses de guerre,

Commencemét de la premiere Monarchie du monde en Babylone.

SECOND AAGE

Belus, dit Iupiter, & Ninus son fils, deuxiéme, & troisiéme Monarque de Babylone.

Ainsi qu'vn iour il estoit sur la mer
Entre les flots, quasi prest d'abysmer:
Et qu'il taschoit de se renger à bord,
Il vint surger vers les parties du North,
Es enuirons de la basse Neustrie:

Fondation de la ville de Bayeux en Normandie.

Où fist bastir d'vne grand' industrie
Vn fort Chasteau, qui d'ancien renom,
De Belocase a retenu le nom:
Où de Bayeux est la ville fondee,
Pour le iourd'huy fort bien accommodee:
Car Belocase, en termes resolus,
Nous signifie la maison de Belus.
Et là le vint vne fois le cercher,
Le beau Cadmus, de ses fils le plus cher:
Duquel Belus (pour les illustres faits,
Et pour les biens qu'au monde il auoit faits.
Dont fut clamé Iuppiter saint & iuste,
Aux faits de guerre, & aux assauts robuste
Son fils Niuus, afin de l'honorer,
Apres sa mort commanda adorer
Le simulachre, & fictice statuë,
Sans iamais estre aux hommes abbatuë

La fondation de Niniue, par Niuus, & commencement d'idolatrie.

Dedans sa ville, & cité de Niniue,
Par luy construite en force, & vertu viue.
Cestuy Niuus, Monarque, & Empereur,
Fut le premier, qui en telle fureur
Enuers les siens, & le peuple des Bastres
Fist eriger l'erreur des idolatres.

En cestuy temps, la force & dynastie,
La grand' puissance en maint lieu departie,
D'Egyptiens commença s'anoblir,
Et sous Nynus, son haut regne fleurir,
Où premier fut Vezor, dit Chemesis,
Roy, puis plusieurs de sa race choisis.

   Aux mesmes ans regnoit en Italie,
Comerus Roy, premier (dont ennoblie
Fut grandement) & surnommé Gallus,
Fils de Iaphet, de Noé descendus.

   Durant ces iours Samothes le tres-iuste,
Fils de Iaphet, comme Roy & Auguste,
Sur les Gaulois en triomphe regnoit,
Et sainctement son peuple gouuernoit.
Par lequel fut en Bourgongne fondee
Sens la cité, de murs enuironnee :
Et de ce nom Bourguignons anciens,
Ont esté dits François Senoniens.

   Aux mesmes ans le regne des Espagnes
Vint desployer ses marques, & enseignes,
Dessous Tubal, fils de Iaphet, qui lors
Fist augmenter par ses puissans efforts,
Son bruit & regne, & haute seigneurie
Parmi l'Aphrique, & en autre partie.

   Ninus auoir sur Babyloniens
Long temps regné, aux iours Saturniens,
Aussi bruslé les liures d'art magique,
De Cham vaincu, (lequel par sa pratique

Marginal notes:
- Commencemét du regne d'Egypte, sous la monarchie des Babyloniens.
- Commencemét du regne d'Italie, sous la monarchie des Babyloniens.
- Commencemét du regne des Gaules, sous la monarchie des Babyloniens.
- La fondation de Sens en Bourgongne.
- Commencemét du regne d'Espagne, sous la monarchie des Babyloniens.
- Cham Zoroaste, philosophe, inuéteur de Magie, & des sept arts liberaux.

SECOND AAGE

Il escriuit en termes generaux:
Comme inuenteur des sept Arts liberaux)
Il fut posé dessous la Pyramide,
Qu'il fist bastir pres l'arbre coronide.

Les Pyramides d'Egypte, vne des merueilles du monde.

Oeuure duquel le haut bastissement
Donne aux humains grand esbahissement,
Pour l'excellente admirable structure:
Et l'vn des grand's merueilles de nature,
Fait, & basti d'vn fin marbre Arabique,
Et apporté de terre Iudaïque.

De la Royne Semyramis & de sa mort.

Apres Nynus, de tout homme vainqueur,
Semyramis, de magnanime cœur
Vint gouuerner, & par vertu conduire
De son mari le Royaume & Empire:
Et augmenta l'œuure & bastiement
De Babylone, en ses murs grandement.
Qui abusant de son fils par luxure,
Fut par luy mise à mort, & sepulture.

Institution de la religion des vierges Vestales.

En cestuy temps estoit dame Vesta,
En Italie, où elle s'appresta
Instituer aux Vierges precieuses
L'eternel feu, le garder curieuses,

La fondation de Rouen sur Seine en Normandie.

Et en ces iours, par Magus l'ancien
Fils Samothes, fut fondee Rouen,
Sous vn haut mont, sur riuiere de Seine,
Ville de nom, ville opulente & pleine
D'honneur, & bien, & de toute abondance,
Autant ou plus que ville de la France:

Voire du monde, & d'illustre renom,
En tous pays, pour sa gloire & haut nom.
  Aux mesmes ans, de la terre de Thrace   *La guerre des
Les fiers Geants, qui furent de la race   Geants contre Dieu.
Du grand Triton engendré de la terre,
Vindrent courir, comme mutins de guerre,
Sur les humains, & d'ardeur Martiale,
Sont descendus au bas val de Thessale :
Lesquels auoyent pour leur adionction
Les forts Geants de celle region.
En tel orgueil alors qu'ils s'assemblerent,
Leur cœur enflé tellement esleuerent,
Qu'il fut conclud aller Dieu deprimer,
Comme ils auoyent, l'air, la terre, & la mer.
Donc pour trouuer moyen & accessoire   *Les cinq montaignes roulees l'vne sur
A escheler le hautain territoire,   l'autre.
Le mont Olymp' leuerent au dessus
De Pelyon, qui furent dressez sus
Les monts Ossa, Othrys, & Erymanthe,
A grand pouuoir, & force dominante,
Pour assaillir les celestes manoirs,
Qu'ils esperoyent, pour eux & tous leurs hoirs.
En peu de temps si haut loing de la terre,
Deuers le ciel prindrent leur course & erre,
Montans en l'air : lesquels de plein assaut
En ce desir monterent si tres-haut,
Que leur grandeur qui tant estoit cogneuë,
Fut absconsee en la terrestre veuë.
     C ij

SECOND AAGE

Moult animez en leur fureur ciuille,
Comme soldarts assaillans vne ville:
Et eschelans en grand bruit de tabours
Les bastillons, & les puissantes tours.
Ainsi montoit en grande auidité,
Celle cohorte en la haute cité
De Paradis, lors que les vents contraires
Vindrent souffler des anthres, & visceres
Aux elemens, & commencer la guerre
A ceste gent, voulant le ciel conquerre.
La terre aussi en son abysme creuse,
En sa puissance obscure & tenebreuse,
Fist esmouuoir par vn mortel semblant
Son orbe grand, pondereux, & tremblant.
Ce qui donna grande admiration
A ces Geants pleins de turbation.

La ruine des Geâts, & leur dispersion.

Lors le boiteux Vulcan bien tost allume
Par ses Broutins, & forge sur l'enclume
Dedans sa forge, & salpestreux fourneaux,
Fouldre & tempeste à grans coups de marteaux.
Et en tremeur du montueux vorage,
Pour reprimer leur orgueil plein d'outrage,
Il foudroya celle bande assemblee,
Qui par son coing fut tost desassemblee:
Et les cinq monts esrroulez en vn tas,
Vollerent loing par l'air en grans esclats.

Briareus.

Briareus ayant cinquante testes,
Auec cent bras, en rages, & tempestes,

Par l'Eternel, pour son tourment amer,
Fut tost lié en vn roch de la mer :
Lequel encor y est pour souffrir peines,
Là attaché de six vingts & dix chaines.
  Ephialtes, Octus, & AElœus,   Ephialtes,
Furent plongez aux marescs & paluds,   Octus, Ælœus
Pres le torrent du lac de Macedone,   & Branton.
Et Branthon mis au grand fleuue du Rhosne.
  Le fier Thyphon en l'isle Inariné,   Thyphon.
Gist estendu ainsi qu'examiné,
Dessous le pied de la roche Iphylate,
Ou son grand corps à son pouuoir dilate,
Iettant le feu par narines & yeux,
Et renisflant comme tout furieux.
  Pres les rochers de la grand'.mer de Perse,   Serpyon.
Est attaché, & tres-bien tient son erse,
Le merueilleux & cruel Serpion :
Lequel bouffant par aspiration,
Iette la mer en si grande inundance,
Qu'il fait enfler les fleuues à outrance:
Puis respirant dedans son estomach,
Fait bouïllonner les eaux comme en vn lac.
  Dedans AEthna, le haut mont salpestreux,
Aux chauds fourneaux bouïllonnäs & scabreux,
Est enchainé, parmi flammes & soulphres,
Enceladus, lié dedans les gouffres   Enceladus.
Qui iette feu, & flammes vaporeuses,
De sa cauerne, & de ses antres creuses.

SECOND AAGE

Le remanent, pour leur tres-grand orgueil,
Furent de Dieu iettez en vn clin d'œil
En lieux diuers, & loingtaine terrace,
Par les rochers & regions de Thrace.

Promesse faite à Abraham. Genes. 12.

Apres que Dieu par sa vertu diuine,
Eut fulminé la tourbe geantine,
Delibera par decret sainct & munde,
Sous Abraham faire changer le monde :
Auquel en Foy fist promesse certaine,
Que de son sang, & de sa race humaine,
Viendroit vn fruict, qui par promission
Remettroit l'homme en benediction.
En suyuant quoy par parole mandee,
Abandonna sa terre de Chaldee,
Et habita auec Loth, fils d'Aram,
Dans le pays, & terre de Chanan.

Gomorre assaillie par les quatre Roys, & la victoire d'Abraham. Gen. 14.

Contre lesquels, pleins de toute opulence,
Les quatre Rois en prompte diligence,
Vindrent donner tres-aspre inuasion,
Contre Gomorrhe, & en la region
Des cinq citez, ou Loth faisoit demeure.
Lors Abraham promptement en celle heure
Saillit sur eux, lesquels furent vaincus
Par ses efforts, & par armes confus,
Et Loth rescoux, de telle horrible proye
Fut deliuré en triumphe & en ioye.

A son retour, de la ville Salem,
(Qui depuis fut dite Ierusalem,

Et qui par luy, deuant celle poursuite,
Auoit esté premierement construite:
Combien qu'aucuns en leur opinion,
Ont affermé que sa fondation
Fut par Ihebus, homme fort & bellique
De nation, en terre Iudaïque)
Vint, & sortit en grand' ioye & honneur,
Melchisedech, le vray Roy, & Seigneur:
(Duquel nous est l'origine incogneuë)
Qui preuenant d'Abraham la venuë,
Premier illec offrit le pain & vin
Tres-humblement, au Createur diuin.
Dont Abraham luy faisant rescompense,
Luy conceda (comme à la haute essence)
Dismes de tout, & en ce saint hommage,
Fut terminé en luy le deuxiéme aage.

La premiere fondation de Ierusalem sur le torrent de Cedron, par Melchisedec, ou selon aucuns, par Ihebus. Gen.14. Hebr.16.

Premiere donation des dismes. Genes.14. Hebr.7.

FORS DIEV TOVT PASSE.

Fin du second aage du monde.

C iiij

TROISIEME AAGE

ENSVIT LE TROI-
siéme aage, qui dura 940
ans.

Le tiers aage qui commença l'an de la creation du monde 950.

APres que l'homme eut perdu la notice,
Du haut Seigneur, de Vertu, & Iustice
Vint Abraham, lequel premierement,
Fut aux humains le vray commencement
De sainctes mœurs, & qui leur fist apprendre,
Et du haut Dieu le seul vouloir entendre.

La Circoncision baillée à Abraham. Gen. 17.

Faire en leurs corps la Circoncision,
Luy & les siens, lesquels sans fiction
L'eurent à gré, qui leur fut vne Loy
Pour leur salut, comme à nous est la Foy
Du sainct Baptesme: ains en soy imparfaite,
Comme figure en ce Baptesme faite.
Donc auec luy de region hautaine,
Trois Anges sont entrez sous forme humaine
Luy annonçant d'Isaac (comme vn oracle)
L'heureux concept, par celeste miracle,
En Saray: Auquel Dieu commanda
De l'immoler, qui son edict garda.
Dieu regardant sa grand' obedience,
Le glaiue tint par iuste prouidence.

Bien tost apres, pour l'orde puanteur
De vil peché, qui rendit sa senteur
Iusques au ciel. (Ce que l'Esprit abhorre)
Dieu subuertit la cité de Gomorre,
Sodome aussi, Seboym, Adamé,
Auec Balé, pour crime diffamé.
Les elemens furent tous concitez,
Et le haut ciel contre ces cinq citez :
Car Dieu fist cheoir, & tomber comme en gouf-
    fres,
Brandons de feu, & grans flambeaux de soul-
    phres.
Subuertissant en abysme profonde,
Dedans vn lac plein de sulphurique vnde,
Ce lieu comblé d'asphaltique mer morte.
Dont Loth sentit l'ire de Dieu moult forte:
Car luy fuyant, sa femme diuertie
En vn monceau de sel fut conuertie:
Qui descendu de Tharé par Nachor
Fut preserué sur le mont de Segor:
Où il mesla son sang & sa nature,
Deceu du vin, auec sa geniture.
    En celuy temps eut son commencement,
Le regne & Chef de Crète hautement,
Dedans Egypte : Et en fut premier Roy,
Cres, ainsi dit, de noble & grand arroy.
En laquelle Isle, en tous biens fortunee,
Iuppiter fut (pour la rage effrenee

Les cinq citez subuerties au lac asphaltique.
Gen.19.

Loth sauué en Segor, & sa femme conuertie en vne statuë de sel.
Gen.19.

Commencemét du regne de Crete sous la Monarchie des Babyloniens.

TROISIEME AAGE

De Saturnus qui ſes fils deuoroit)
Nourry de miel que la mouſche apportoit.

Commencemét du regne des Amazones, ſous la monarch. des Babyloniens.
Aux meſmes ans, ſous l'or de Babylone,
Print ſa vertu le regne d'Amazone,
En la Scythie, en la terre d'Europe:
Duquel le nom vola en l'Ethiope,
Pour les hauts faits vertueux, faits par femmes
Dignes d'honneur, & treſ-illuſtres dames.

La ſepulture d'Abraham. Gen. 25.
Lors qu'Abraham approcha de ſon aage,
A Iſaac delaiſſa l'heritage,
Seul heritier: & luy treſ-iuſte & bon,
Apres ſa mort fut porté en Hebron,
Dedans Mamré, lieu de ſa ſepulture,

La benediction d'Iſaac ſurprinſe par Iacob. Gen. 27.
De Rebeca, par le cours de nature,
Eut deux enfans: laquelle en fiction
A Iacob fiſt la benediction
Secrettement ſurprendre de ſon pere,
Dont Eſaü fut en triſteſſe amere.

Commencemét du regne de Theſſale, ſous la monarchie des Babyloniens.
En ceſtuy temps le regne de Theſſale,
Print ſon exorde en Grece dans Pharſale:
Lors qu'en Argos, ville treſ-renommee,
Fut ſa vertu en haute renommee.
Car Inachus, premier Roy du pays,

Yo muee en vache.
Eut vne fille, Yo, dite Inachis,
Laquelle fut, pour ſa beauté ſacree,
Par Iuppiter vache transfiguree.

De Pallas deeſſe de ſapience.
Aux meſmes iours la prudente Pallas,
Nommee ainſi, (pour le Geant Pallas

qu'ell' desconfit) vint du lac Tritonide,
Pour aux humains estre de Vertu guyde.
　Celuy Iacob (qui fut dit Israel,
Pour le combat auecques Raphael)
Eut douze enfans, desquels en toutes places
Des preesleus vindrent les douze races,
Entre lesquels Symeon, & Leui,
Mirent à mort Sichem, qui fut raui
D'amour villain' en Dina la pucelle,
Dont faite fut vengeance tres-cruelle.

La mort d'Emor & de Sichem, pour le stupre de Dyna. Gen.34.

　En cestuy temps Phoroneus le sage,
Fils d'Inachus, aux Grecs donna l'vsage
Des saintes loix, par lesquels en ce lieu
Fut estimé estre celeste Dieu.

De Phoroneus le sage.

　Lors que Iacob viuoit en paix celique,
Le Roy Lugdus, en la Gaule celtique
Vint commencer en haut cœur de lyon,
La noble ville & cité de Lyon
Dessus le Rhosne, en quoy est renommee
Des Lyonnois la gloire, & renommee.

La premiere fondation de la ville de Lyon, sur le fleue du Rhosne, par le Roy Lugdus, ou par Plantus Proconsul Romain.

　En cestuy temps Iunon haute deesse,
Auec Ceres, prindrent cours, & adresse
En Italie, où elles demonstrerent
A labourer la terre, & commanderent
Laisser le glan, & du labouré grain
Pour les nourrir, faire & cuire le pain.

L'inuention de labourer la terre, & faire le pain.

　Aux mesmes iours qu'Ogypes en vertu
Regnoit en bruit, le Roy Phoroneus

La premiere fondation de la ville de Rhodes.

TROISIEME AAGE

Construire fist & bastir en la Grece
Rhodes, qui fut excellent en noblesse,
Le fort soustien, la frontiere & deffense,
Contre ennemis qui nous font violence.

La vendition de Ioseph par ses freres, & persecution de sa race. Gen. 37.

Aux mesmes ans, de Iacob attendu,
Le bon Ioseph fut liuré, & vendu
Trente deniers, à la gent Arabique :
Et presenté au Roy Pharaonique.
Mais le haut Dieu de si bas deshonneur
Tant l'exalta, en si parfait honneur,
Qu'il gouuerna tout le regne d'Egypte.
Iacob son pere, auec son exercite,
Desquels tant creut la generation,
Qu'vn autre Roy leur fist affliction,
De cruauté, qui par dure inclemence
Les affligea de seruitude immense.
Non memorant les honneurs, & biens-faits,
Qui par Ioseph leur auoyent esté faits.

Prometheus, & Athlas philosophes.

Pendant ce temps, Prometheus le sage,
Qui aux humains de mœurs donna l'vsage,
Fut estimé des hommes estre Dieu.
Aussi Athlas, sorti d'vn mesme lieu,
Fut par les dieux commis fort, & dispos,
A soustenir le ciel dessus son dos.

Argus Roy de Thessale occis par Mercure.

Durant ces iours, Argus Roy curieux,
Dedans Thessale, auecques ses cent yeux
Gardoit Yo, vache transfigurée :
Mais par Mercure elle en fut deliurée,

DV MONDE.

[q]ui endormit Argus,& luy couppa
[So]n chef dormant,& sa vie occuppa.
[Et] par Iunon mis d'Arg[us] les cent yeux
[A]utour du Paon, superbe & orgueilleux.
  Durant ces ans, en puissances hautaines,
[L]e Roy Cecrops, sa grand ville d'Athenes
[f]int commencer, en tiltres anciens,
[L]e regne & chef des forts Atheniens.
  Aux mesmes iours Diane d'excellence,
[Et] Apollon, dit le Dieu d'eloquence,
[E]stoyent regnans, qui aux rudes humains
[fi]rent laisser leurs vices inhumains,
[P]our leur esprit & science diuine,
[V]oyans le cours d'Astres, & Medecine,
[f]urent nommez par tiltre nompareil,
[D]ieux,& recteurs de la Lune & Soleil.
  Pour deliurer de dure seruitude
[L]e peuple Hebrieu, au lieu de certitude,
[D]ieu suscita aux enfans d'Israel,
[M]oyse & Aaron, qui du Pere Eternel
[f]urent esleus, pour vuider & conduire
[L]e peuple esleu, hors d'Egypte l'Empire.
[P]our signe vray, Moyse vn buisson flambant,
[V]eit de sa forme en rien point ne perdant,
[O]ù le Seigneur commanda face à face,
[A] Moyse aller, à Pharaon en place:
[D]uquel le cœur, & superbe pensee
[F]ut r'endurcie, & du tout insensee.

Commen-
cé du regne
des Atheni-
ens, sous la
Monarchie
des Babylo-
niens.

Apollo, &
Diane.

Moyse & Aa-
ron ducteurs
du peuple de
Dieu.
Exod. 3.

Qui ne voulant laisser le peuple Hebrieu
Se departir, eut des verges de Dieu.

La premiere playe d'Egypte. Exod.7.
Moyse ietta sa verge sur la terre,
Qui deuint tost serpent, faisant la guerre :
Et deuorant de ces incantateurs
Tous les serpents, d'icelle imitateurs.

La 2. playe. Exod.7.
Secondement les fleuues & ruisseaux,
En rouge sang changerent tost leurs eaux,
Dont les poissons sur l'eau flottans à nage,
Venoyent mourir sur le bord du riuage.

La 3. playe. Exod.8.
Moyse en apres celle verge estendit
Dessus le fleuue, alors tost se sourdit
Vn nombre grand de reynes querulantes.

La 4 & 5. playe Exod.8.
Vindrent aussi Scynilles deuorantes,
Mises auec vn nombre innumerable
De gros Fullons, & mousche insupportable.

La 6. playe. Exod.9.
Pour tous ces maux, au peuple exterminé
Ce Pharaon demeura obstiné,
Dont en l'Egypte, aux hommes, & aux bestes
Dieu infligea des vlceres, & pestes,
Qui d'hommes maints firent occision.

La 7. playe. Exod.9.
Ce nonobstant telle punition,
Dieu fist tomber d'Egypte sur la terre,
Gresle, tempeste, esclairs, fouldre, & tonnerre
Mettant à mort en miserables sommes,
Non seulement les bestes, ains les hommes,
Et abbattit arbres en tout destruits,
En consommant, & degastans les fruicts.

Apres cela, par diuine menace, — La 8. playe. Exod. 10.
Locustes ont rempli toute la place,
Du Pharaon, & les Egyptiens
Estoyent viuans dés les temps anciens.
Trois iours entiers se sourdirent tenebres, — La 9. playe, Exod. 10.
Qui furent tres-espaisses & funebres,
Sans qu'aucun eust en soy force ou pouuoir,
Aucunement de place se mouuoir.
Dieu regardant en sa misericorde, — La 10. & derniere playe. Exod. 11.
Son peuple mis hors du lien & corde,
De Pharaon, (auoir à la mort mis
Les premiers nez) & de ses ennemis,
Le fist passer par les bois & deserts
Hors de l'Egypte, là où ils estoyent serfs:
Pleins, & munis d'vn bien innumerable, — Exod. 13.
Vaisseaux d'argent, chose tres-admirable.
Portans les os de Ioseph en leur fuitte,
Au departir de la terre d'Egypte.
Ce peuple esleu, de l'Ange iour & nuict, — Le peuple d'Israel conduit sous la colomne de feu. Exod. 13.
Sous feu ardant, par Moyse bien conduit,
S'en vint passer trauersant la mer rouge.
Mais Pharaon, obstiné & farouge, — Pharaon submergé en la mer rouge. Exod. 14.
Le poursuyuit à sa confusion,
Luy & son Ost mis en submersion.
En celuy temps, par vraye demonstrance,
Que Dieu voulut par certaine asseurance,
Changer le monde en regne different, — Mutation des regnes.
Maint signe fut aux hommes apparent.

De grans debats,& de guerres ciuilles,
Qui lors estoyent, par les chasteaux & villes
De l'Italie,où le preux Iasius,
Fut en aguet occis par Dardanus:
Lequel souilla, par cruel homicide,
Ses fieres mains,commettant fratricide.

Fratricide cõmis par Dardanus,en Italie.

 Aux mesmes ans Apollon le tres-sage,
Fut adoré en statuë & image,
Par Cecrops faite, en son Temple Delphos.
Lors que Cecrops en tranquile repos,
Regnant heureux de Grece sur les plaines,
Vint tost à chef de sa ville d'Athenes,
Ainsi nommee en nom plein de soulas,
De par Minerue,& prudente Pallas.

Apollo adoré en Delphos.

Entre laquelle,& le grand Roy Neptune,
Fut vn estrif,& debat: Mais Fortune
Fauorisa, car l'Oliue en ce val,
Fut proposee au furieux Cheual.

Debat entre Neptune & Pallas pour le nom d'Athenes.

 Aux mesmes iours Phaëton en ieunesse,
Fils d'Apollon,& Climene deesse,
Vint entreprendre en trop ieune appareil,
Conduire au ciel le Curre du Soleil:
Duquel le tybre en merite tres-digne,
Cogneut en soy la cheutte,& la ruine.

L'entreprinse & ruine de Phaëton.

 Pendant ces temps, le bon Deucalion,
Auec Pyrrha,de l'inundation,
Sauua le monde au flot Thessalonique:
Lors que Themis,deesse fatidique,

Le deluge des eaux en Thessalie, & les pierres muees en hommes.

Leur

Leur commanda (qui leur fut chose amere)
Semer bien tost les os de leur grand' mere:
Desquels iettez, derriere sur la terre,
Sortoyent sur pieds gens armez com' en guerre.
 Ceste Themys fut Sybille Delphique,   De Sybille
Qui du vray Christ, par esprit prophetique,   Delphique,
Vaticina de la natiuité,   dite Themys.
Qui deuoit estre en nostre humanité.
Aussi predist ses vertus & signacles:
Son grand pouuoir, ses hauts faits, & miracles:
Sa prinse, & mort, sa dure passion,
En affermant sa resurrection.
 Moyse & Aaron, auec le peuple Hebrieu,   Commence-
Mis aux deserts sous le vouloir de Dieu,   ment de cele-
Ont celebré la Pasque solennelle,   bration de la
Tres-dignement, en memoire eternelle.   Pasque par
Par quarante ans, pour leur nourrissement   les enfans d'-
Manne leur pleut du ciel heureusement: Israel.
Par lequel temps, en certaine asseurance,
Leurs vestemens point n'eurent d'empirance.
 Sur Sinay, la montagne de Dieu,   Les deux Ta
Moyse monta, lequel en celuy lieu,   blesdu Testa-
Eut du Seigneur le sainct commandement :   ment baillees
Faire bien tost, sans nul empeschement,   à Moyse.
L'Arche de Dieu. Là receut les deux Tables,   Exod.32.
Qu'il apporta au peuple profitables:
Mais leur peché, & obstination,   Commence-
Auoit ia fait vne conflation   ment de dēs
                         au veau d'or.

TROISIEME AAGE

Du grand veau d'or, lequel par alliance
Ils adoroyent, en reuerence, & danse.
   Pour ce peché, & crime depraué,
Moyse froissa (ou Dieu auoit graué
Ses mandemens) celles tables de pierre,
Qu'il desrompit, les iettant contre terre.
Puis approchant la terre Chanaan
(Laquelle auoit esté à Abraham
De Dieu promise) enuoya pour enquerre,
Explorateurs, dedans icelle terre;
Qui retournez furent nunciateurs,
Que celuy peuple & les habitateurs,
Estoyent puissans, & de grande stature:
Dont se sourdit vn discord & murmure,
Encontre Moyse, & dont instantement
Furent punis du haut Dieu iustement.
   Alors Choré, Abiron, & Dathan,
Duits & menez de l'esprit de sathan,
Furent dedans leurs fumans tabernacles
En tout destruits par flammes de miracles:
Enfer ouuert, dedans son centre & bonde,
Les engloutit en l'abysme profonde,
Encor viuans, auec quatorze mille
Neuf cents cinquante, en leur secte & famille.
   En ce temps là, deuers les Phrygiens,
En delaissant les Samothraciens,
Vint Dardanus par droit chemin & voye,
Où il fonda la grand' ville de Troye,

La terre de promissionespiee par Caleph, & Iosué. Numer. 13.

Ambition & ruine de Choré, Dathan, & Abiron. Numer. 13.

La premiere fondation de Troye, dite Dardaine, & le fat du Palladium.

Qu'il denomma de son nom Dardanie,
Pres de la mer sur la terre d'Asie.
Lequel marquant en circuition
Les murs, trouua le sainct Paladium:
Qui eut en soy le fat & destinee,
Point ne deuoir Troye estre ruinee,
Pendant le temps que bien gardé seroit,
Et qu'en icelle on le revereroit.
 Pour appaiser le murmure, & discord
Du peuple Hebrieu, qui faisoit le record,
Se complaignant de la soif & long erre,
Moyse doubtant, frappa sur la pierre:
Dont aussi tost par ses concutions,
Au second coup les inundations
Saillirent haut, hors de la viue roche.
Ce nonobstant en crime & vil reproche,
Ce peuple dur murmura grandement,
Dont au desert, par tout subitement,
Dieu fist mouuoir les serpents mortiferes,
Poignans à mort leurs membres, & visceres.
Pour euiter ce danger tres-soudain,
Moyse erigea le grand Serpent d'airain:
Duquel l'aspect, & la directe veuë
Estoit aux mords medecine pourueuë.
 Apres cela, à main forte & armee,
Moyse dressa vne puissante armee
Contre Sehon, Roy des Amorrheens,
Qui fut occis auec Cananeens.

Le murmure du peuple d'Israel, & l'incredulité de Moyse. Numer. 20.

Erection du serpent d'airain par Moyse au desert. Num. 21.

La mort de Sehon roy des Amorrheens.

D ij

Lors aussi tost Balaam faux prophete,
Par Balaac, auec sa longue traicte,
Voulut aller aux enfans de Syon,
Iecter son ire & malediction.

L'asnesse de Balaam faux prophete parla. Num. 22.

Contre lequel, l'Ange ayant vne espee,
A son asnesse a la voye occuppee :
Qui profera d'aiguillon inhumain,
Parole d'homme, auec langage humain.
Et Balaan, pour malediction,
Leur profera sa benediction :
Lequel meschant, inique, & faux prophete,
Aux durs assauts de l'armee deffaitte,
Fut mis à mort auecques plusieurs rois,
Par Phinees mis en piteux arrois.

La fondation de la ville de Corynthe par le roy Sisyphus, tourmenté aux enfers.

En cestuy temps Corynthe en Achaye,
Dedans la mer fut construite & bastie
Par Sisyphus, iettant ses fondemens,
Fils d'AEolus, qui en tristes tourmens
(Pour de Iunon auoir concité l'ire)
Est aux enfers, où vne meule tire
Du pied d'vn roch, au coupeau du haut mont,
Puis derechef retombe à contremont,
Et tombera par eternelle vie,
En ce tourment de paresse & d'enuie.

La persecution, & patience de Iob. Iob 2.

Pendant ces iours, en la terre de Hus
Iob fleurissoit, en richesse & vertus :
Qui fut frappé de playes, & d'vlceres
Par tout le corps, & iusques aux visceres,

Du faux esprit, par la permission
De l'Eternel, qui de grace action
Luy en rendant, de ses enfans la perte,
Par patience a du tout recouuerte.
 Aux mesmes ans, enuers les Persiens, *Des deux Sy-*
Deuers Cancer, aux fins des Lybiens, *billes, Libi-*
Dieu suscita deux tres-nobles Sybilles, *que & Persi-*
Qui en saincts dicts, & haut esprit gentilles *que, dites E-*
En leur sçauoir, donnerent maint escrit *nophile, &*
Du fils de Dieu & sauueur Iesus Christ. *Samberte.*
En affermant qu'vne gent malheureuse
Infligeroit peine tres-rigoureuse
A son Seigneur, & dure affliction
Il souffriroit durant sa passion.
 Moyse mourant, ordonna pour eslites *La sepulture*
Le sien sepulchre aux champs des Moabites, *de Moyse in-*
Contre Phegor, qui point ne fut cogneu, *cogneuë.*
Et à tout homme encor' est incogneu.
Laissant sa mort du peuple regrettee,
Par trente iours pleuree & lamentee.
Aucuns ont dit, affermant seurement, *Theronymus*
Que Moyse fut raui diuinement, *super Prophe-*
Auec Henoch, au Paradis terrestre, *tam Amos.*
Pour quelque fois en ce monde apparoistre.
 Apres sa mort, Iosué le tres-preux *Iosué ducteur*
Fut fait ducteur, qui sur tous tres-heureux, *du peuple d'*
Vint gouuerner par diuine ordonnance *Israel.*
Le peuple esleu: duquel par la puissance *Deuteron. 3*
     D iij

TROISIEME AAGE

Se vint renger en fort combatement
Vers Iericho, lequel instantement
La circuit, de trompes & buccines,
Donnant tremeur de futures ruines :

La ruine de Ihericho, & la deliurance de Raab. Iosué 6.

Ainsi fut fait iusqu'au septiéme iour,
Que hors la ville, ainsi faisant le tour,
Le peuple tant, & hommes s'escrierent,
Prestres aussi les buccines sonnerent,
Et aussi tost Ihericho bien construite,
Sans coups ruer deuant eux fut destruite.
Adonc Raab, les deux explorateurs
Sauuez de mort, furent vrais Zelateurs
Illec garder par promesse asseuree,
Qu'elle auoit d'eux iustement imploree.

La bataille, requeste & cõqueste de Iosué. Iosué 10.

Luy, auoir faict par diuine vltion,
Sur Ihericho digne punition,
Fist desmarcher son Ost, & exercite
Contre les Rois, qui par forte conduite,
Vers Gabaon s'estoyent venus ranger :
Dont Iosué vint ses gens arranger
Contre iceux Rois, qui quitterent la place.
Lequel armé subitement desplace,
Les poursuyuant, & pour auoir conqueste,
Au Createur dressa vne requeste,
Dont aussi tost Phebus au firmament,
Fist redresser son curre & mouuement.
Lors Iosué tous ces Rois a fait prendre,
Et haut en l'air miserablement pendre.

En ceste terre, & Royaume promis, *Trente & vn*
Trente & vn Roy furent à la mort mis *rois occis par*
Par Iosué, qui aux douze lignees, *Iosué.*
Diuisa lors les terres assignees. *Iosué 12.*

De six cents mil, sans femmes & enfans, *Caleph, & Io-*
Sortis d'Egypte en arrois triomphans, *sué, seuls en*
Aucun n'entra au champ de promission, *la terre de pro-*
Fors Iosué, & par permission *mission.*
Le fort Caleph, qui par ferme alliance, *Numeri 26.*
Au Createur firent obeissance.

Lors que regnoit Iosué le tres-fort, *Europa rauie*
Europa fille Agenor, eut effort *par Iupiter en*
Par Iuppiter, tristement violee, *la forme d'vn*
Dont elle fut grandement desolee: *taureau.*
D'auoir esté en forme d'vn taureau
Rauie ainsi: Mais d'elle le tres-beau,
Et fort Cadmus, sortit qui par fortune,
De Thebes fut Roy en gloire oportune.
Lequel apres errant vint arriuer *La fondation*
Dedans Neustrie, où il cuidoit trouuer *de Caen en*
Cil Iuppiter: & là en diligence, *Normandie,*
Vne cité, & ville tost commence, *sur la riuiere*
Size sur Orne, & laquelle il nomma *d'Orne.*
Caen, de son nom, en laquelle ordonna
Plusieurs statuts, en l'honneur de son pere,
Lequel donna celle terre à sa mere.

Aux mesmes temps, sous Exitonius, *Exitonius fils*
Dardaniens estoyent entretenus: *de Dardanus*
Roy de Dar-
danie tres-ri-
che.

D iiij

Lequel estoit, pour dire en breues sommes,
Roy estimé le plus riche des hommes.

    En cestuy temps autre Exitonius,

L'inuention d'atteler les cheuaux.

Fils naturel du boiteux Vulcanus,
Fut enseignant aux Grecs par faicts nouueaux
Ensemble en Curre atteler les cheuaux.

    Aux mesmes ans, en façon inhumaine,

La cruauté du Roy Busyris, fondateur de la ville de Thebes.

Fut Busiris: lequel la chair humaine
Sacrifioit, vers les Egyptiens:
Contre l'escrit & mœurs des anciens,
Pour euiter en sa terre famine.
Mais Hercules le tourna en ruine,
Et le meurtrit hors Thebes sa cité,
Par luy construite en haute dignité.

    Et en ces iours, par deçà les montaignes,

La fondation de la ville & chasteau de Millan sur la riuiere du Pau.

Les forts Gaulois monstrerent leurs enseignes
Lors qu'en honneur la ville de Millan,
Tres-noble, & digne, & semblable au Millan
Sur le Pau fut par eux faite & construite,
Menee à chef en son œuure conduite.

    Apres auoir Iosué, iour & nuict,

La mort, & sepulture de Iosué. Iosué 14.

Par les deserts le peuple bien conduit,
Il s'acquitta du tribut de nature:
Lequel fut mis, pour digne sepulture
En Ephraim, auquel comme ducteur,
Fut successeur Iudas leur conducteur.
Mais cestuy peuple en fausse destinee,
De dur cerueau, & de teste obstinee,

Mesla son sang par lubricques conduites,
Auec le sang des filles Moabites.
Pour lequel crime, & vice tres-infect,
Furent submis sous leur pouuoir de faict.
 Pour les reduire aux souuerains refuges,   *Les Iuges*
Dieu suscita sur son peuple les Iuges,   *creez sur Is-*
Desquels il fut longuement gouuerné,   *rael, & Otho-*
Et de l'erreur des Gentils destourné.   *niel premier*
Le premier fut Othoniel le sage,   *Iuge.*
Frere à Caleph: lequel hors de seruage   *Iudic. 3.*
Les deliura, malgré ses ennemis,
Auquel captifs peché les auoit mis.
 En cestuy temps, Iuppiter dedans Crete,   *Saturne ex-*
Fut enuahir par armee secrette,   *pulsé de son*
Le Roy Saturne, & l'en ietta dehors   *Royaume par*
Par sa puissance, & belliqueux efforts.   *son fils Iup-*
                piter.
 Et par luy-mesme, à force & fait de guerre, *Le Roy Ly-*
Lychaon Roy fut mis hors de sa terre,   *chaon, tyran,*
Lequel cruel en sa desloyauté,   *mué en loup.*
Du sang humain en grande cruauté
Estoit meurtrier, & en faits detestables,
Mangeoit la chair humaine sur ses tables.
Pour lequel faict Iuppiter le transforme
En vn grand Loup, & beste tres-difforme.
 Aux mesmes iours Iuppiter souuerain,   *Danes, & Ca-*
En forme d'or, dedans la tour d'airain   *listo violees*
Força Danes: & au Temple Diane   *par Iuppiter.*
Print Calisto, pucelle Archadienne.

TROISIEME AAGE

Calisto muee en l'Estoille du Plaustre.

Tant il l'aima qu'au ciel fut translatee,
Et sa beauté aux Astres dilatee,
Au Chariot pres le Pole ayant course,
Et nommee est le Plaustre, ou la grand' Ourse.

Minos & Rhadamantus freres, Rois de Crete, iuges aux enfers.

Aux mesmes iours, Minos le Roy seuere,
Auecques luy Rhadamantus son frere,
Furent transmis des dieux dedans enfer,
Iuges commis pour les ames iuger.

Othoniel, auoir tres-sainctement
Regné, il fut inhumé dignement.

Aioth deuxieme Iuge sur le peuple d'Israel. Iudic. 3.

Apres lequel, Aioth fut second Iuge,
Auquel le peuple eut souuerain refuge:
Car il occist par glaiue heureusement
Le Roy Eglon, caché secrettement.

Commencemét du regne de Phrygie, sous la monarchie des Babyloniens, par le Roy Tantalus puni aux enfers pour ses inhumanitez.

En celuy temps, en la basse Phrygie,
Size, & posee en la petite Asie,
Vint Tantalus, riche, puissant, & fort,
Qui erigea par belliqueux effort,
Le regne, & Chef des puissans Phrygiens,
Prochains affins des preux Dardaniens:
Lequel cruel, meurtrier, & miserable,
Offrit son fils aux dieux dessus sa table,
Pour le manger: & qui trop indiscret,
Mist en esuent des hauts dieux le secret.
Pour lesquels maux, luy meschant & auare,
Est aux enfers au bas fleuue Tartare,
Ayant assez deuant luy chair & pain,
Mais deffendu les toucher meurt de faim.

Aux mesmes ans, Ixion de Thessale,
D'orgueilleux cœur, & façon desloyale,
Fut abismé des dieux aux bas enfers,
Le corps lié de chaines, & gros fers,
En vne rouë, en glace, & feu tournante,
Souffrant tourment, & rage deuorante :
Lequel cuida Iunon la grand' deesse
Contre son gré, forcer, & faire oppresse.

Ixion l'orgueilleux, puni aux enfers. Æneid.6.

Aupres duquel Titius le geant,
Est estendu, aux bas enfers gisant,
Le cœur ouuert en façon tres-cruelle,
Et le gysier qui tousiours renouuelle.
Lors que le grand & affamé Vautour,
Incessamment reuient par chacun iour
Le deuorer, en ce tourment & rage,
Renouuellant sa douleur & outrage.

Titius l'enuieux tourmenté aux enfers. Æneid.6.

Aux mesmes iours, en son Curre de fer,
Sortit Pluton de sa ville d'enfer,
Qui tost rauit par aguet & rapine,
En son Chaos la ieune Proserpine.

Le rauissement de Proserpine fille de la deesse Ceres.

Apres Aïoth, Sangar fut successeur,
Qui de l'honneur de Iuge possesseur,
Remist en paix, par la vertu celique,
Le peuple Hebrieu par triumphe heroïque.

Sangar troisieme Iuge sur le peuple d'Israel. Iudic.3.

Pendant ces iours, en admiration,
Du sainct Esprit eut reuelation
Dedans Samos, Europhila Sybille,
Dite Samye, excellente, & gentille,

De la Sybille Europhila en Samos.

Vaticinant du futur iugement,
En l'asseurant tenir certainement,
Vn homme & Dieu, qui sera de pucelle
Né, en ce monde en forme naturelle.
Ceste Sybille en disputation
Fist la ruine, & confutation
Du fol erreur de Iunon la deesse,
Là adoree en diuine hautesse.

Barach,& Debora sa femme, quatriéme Iuge d'Israel. Iudic. 4.

En Israel Debora prophetisse,
Auec Barach, donna vraye notice
Du Createur, par son cantique, & chant,
Qu'ell' prononça deuant Barach iugeant.

Les Indes cõquestees par le Roy Bacchus fils de Iuppiter, & le temple Hammon par luy construit, l'vn des merueilles du monde.

Aux mesmes ans, en hautaine maniere,
Le fort Bacchus desploya sa banniere
Contre Indiens : lesquels en sa fureur,
Il subiugua comme vray conquereur,
Qui retournant aux arenes, & sables
Des longs deserts, en œuures admirables
Le Temple Ammon à son pere ordonna,
Pour le mouton qui claire eau luy donna :
Lequel est dit pour son œuure profonde,
L'vn des hauts faits, & merueilles du monde

Le forcémét, mort & vettu de la Gorgone.

Durant ces iours Gorgone l'orgueilleuse,
Femme lubricque, & d'esprit merueilleuse,
Fut par Neptune, au Temple de Pallas
Forcee, dont elle eut le cœur moult las :
Car la deesse en signe abhominable
De tel peché, infame, & detestable,

Luy transforma ses cheueux aureins
En longs serpents, & cheueux colubrins.
Mais Perseus instruit de la deesse,
Portant l'Egide, & miroir pour adresse,
Couppa le chef de celle femme armee,
Qui conduisoit vne puissante armee.
Par lequel chef Perseus, s'essayant,
Vainquit maint homme, & dangereux geant,
Qu'il conuertit, (sans luy faire autre guerre)
Au seul regard du chef en dure pierre.

Aux mesmes temps, Mydas d'or conuoiteux, *L'auarice du Roy Mydas, & le grauier du fleuue Pactolus en perles d'or.*
Par le vouloir des dieux fut souffretteux,
Par sa requeste, auare, & trop infame,
Dont il acquist partant oreilles d'asne:
En desirant que ce qu'il toucheroit
Fust conuerti en or, qu'il desiroit.
Mais cognoissant telles requestes vaines,
S'alla baigner de Pactole aux arenes,
Lesquelles sont, ainsi qu'on voit encor,
Comme grauier, meslé de perles d'or.

Aux mesmes ans le regne des Argiues, *Le regne des Argiues, ou de Thessale, changé au regne des Mycenes.*
Lequel auoit fleuri en forces viues
Parmi les Grecs, fut en vertus hautaines
Par eux changé au regne des Micenes,
Et transferé par le fort Perseus,
Qui mist à mort le Roy Acrisius,
Ayant enclos dedans sa tour magique,
Danes sa fille, & heritiere vnique.

TROISIEME AAGE

La fondation de la ville & cité de Paris sur Seine, & de Dardaine changee au nõ de Troye, par Tros fils d'Eritonius.

En cestuy temps la cité de Paris,
Fondee fut, par vn Roy dict Parys,
Roy des Gaulois, au temps qu'en grande ioye
Tros denomma sa grand ville de Troye:
Lequel estoit fils d'Eritonius,
Riche sur tous, fils du Roy Dardanus.
 Ceste cité, Paris de clair renom,
Qui par le monde a ce bruit, & haut nom,
Le siege, & lieu des Rois, & de Noblesse,
De premier nom fut nommee Lutece:
Laquelle on peut dire autant pour auoir,
Que pour honneur, lettres, & haut sçauoir,
Royne des Gents, le miroir pur & munde,
Non de la France, ains d'vniuersel monde:
Où le haut Dieu l'escrit sainct gardera,
Et où la Foy point ne se perira.

Le rauissemẽt de Ganymedes, eschanson des dieux

 Durant ces iours Iuppiter en alarmes,
Par son grand Aigle, & à grand' force d'armes
Rauit au ciel Ganymedes Royal,
Fils du Roy Tros, pour eschanson loyal,
Seruant les dieux pour sa grace excellente,
Au lieu d'Hebé, qui en fut malcontente.

Gedeon le fort, cinquiéme Iuge fut Israel. Iudic. 6.

 Cinquiéme Iuge, au mandement de Dieu,
Fut Gedeon, dessus le peuple Hebrieu:
Lequel estant du peuple Iudaïque
Dit le tres-fort, en sa force bellique,
Le deliura par trois cents seulement
De combatans, de l'ennuy, & tourment,

où il estoit sous les Madianites.
En quoy il eut pour enseignes produites
Diuinement en sa poure maison
Deux fois de l'Ange espreuue en la Toison.
 Au temps duquel, Ilion sous Idee
Du Roy Ilus, fils de Tros, fut fondee:
Comme la Tour, & fortresse aux Troyens,
Contre ennemis mutins & anciens.

 Fondation du chasteau d'Ilion, sur le fleuue Zanthus, par Ilus fils de Tros.

 Aux mesmes iours Perseus vint deffendre
Andromeda, qui ne faisoit qu'attendre
Le cruel Monstre, accourant de la mer
Pour l'engloutir, ce qui luy fut amer:
Mais celle vierge en tristesse nauree,
Par Perseus fut quitte & deliuree.
Qui l'emporta vers le mont Caucasus,
Sur son cheual fatal, dit Pegasus:
Lequel volant aux regions hautaines,
Du mont touché fist sortir eaux aux plaines
Sur Helicon, ou sciences infuses
Aux habitans sont produites des Muses.

 Andromeda deliuree par Perseus, & le mont Helicon sacré aux Muses.

 En celuy temps Laomedon, des dieux
Dit le mocqueur, fut en tout curieux
Fortifier sa grand' ville de Troye,
En celebrant festes, & feux de ioye:
Lequel auoit, en tres-noble appareil
Cheuaux produits des cheuaux du Soleil.
 Au mesme temps, par l'air en maint empire,
Vint Dedalus, ayant aisles de cire,

 Laomedon fils d'Ilus roy de Troye, dit le mocqueur des dieux.

En Crete, où fist par engin tres-subtil
Le Labyrinth', d'artifice gentil.
Mais Icarus son fils d'orgueil surprins,
Non obseruant le mandement apprins
De Dedalus, en l'air vola trop haut:
Parquoy sa cire, ayant senti le chaud
Du vif Soleil, ses aisles despeça;
Dont rudement au Tybre trebuscha.

<small>Le Labyrinthe de Dedalus, & la ruine de son fils Icarus.</small>

  Pendant ces iours, de sa Harpe d'Yuoire
Fut Orpheus en supresme memoire
Tant renommé, qu'il faisoit ensuyuir
Par son doux chant, montaignes, & suyuir
Aupres de luy, les forests, & landages,
Et arrester les fleuues aux riuages.
Tant bien sonna par ses chants doux, & beau
Qu'il endormit les monstres infernaux,
Le vieil Pluton, & Roine Proserpine;
Lors qu'il perdit Euridice tres-digne.

<small>Orpheus parfait chantre, & la vertu de sa harpe.</small>

  Aux mesmes ans Hercules, & Iason,
Vont en Colchos conquester la Toison
Sur les serpents, qui la laine dorée
Gardoyent, iettans la flamme sulphuree:
Mais Medea, femme de tres-haut cœur,
Aida Iason tant qu'il en fut vainqueur,
Qui se voyant du vainqueur mancipee,
Mist ses enfans au poinctu de l'espee,
Dont de douleur, qui son cœur excita,
Le fort Iason la mort se concita.

<small>La conqueste de la Toison d'or, par Hercules & Iason & la cruauté de la Royne Medee.</small>

Au retourner, le Pyrate Hercules
Auec son Ost, tournerent aux Palais,
Pour assaillir Laomedon de Troye,
Qui mirent tost sa ville en triste proye:
Et Hesionne au grand monstre rescousse,
Par Thelamon eut tres-piteuse escousse.
Car par ce Roy, & autres ses amis,
Fut emmence en l'isle Salamys.

> La premiere destruction de Troye, & le rauissemét de Hesionne fille de Laomedon.

Gedeon mort, Abymelech sublime
De tres-grand cœur, mais fils illegitime
De Gedeon, mist ses freres à mort:
Puis Iuge esleu, par moult superbe effort.
Apres lequel fut Thola successeur,
Et apres luy fut Iaïr possesseur.

> Abymelech 6 Iuge d'Israel. Thola 7, & Iaïr 8.
> Iudic. 9.

En son tëps fut Reims fondee en Chãpaigne,
D'vn Roy Gaulois, & Nantes en Bretaigne:
Et la cité de Troye en grand honneur
Fut par Priam restablie en vigueur.
Aucuns ont dit que Reims fut establie
D'aucuns Romains delaissans l'Italie,
Lors que Rhemus en cruel homicide
Par Romulus cogneut le fratricide,
Reims la nommans en l'honneur de leur Roy
Rhemus, qui fut mis en tel desarroy.

> La fondation de Reims en Champagne, & de Nantes en Bretaigne.

Au mesme temps Theseus Roy d'Athenes
Fils d'Egeus, en puissances hautaines,
Mena la guerre aux femmes d'Amazone:
Puis descendit dedans Lacedemone,

> Le premier rauissement de la belle Helene.

E

Où il tauit en aguet, & alarmes,
La ieune Helene, à grand' puissance d'armes,
Fille à Leda, & du Roy Tyndarus.

Les actes & faicts de Theseus Roy d'Athenes.

Apres auoir fait plusieurs grandes vertus,
Et que son peuple en seure paix restaure,
Du cruel monstre appellé Mynotaure:
Auoir vaincu les Lapythes meschans,
Et mis à mort les monstres, & geants,
Lesquels du tout de la terre il separe,
Est descendu aux estangs de Tartare,
Pour assaillir couuert d'armeure & fer,
Le Roy Pluton en sa ville d'enfer:

Theseus, & Pyrithoüs demeurez aux enfers.

Mais luy, auec le fort Pyrithoüs,
Furent gloutis du grand chien Cerberus,
Dont Hercules amenant Proserpine
En fut deceu, par son furt, & rapine.

La fondation de la ville de Poictiers.

En celuy temps Poictiers edifierent,
Vn peuple dit Scythes, qui arriuerent
De l'Angleterre, ou quelque autre partie,
Qui maintenant est nommee Scythie.

Iephté 9. Iuge sur le peuple d'Israel. Iudic. 11.

Apres Iaïr, pour le peuple iuger,
Le fort Iephthé se vint mettre, & ranger
Pour Israel, lequel (des Ammonites,
Et du pouuoir des forts Madianites)
Les deliura tres-vertueusement.

Le conuiue des dieux, & le iugemét de la pôme d'or par Paris Alexandre.

Au temps duquel tres-sumptueusement,
Sur Pelion, le mont delicieux,
Fut le banquet, & conuiue des dieux:

Où Peleus à Thetys la deesse,
Fut espouzé, en triumphe & liesse,
Durant lequel assez rusticquement,
Par Paris fut assis le iugement
Contre Pallas, & Iunon tref-hautaine,
Dont Venus eut la Pomme d'or mondaine.

 Apres Iephthé, Abessan fut esleu
Sans contredit dessus le peuple Hebreu,
Pour le iuger: Au temps duquel estoit
Erythrea, Sybille, qui nonçoit
Aux puissans Grecs, par sa langue diuine,
Troye deuoir estre mise en ruine:
Et les escrits du Poëte, dit Homere,
Estre menteurs en leurs dicts, & sommaire.
Ceste Sybille entre les autres fut
Tref-excellente, & dont l'escrit valut
Autant certain que saincte Prophetie,
Qui parlé a du iuste & vray Messie.

 Lors qu' Abessan iugement poursuyuit,
Sur Israel, le beau Paris rauit
La Royne Helene en l'isle Cytharee,
Par son vouloir, feignant estre espleuree.

 Abessan mort, & Elon fut commis
Abdon iuger le peuple à luy submis:
Au temps duquel d'Aulis en droite voye,
Pour enuahir la grand' ville de Troye,
Vindrent les Grecs, qui par efforcemens
Ont euerti ses larges fondemens:

Abessan 10. Iuge d'Israel Iud. 12.

De Sybille Erythrée, qui fut tref-excellente entre les autres. Lactant. lib. 1. cap. 6.

Le rauissemēt d'Helene par Paris Alexandre.

Elon 11. Iuge sur Israel, & Abdon 12. Iud. 12.

E ij

TROISIEME AAGE

La derniere destructiō de Troye par les Grecs, & la mort de Priā fils de Laomedon, & de ses enfans. Æneid.2.

Sortans de nuict du grand cheual offert,
Qui par Synon le trahistre fut ouuert,
Mirent à sac la Royale Noblesse
Du vieil Priam, & Hector de hautesse,
Tous ses enfans, & la tour d'Ilion
Fut ruinee en desolation.

Panthasilee Roine des Amazones.

  Hors son pays, & terre d'Amazone,
Laissant thresors, sceptre Royal, & throsne,
La Royne y vint, dite Panthasilee,
Qui bien osa en guerre estre meslee
Contre Achilles: Mais elle auec Mennon,
Et Chorebus y finirent leur nom.

Cassandre fille de Priam, ayant nom de Sybille.

  Lors Cassandra, la Sybille tres-sage,
Fut par Pyrrhus emmenee en seruage,
Et la paillarde Helene diffamee
S'en retourna en honte renommee.

Anchises fils d'Assaracus, frere du Roy Ilus.

Celle Cassandre, au vieillard Anchises,
Predist la mort d'Hector, & d'Achilles:
Ensemble aussi que le fils du haut Dieu,
Pour nous purger descendroit en ce lieu.

Le regne d'Italie chāgé au regne des Latins.

  En cestuy temps le regne d'Italie,
Plein de puissance, & vertu ennoblie,
Fut transferé au regne des Latins,
Sous Eneas, lequel estoit des fins
Venu de Troye: alors des Grecs destruite,
Par le conseil de Venus, & conduite.
Et fut premier des Latins en arroy
Par Latinus, vray seigneur, Prince, & Roy.

DV MONDE.

En ce temps fut Thoulouze renommee,
Par Tholozus, sur Garonne fondee.
Angiers aussi, en haut accroissement,
Aux mesmes iours print son commencement,
Ou par Sarron, le vray fils legitime
Du Roy Magus, fils Iaphet illustrime.
Apres Abdon, le peuple en vil peché
Fut diuerti, & de crimes taché,
Dont le haut Dieu les mist sous la puissance
Des Philisthins, en dure obeissance
Par quarante ans: Mais il fist esmouuoir,
Et suscita de Sanson le pouuoir,
Qui debella par vertu de courage
Des ennemis la fureur & outrage.
Sanson occist le Lyon rugissant,
Duquel perceut le doux miel sortissant:
Puis desrompit les nerfs, & chaines fortes,
Et emporta les deux penneaux des portes
Hors la cité. Et par son Oraison,
Dieu fist sortir douces eaux à foison
De la maxille esdentee d'vn asne:
Mais en la fin, auoir esté par femme
En tout deceu, luy tres-puissant & fort,
En sa vertu, en force, & tel effort,
Par le destin d'ordonnance diuine
Mist le Palais en totale ruine:
Auquel estoyent les Princes congregez
Des Philisthins, qui furent arrengez

La fondation de la ville de Thoulouze sur la Garonne.
La fondation de la ville d'Angers.

Sanson le fort 13. Iuge d'Israel.
Iud. 13.

La mort de Sanson, & la ruine des Philisthins.

TROISIEME AAGE

A dure mort, & Sanson de puissance:
Auecques eux receut de mort nuisance.

La fondation de la ville de Tours en Touraine, sur la riuiere de Loyre.

En celuy temps, Brutus le fort Troyen,
Ayant renom entre tous ancien,
Et de Troyens ducteur & capitaine,
Commença Tours dessus Loyre en Touraine,
Qu'ainsi nomma pour Turnus, mis à mort
Par les Gaulois, en belliqueux effort.

Le Roy Sicheus mari de Dido, occis par Pigmaliō, frere de ladite Dido.

Aux mesmes ans, dedans Tyre, & Sydone,
Vn villain faict, miserable, & errone,
Commist le faux trahistre Pygmalion:
Car le meschant, d'aguet sous fiction,
Secrettement mist à mort tres-cruelle
Sycheus Roy, dont Dido s'appareille

La fondation de la ville de Carthage sur la mer.

Nager aux fins des loingtains Lybiens,
Y bastissant (elle auecques les siens)
La grand' cité, qui fut dite Carthage,
Qu'elle choisit pour terre & heritage.
Dont achetant (chose qui fut de neuf)
De terre autant que par vn cuir de bœuf
Elle enclorroit, en lesches, curieuse
La circuit, ville moult spacieuse,

Les Carthaginois perpetuels ennemis des Romains.

Où elle fist, par serment solemnel
Iurer son peuple, ennemy eternel
Contre Eneas, & tous ceux de sa race:
Lequel auoit abandonné la place
A son deçeu, dont le fort Asdrubal,
Et Amilcar, & le fier Hannibal,

Firent depuis aux Romains fiers assauts,
Par Elephans, par armes, & cheuaux.
Dido en fin se voyant mesprisee
Par Eneas, & de luy delaissee :   *La mort de la*
Apres auoir fait maint serment, & vœu,   *Royne Dido.*
Piteusement se ietta dans vn feu.   *Æneid. 4.*

 Apres sa mort, en la terre Lybique
Estoit Haunon, qui trouua la practique   *Haunon premier appriuoi-*
D'appriuoiser, & dompter le Lyon,   *seur du Lyon*
Dont exilé fut de la region,
Craignant le peuple en son art d'industrie
D'appriuoiser enuers luy leur patrie.

 En celuy temps, Circé l'incantatrice,   *Circé enchanteresse, inuen-*
De vil' poison, & Magie inuentrice,   *trice de poison.*
Fist plusieurs maux au subtil Vlixez,
Qui euita ses ruzes, & accez.

 Et lors le preux, & fort Agamenon,   *La mort du*
Venu de Troye en triumphe, & renom,   *Roy Agamenon.*
Fut mis à mort, rigoureuse, & amere,
Par Clytemnestre, & Egiste adultere.

 Apres Sanson, de Iuge eut charge quise   *Hely grand*
Le Prestre Hely, qui d'amour trop exquise   *Prestre 14. Iuge sur Israel.*
Vers ses enfans, esprins d'abusion,   *1. Reg. 1.*
Ne leur donna iuste correction,
Dont il mourut de dueil & desplaisance,
Les auoir veus en mortelle souffrance.

 Au temps d'Hely, les Philisthins rauirent   *L'Arche de*
L'Arche de Dieu, dõt plusieurs maux souffrirẽt,   *Dieu par les Philisthins rauie, & par eux rendue.*

E iiij

Lesquels apres se prindrent à contendre,
Et fut conclud du haut Dieu l'Arche rendre.
Auquel temps fut Noemy la tres-belle,
Pour ses enfans en passion mortelle.

De la belle Noemy. 1. Reg. 1. Commencemēt du regne de Frāce, sous la Monarchie des Babyloniens.

Au mesme temps, le haut regne de France
Lequel auoit par mainte gent souffrance,
Entre les Roys se leua hautement,
Et print en luy premier commencement,
Dessous Francus, fils d'Hector legitime,
Qui erigea son haut chef illustrime
Sur les François, au regne Francigene,
Venus du sang, & race Troingene.

Samuel 15. & dernier Iuge sur Israel. 1. Reg. 7. & 8. Et creation de Roy au lieu des Iuges, & Commencemēt du regne des Iuifs sous la Monarchie des Babyloniens. 1. Reg. 10.

Apres Hely, Samuel le Prophete
Fut Iuge esleu, par election faite
Du Createur: Mais cestuy peuple Hebrieu,
Recalcitrant au vouloir du haut Dieu,
Plus ne voulut, pour supresmes refuges,
Estre traicté, ny gouuerné par Iuges:
Ains fut conclud entre-eux eslire vn Roy
Pour les regir, en triumphant arroy.
Ensuyuant quoy, par responce diuine
Saül fut oingt, qui la gent Philisthine
Fut debeller, comme Roy tres-puissant,
Mettant à mort Agag, fort & puissant.

Le regne des Latins changé au regne des Albanois sous la Monarch. des Babyloniens.

En cestuy temps, le regne des Latins
Perdant son nom, & transferé aux fins
Des Albanois, print son commencement
En Albanie, en gloire hautement,

DV MONDE. 37

Où Syluius, de renom laudatoire,
Fut premier Roy, plein d'honneur & victoire.
   Aux mesmes iours, Euristeus le fort
Vint eriger en puissance, & effort,
Son regne, & chef dit Lacedemonique,
Parmi la Grece, en vertu heroïque.
Lors Hercules, fils du grand Iuppiter,
Et d'Alcmena, se fist moult redouter,
Par lés hauts faicts, lesquels luy fist parfaire
Euristeus, car il fut tost deffaire
Le fier Lyon, dans les forts de Nemee :
Auec l'Hydra du palud de Lernee,
L'aspre Sanglier d'Erymante montaigne.
De sa vertu porte marque & enseigne,
Sa force aussi declare, & monstre encor
Le Cerf, ayant les pieds & cornes d'or,
Qu'il ruina : & les ordes Harpies
Furent en l'air par son arc amorties.
Il despouïlla d'Amazones la race,
De leur thresor en la terre de Thrace :
Et confondit par armes & trauaux,
Dyomedes, tyran, & ses cheuaux :
Et le Taureau du bois de Molorchee,
Qui degastoit le pays, & contree :
Puis desmarcha contre Septentrion
Dedans l'Espagne, ou le Roy Gerion
Fut d'Hercules les labeurs, & conquestes,
Lequel auoit dessus son corps trois testes.

Commencement du regne de Lacedemone sous la monarch. des Babyloniens. Et les gestes & actes du grād Hercules de Lybie.

Il despouilla les vierges Hesperides
Des pommes d'or, qui deuindrent timides
Pour sa fureur : puis suyuit pres Auerne,
Le grand Cacus, larron, en sa cauerne :
Et desconfit en la lucte asprement,
Le tres-puissant Antheus rudement.
Pour le dernier de ses faicts, & conquestes,
Lia le Chien, Cerberus à trois testes :
Lequel estoit à l'entree d'enfer
Garde, & portier du dragon Lucifer.
Et à la fin, en Nessus fut par femme
Empoisonné, & bruslé en la flamme.

Commencemẽt du regne de Corinthe, sous la monarchie des Babyloniens.

En cestuy temps, Corinthe la cité,
Le cœur du peuple a meu, & excité
Regner en Grece, & illec seulement
Monstrer sa gloire, & son nom hautement :
Dont Athletes, premier Roy en leur terre,
Fut fait leur Chef, & conducteur de guerre.

L'enuie de Saul contre le ieune Dauid. 1. Reg. 17.

Lors que Saül commença dominer,
Fut estimé iustement gouuerner
Le peuple esleu : Mais de maudite enuie
Eut l'aiguillon, dont empira sa vie,
Car de Dauid, le ieune & bon pasteur,
(Que le haut Dieu, & diuin Createur
Auoit choisi pour exalter sa gloire)
Il conspira par main gladiatoire
La triste mort, lors que le Golias
Il mist à mort, par sa fonde, & ses bras :

Mais de **Dauid** la Harpe harmonisee,
Rend de Saül la fureur appaisee.

 En cestuy temps Codrus le vertueux,
Pour appaiser l'assaut tumultueux
Des ennemis, campez deuant Athenes,
Luy dernier Roy plein de vertus hautaines,
(Lors qu'il cogneut des fats la destinee,
Par sa mort guerre estre tost terminee)
En habit fainct fut luy-mesme irriter
Ses ennemis, pour sa mort conciter:
Qui lors frappez de crainte, & peur ensemble,
Font retirer leur Ost, lequel s'assemble
Comme cassez de leur but, & effort,
Par la vertu de Codrus, & sa mort.

 Lors que Saül regnoit deuant Dauid,
Le docte Homere estoit, qui escriuit
Son Iliade, en quoy il a comprise
Des forts Troyens, & des Grecs l'entreprise,
Entremeslant trop plus de fictions,
Que verité, en ses inuentions,
Pleines en tout de moult graue sentence,
De tres-beaux dits, & de toute eloquence.

 Au mesme temps, Hesiode excellent
Poëte, viuoit, qui par carme recent,
Fut le premier lequel print soing & cure,
Escrire en vers l'estat d'Agriculture.

 Saül, auoir la vertu employé
De ses enfans sur les monts Gelboé,

La vertu de la Harpe de Dauid.
1. Reg. 16.
La magnanimité de Codrus Roy d'Athenes, & de sa mort glorieuse.

L'Iliade du Poëte Homere pleine de fictions.

Hesiode poëte.

La mort du Roy Saul, & de ses enfans.
1. Reg. 31.

TROISIEME AAGE

En poursuyuant Philisthins à la lance
Y fut occis, & nauré à outrance,
Et ses enfans : dont Dauid lamenta
Son vray amy le loyal Ionatha,
Fils de Saül, duquel la destinee
A l'aage tiers a mis fin terminee.

FORS DIEV TOVT PASSE

Fin du tiers aage du
monde.

DV MONDE.

S'ENSVIT LE QVAtriéme aage, qui dura 484 ans.

Apres Saül, premier Roy Iudaïque,
Pour exalter son regne pacifique,
Le bon Dauid, par le vouloir de Dieu,
Fut sacré Roy dessus le peuple Hebrieu :
Lors aussi tost en triumphans alarmes,
Constantement se vestit de ses armes,
Pour oppugner les forts Iebuseens,
Du peuple Hebreu ennemis anciens.
En quoy faisant, luy de Dieu excité,
Ierusalem la tres-sainte cité
Fut assaillir à main puissante, & forte :
Auquel assaut, Ioab dessus la porte
Premier saillit, dont fut institué
Le Coronal, & Chef constitué
Du Roy Dauid, qui sans aucun obstacle
Voulut bastir, comme fort propugnacle,
La forte Tour sur le mont de Syon,
Pour son palais & habitation :
Lequel bien tost moult fierement desmarche
Contre ennemis, recouurant la sainte Arche.

Le quart aage qui commença en l'an de la creation du monde 2890.

2. Reg. 5.

Ioab nepueu de Dauid coronal de son armee en la prinse de Ierusalem. La Tour de Sion construite par Dauid, & l'Arche de Dieu par luy recouuerte. 1. Reg. 6.

*David amoureux de Bersabe.
2.Reg.11.*

 Vn peu apres, son ame fut frappee
De la beauté de dame Bersabee,
Dont s'ensuyuit la triste occision
Du bon Vrie, en sa legation.

*Thamar violee par son frere Amnon
2.Reg.13.*

 Du bon Dauid Amnon primogenite,
Ietta son cœur par amour illicite,
Dessus Thamar, sa sœur noble pucelle,
Qu'il viola : mais icelle est incelle
De tel peché, suscita vn discord
Entre Absalon, lequel naura à mort
Son frere Amnon : Et apres mena guerre
Contre Dauid, le chassant de sa terre.
Parquoy sentit tres-miserablement
Du hautain Dieu le iuste iugement.

*Le nombrement du peuple par le Roy Dauid, & la punition qui en aduint.
2.Reg.14.*

 Ce Roy Dauid, d'ardeur trop curieuse,
Fist denombrer par gloire ambitieuse
Tous ses subiects, en quoy l'ire de Dieu
Eut par Nathan denoncee en ce lieu,
Qui enuoya ses trois glaiues sur terre
Contre Dauid, Famine, Peste, & Guerre :
Desquels choisit la Peste seulement,
Se forcenant au peuple grandement.
A l'Oraison de ce Roy gemissante
L'Ange remist son espee sanglante,
Auoir destruit, en fureur excité,
Les habitans de la saincte cité.

*Dauid eschauffé par la pucelle Abisaag.
3.Reg.1.*

 En ses vieils ans, sur la fin de son aage,
Abisaag, la pucelle tres-sage,

int eschauffer David dedans son lict,
ans encourir de tache aucun delict:
equel mourant, sur la gent Iudaïque,
uoir regné en gloire pacifique,
u grand regret de tout le peuple Hebrieu,
ut estimé sainct Prophete de Dieu.
　Apres David, en grand' triumphe & gloire,   Salomon le sa-
ieu suscita, sur tous autres notoire   ge, fils de Da-
alomon Roy: duquel la sapience   uid Roy de
cquist tel bruit, qu'en toute diligence,   Iuda, & d'Is-
rinces, & Rois d'estranges nations,   rael.
aissoyent leur terre & habitations,   3. Reg. 3.
our venir veoir la maiesté Royale,
e noble train, la gloire Imperiale
e Salomon, l'ordre & haut appareil,
ont point n'estoit au monde de pareil.
　Ce noble Roy, le plus riche du monde,   Le Temple de
res-renommé en science & faconde   Salomon edi-
e ses voisins: fist le Temple de Dieu,   fié au lieu du
ur Moria, la propre place & lieu   sacrifice d'A-
ù Abraham, pour accomplir iustice,   braham.
aire voulut d'Isaac le sacrifice.   3. Reg. 5.
e Temple fut si riche, & sumptueux,   Lequel est dit
ant reclamé pour ce Roy vertueux,   vne des mer-
u'estimé fut de toute creature,   ueilles du
ar tout le monde vn chef-d'œuure en nature: monde.
ar de vif marbre il fut construit, & fait,
e bois de Cedre acheué & parfait;

QVATRIEME AAGE

1. Monarchie.

Auec l'honneur des thresors, & richesse,
En tout garni d'excellente noblesse :
Qui par dedans aux parois fut encor
Par tout couuert de tables de fin or.

La Royne de Saba vint voir Salomon en Ierusalem. 3. Reg. 10. Matth. 12.

 De son pays & region loingtaine,
Hor de Saba, vne Princesse, & Royne,
Vint escouter la parole, & sermon
Du puissant Roy, & sage Salomon.
Laquelle Dame, excellente, & vtile,
Vers tous mortels acquist nom de Sybille,
Lors qu'ell' predist la mort & passion
De Iesus Christ, ayant ostension
Du sacré bois, le voyant deuant elle,
De tous marché, ce qu'au Roy ell' reuele.

Le nombre des femmes & côcubines de Salomon. 3. Reg. 11.

 Ce sage Roy deuint tant vicieux,
Tant impudent, vil, & lasciuieux,
Qu'il eut sept cents femmes de grand's noblesse
Portans estat de Roynes & Princesses :
Auec trois cents d'autres ses concubines,
Qui furent cause en tout de ses ruines.
Car l'Eternel, & iuste Createur,

Apres sa mort maint debat commencerent,
Et l'vn sur l'autre à regner s'efforcerent :
Sur Israel fut Roy Iheroboam,
Et en Iuda vint regner Roboam,
Qui flagella le peuple Iudaïque,
Par le conseil des ieunes, tyrannique.
 Roboam mort, Abias en Iudee :
Et apres luy Aza, par loy gardee
Furent sacrez. Au temps desquels estoit
Zarias, lequel prophetizoit
Des temps futurs, enuers la fin du monde,
En sens caché d'escriture profonde.
 Apres Aza, Iosaphat Roy tres-sage,
Dessus Iuda, comme en son heritage,
Vint à regner, qui par le peuple Hebrieu
Fist enseigner la saincte Loy de Dieu.
Au temps duquel vint commencer son regne,
Sur Israel Achab, auec la Royne,
La chienne à sang, la fausse Iezabel,
Qui adoroit le dieu Baal, auec Beel :
Persecutant de Dieu les saincts Prophetes.
Elle accusa en paroles infectes
Le bon Naboth, qui fut desherité
Hors de sa vigne, à mort precipité
De par Achab : en quoy dure bataille
Le Roy souffrit encontre la marpaille
Des Syriens, où (par eux ennemis)
Il fut occis, & à triste mort mis :

*Abias, & Aza Rois de Iuda.
3. Reg. 15.*

*Iosaphat Roy de Iuda.
3. Reg. 15.*

*Les cruautez de la Royne Iezabel, & le bon Naboth ieté hors de la vigne.
3. Reg. 21.*

F

Ainsi qu'auoit à luy le sainct Prophete
Micheas, dit par la voix à luy faite.

Ioram fils de Iosaphat Roy de Iuda.
3. Reg. 14.

Iosaphat mort, Ioram fils naturel,
Fut creé Roy, lequel fut moult cruel
Roy de Iuda : Au temps duquel Helye
Le sainct Prophete, abbattit la folie
De Iezabel : dont pour ses faits diuers,
Du mont Oreb habita les deserts.

Le rauissement du Prophete Helye incertain.
4. Reg. 2.

Helye, auoir la basse eau diuisee
Dedans Iourdain, & le sainct Helizee
Auoir la oingt, du ciel diuinement
(Deuant ses pieds cheminant lentement)
Vn Curre ardent se vint tost apparoistre,
Qui luy donna, luy faisant lors cognoistre,
Que le haut Dieu le vouloit exalter,
Dont à l'instant dedans se va iecter.
Qui fut raui par puissance diuine
En certain lieu, où Dieu le determine.
En celuy temps, Ioram fils naturel
Du Roy Achab, aussi de Iezabel,
En cruauté, par actes desloyaux,
Sur Israel perpetra plusieurs maux.

Abolition de la race du Roy Achab, par Iehu Roy d'Israel.
4. Reg. 9. & 10.

Dont pour oster la race, & origine
Du Roy Achab, & la mettre en ruine,
Et abolir la chienne Iezabel,
Dieu suscita Roy dessus Israel
Le fort Iehu : qui mist à dure mort
Ochozias, & Ioram par effort,

DV MONDE.

Enfans d'Achab, respandant sur la vigne
Du bon Naboth, leur sang vil, & indigne.
Apres cela, Iezabel fut iectee
Du haut en bas, au lieu precipitee,
Ou de Naboth fist respandre le sang:
Et fut des chiens haché son corps meschant.
Bien peu apres fut par cruel effort,
Tout le fier sang d'Achab liuré à mort
Par ce Iehu : aussi tous les Prophetes
De Iezabel, & leurs races deffaites.
 En cestuy temps, Naaman le lepreux,
Dedans Iourdain fut rendu sain, & preux
D'infirmité, dont le Roy de Syrie
Se conuertit, pour sa lepre guarie :
Qui de Iezi, sans iamais trouuer grace,
S'herdit au corps, & de toute sa race.
 Apres Ioram, Ochozias fut Roy,
Et apres luy, Ioas en noble arroy,
Dessus Iuda : Mais pour la grand' victoire
Des Philisthins, fut au peuple notoire
Idolatrer, par son commandement :
Lors Zacharie au Roy constantement,
Blasma le fait de si cruel exemple,
Parquoy il fut lapidé dans le Temple.
 En cestuy temps, le haut Legislateur
Dit Lycurgus, fut vray instaurateur
Des Droits humains, & des Loix Iurisdiques,
Dont il fleurit sur Lacedemoniques.

Iezabel precipitee de la tour, par le commandement de Iehu. 4. Reg. 9.

Naaman Syrien guari de sa lepre. 4. Reg. 5.

Le Prophete Zacharie occis au sancta sanctorum du Temple de Salomon. Matth. 23. & 1. Paralip. 24. Licurgus Legislateur en Lacedemone.

F ij

1. Monarchie. QVATRIEME AAGE

Amazias, & Ozias Rois de Iuda.

Apres Ioas fut Roy Amazias,
Apres lequel le tres-sage Ozias
Vint à regner au peuple Iudaique:
Qui Philisthins, & la gent Arabique,
Fut debeller par assauts merueilleux:
Qui pour ce fut ingrat, & orgueilleux.

Ionas le Prophete qui fut trois iours au ventre de la Balaine. Ion. 2.

En cestuy temps, contre la voix diuine,
Ionas entra, fuitif, sur la marine,
En contemnant la haute volonté:
Mais en la mer il fut mis & bouté,
Puis englouty au corps de la balaine,
Où trois iours fut viuant en son halaine:
Qui en apres, par voix constante & viue,
Fut conuertir la cité de Niniue.

Le regne de Lacedemone changé au regne de Macedone, sous la Monarch. des Babyloniens.

Aux mesmes ans, le regne fauorable,
Riche, opulent, entre tous memorable,
Lacedemon', en soy perdit tel nom:
Son bruit, & gloire, alors vint en renom,
Et s'exalta plus que Lacedemone,
L'honneur & bruit, du chef de Macedone.
Parmy les Grecs: auquel premier regna
Crannaus Roy, lequel y domina.

Icy finist la Monarch. des Babyloniens, en la mort de Sardanapale.

Et en ce temps la haute Monarchie
De Babylon', & de toute Assyrie,
Faillit en soy: Lors que Sardanapale,
Lasciuieux, de vie moult brutale,
Dernier Monarque, & suyuant son plaisir,
Par Arbates fut mis en desplaisir,

De luy vaincu: lequel par triste enuie,
Dedans vn feu fist terminer sa vie.
Dont cestuy Roy, Arbates ainsi dit,
Sur Medeens acquist bruit, & credit:
Et fut fait Roy des Medes le premier,
En faicts de guerre, & vertus singulier,
Sur Asiens. Lors par toute Assyrie,
Et regions de la terre d'Asie,
Furent plusieurs, qui par force & audace,
Vouloyent regner en maint royaume & place:
Et long temps fut le pays sans seigneur,
Sans auoir Roy, sans Chef, ny Gouuerneur,
Comme incertains en tel regne muable.

Commencemēt du regne de Mede, sous nulle Monarchie.

Ozias mort, Ioathan tres-louable
Vint à regner, lequel multiplia
Plusieurs citez, & les edifia.

Ioathan Roy de Iuda. 4.Reg.15.

En cestuy temps, les ieux Olympiades
Du mont Olympe, où se faisoyent aubades,
Et qui auoyent esté instituez
Par Hercules, furent continuez.

Hercules instituteur des ieux Olympiades.

Ioathan mort, Acham le tres-inique
Vint posseder le Sceptre Iudaïque;
Qui commanda au sainct Prophete Vrie
Faire vn autel, pour son idolatrie
Y exercer, au nom de plusieurs dieux,
En meprisant le Createur des cieux.
Au temps duquel Salmanazar, cruel,
Mena captif le peuple d'Israel

Acham Roy de Iuda, meschant & idolatre. 4.Reg.16.

La captiuité du peuple d'Israel en Niniue au temps de Thobie. 4.Reg.17.

F iij

QVATRIEME AAGE

Sans Monarchie.

Dedans Niniue, où fut le bon Thobie,
Qui fleurissoit par iuste & saincte vie.

La fondation de la ville de Rome sur le fleuue du Tybre, & le fratricide de Romulus.

En cestuy temps, Romulus fils de Mars,
Et d'Ilia, nourri dedans les parcs,
Et allaicté d'vne louue cruelle,
Sur le haut mont Auentin s'appareille
Construire illec la grand' cité Romaine,
Pour augmenter sa terre, & son domaine :
Lequel esmeu de fiere Ambition,
Rendit Rhenus à triste occision,
Par Fabius commettant homicide,
Dont fut souillé de cruel fratricide.

Institution des ieux Lupercaux en la ville de Rome, Et le regne d'Albanie changé au regne des Romains.

Pour mieux peupler sa ville & sa cité,
Par son esprit en luy fut incité,
Instituer les festes Lupercales,
Où il rauit maintes filles Royales,
Y receuant tous larrons en franchise,
Leur remettant toute faute commise.
Lors celuy regne appellé Italique,
Apres Latin, tiercement Albanique,
Perdit tels noms : car en tiltres hautains
Fut appellé le regne des Romains.

Ezechias Roy de Iuda. 4. Reg. 18.

Apres Acham descendu d'Ozias,
Dessus Iuda fut Roy Ezechias,
Dit le tres-bon du peuple Iudaïque,
Iuste, & benin, en ses ans pacifique :
Lequel regnant bien & heureusement,
Abbattre fist tres-vertueusement

Tous les autels de vile idolatrie,
Restablissant à Dieu toute latrie.
Apres cela, ce Roy tres-souuerain,
Destruire fist le grand Serpent d'airain: — Le Serpent d'airain abbatu par Ezechias.
Lequel auoit, pour piteuse desserte,
Moyse erigé en la terre deserte.
  Sennacherib, Roy des Assyriens, — L'audace, & mort du Roy Sennacherib.
Accompagné des peuples Syriens,
Se vint camper en force, & alliance
Contre Iuda : Mais la haute puissance
Le renuoya priué de tout honneur,
Par ses enfans occis en deshonneur.
  Ezechias pour si haute victoire
Fut trop ingrat, vsurpant telle gloire
A sa vertu : dont en grand desconfort
Malade fut iusqu'au poinct de la mort.
Mais son haut pleur, & triste penitence, — Ezechias respité de mort. 4. Reg. 19.
Fist retarder du bon Dieu la sentence
Par Ysaye à ce Roy denoncee :
Qui pour quinze ans luy fut desaduancee,
Dont pour signe eut en haute vision
Du clair Soleil la retroflexion,
De dix degrez, ce qui fut demonstrance
Que de sa vie eut certaine asseurance.
  En celuy temps Numa Pompilius, — Numa Pompilius deuxiéme Roy des Romains.
Predecesseur de Tulle Hostilius,
Fut second Roy plein de toute Iustice,
Instituant sans aucune iniustice,

QVATRIEME AAGE

Sans Monar-chie.

Sur les Romains les statuts, & les droits,
Qui par ce Roy furent dressez & faits.

Amos, & Michee Prophetes.

Au temps duquel Amos, auec Michee,
Prophetizoyent au temps du Roy Ozee.

L'excellence des sept sages de Grece.

Aux mesmes ans en Grece fleurissoyent,
En haut sçauoir, & que tous cherissoyent:
Et les nommoyent les sept sages de Grece,
Pleins de vertus, de prudence & hautesse:
C'est assauoir Thales, Milesius,
Solon, Chylon, Byas, & Pythacus,
Cleobolus, & le fort Peryandre,
Qui firent lors leur renommee espandre.
Entre lesquels Thales grand Philosophe,
Sage, & diuin, & d'excellente estophe,
Fut le premier en nauigation,
Lequel trouua par inquisition
Le vray discours de toute Astrologie:
Cogneut aussi par la Cosmographie
Du haut Soleil, l'Eclypse, & sa grandeur,
Et de la Lune, obscurans leur splendeur.

L'ame immortelle selõ les Ethniques Philosophes.

Et qui premier, par raison naturelle,
A disputé nostre ame estre immortelle.

Manasses Roy de Iuda, & sa cruauté cõtre Ysaye. 4. Reg. 20.

Ezechias passé du siecle humain,
Regna son fils Manasses, inhumain,
Dessus Iuda, qui rempli de malice,
De vil peché, & cruelle iniustice:
En sa fureur fist scier d'vne scie
L'arbre, où caché estoit lors Ysaye:

Qui luy blasmoit ses malheureux effects,
Ses grans pechez, crimes, ords & infects.
  Pour lequel faict commis iniquement,   Manasses ca-
Fut emmené tres-miserablement,   ptif en Baby-
Comme vaincu de crime trop errone,   lone, & de sa
Prins & lié, captif en Babylone: penitence.
Mais penitent auant la fin de l'an
Fut renuoyé dedans Ierusalem.
  Au temps duquel les puissances hautaines   Athenes per-
Du regne, & chef de la ville d'Athenes,   dant nom de
Faillirent lors aux Rois: car par long temps,   regne.
Furent creez en debats, & contents
Nouueaux recteurs de noblesse ciuile,
Pour maintenir & gouuerner leur ville.
  Au mesme temps, des siens fut incité   La fondation
Pausanias, construire vne cité   de la ville de
Pres de la mer, en la terre de Thrace,   Constantino-
Qu'il denomma Bizance, en celle place: ble sur le bord
Et par apres dite Constantinoble,   de la mer.
Par Constantin, ville tres-riche & noble.
  Manasses mort, Amon, Prince & recteur,   Amon Roy
Dedans Iuda fut le restaurateur   de Iuda.
D'idolatrie: & pour ce vil outrage,   4. Reg. 21.
Fut mis à mort en son orgueil & rage.
  En cestuy temps le tyran Phalaris,   Phalaris, ty-
Agrigentin, pire que Busyris,   ran, lapidé de
Le bœuf d'airain fist bastir & construire   son peuple.
Par Peryllus, pour infliger martyre

QVATRIEME AAGE

Sans Monarchie

Aux malfaicteurs: Mais le fabricateur,
De son tourment fut le demonstrateur.
Deuant lequel Zeno se presenta
En le blasmant, qui le peuple excita:
Et tant l'esmeut, que ce cruel tyrant
Phalaris, fut occis en vn instant.

Arion le Harpeur sauué sur le dos d'vn Dauphin.

Aux mesmes iours le Harpeur Arion,
Harmonizant de son Psalterion,
Sur vn Dauphin dedans la mer profonde
Fut preserué, & ietté hors de l'vnde.

Iosias Roy de Iuda. 4. Reg. 22.

Apres Amon le bon Roy Iosias,
Emulateur du iuste Ezechias,
Vint à regner, sous la bonté diuine,
Dessus Iuda: lequel mist en ruine
Les dieux fictils, leurs autels destruisant,
Les applicquant au Createur puissant.

Dn Prophete Baruch. Bar. 4.

En cestuy temps, Baruch le sainct Prophete,
Eut vision en esprit à luy faite,
Que l'Eternel d'essence pure & munde,
En forme humaine apparoistroit au monde.

La fondation du Capitole de Rome, l'vne des merueilles du monde.

Aux mesmes ans, Tarquin nommé Priscus
Cinquiéme Roy de Rome, apres Ancus,
Le nom Romain en grand' triomphe extolle,
Pour l'excellent œuure du Capitole,
Par luy construit en grand' gloire & louange,
Et maintenant dit le Chasteau Sainct Ange.

De la Sybille Cumee, dite Dalmathee.

Auquel Tarquin, la Sybille Cumee,
Moult ancienne, & dite Dalmathee,

neuf liures siens, de haute prophetie,
vint presenter: & pour peine choisie
Les auoir faicts des hauts secrets diuins,
Luy demanda pour prix trois cents fleurins.
Alors Tarquin, comme en despection
De sa demande, en fist irrision:
Dont ceste vierge en son cœur offensee,
En brusla six. Lequel en sa pensee
Considerant le cœur de ceste dame,
Retira tost les autres de la flamme,
Les achetant le propre prix, & somme
Qu'ell' demandoit: qui sont gardez en Romme
Tres-cherement, ausquels on a recours,
Pour s'enquerir de maints futurs discours.
 Ceste excellente & tres-chaste Princesse,
Estoit en fleur du temps de sa ieunesse,
Lors que les Grecs furent pour assaillir
Les forts Troyens, & encontre-eux saillir.
Par Apollon elle fut tant requise,
Qu'elle impetra de luy science exquise,
De deuiner sur les choses futures:
Où elle mist tous ses sens, & ses cures.
Ce non pourtant Apollon n'impetra
D'elle le don d'amour, laquelle entra
Pres le palud d'Auerne, en lieux absconses,
Donnant à tous les fatales responses.
 En cestuy temps Naum fut excité,
Lequel predist Niniue la cité

ou Demophile, qui offrit au Roy Tarquin neuf liures de deuinations.

Sybille Cumee requise d'amour par le dieu Apollon, & la demande qu'elle luy fist.

La prophetie de Naum contre Niniue. Naum j.

Sans Monarchie.

Estre destruite, en tout, en breue espace,
Ce qui fut fait, des Perses en la place.

Heliachim, dit Ioachim, Roy de Iuda. 4. Reg. 23.

Iosias mort, Nechao Roy d'Egypte,
Institua Heliachim d'eslite,
Roy sur Iuda : auquel Iheremias,
Qui regrettant le bon Roy Iosias,
Prophetiza l'euersion future,
Le grand meschef, & piteuse aduenture
Du peuple Hebreu, & de Ierusalem
Saincte cité, deuant la fin de l'an.
Ce Ioachim de vie malheureuse,
Fut assailli par force rigoureuse
Du puissant Roy des Babyloniens,
Par luy occis, & deuoré des chiens.

Ioachim, fils dudit Heliachim, Roy de Iuda. 4. Reg. 24.

Mort Ioachim, posseda la couronne
Dessus Iuda, (lequel tost abandonne
L'honneur de Dieu) vn nommé Ioachim,
Fils heritier dudit Heliachim :
Mais le fier Roy, tyran Babylonique,
Lequel craignoit du peuple Iudaique
Le haut courage, & la rebellion,
L'orgueilleux cœur plus fier que le lyon,

Le Roy Ioachim, & les Prophetes menez captifs en Babylone. 4. Reg. 24.

Mena captif ce Roy tres-miserable,
Et des Iuifs vn peuple innumerable.
Azaria, auec Ananias,
Et Misael, aussi Zacharias,
Prophetes saincts, auec Ezechiel,
Et le diuin, & ieune Daniel.

DV MONDE. 47

Ce Roy maudit, ce chien Babylonique,
Instituia sur la gent Iudaïque,
Pour gouuerner, le Roy Sedechias:
Lequel estoit fils du Roy Iosias,
Qu'il delaissa par accord volontaire,
Comme vassal, subiect, & tributaire.

Sedechias Roy de Iuda. 4. Reg. 24.

En celuy temps, Sceuola d'asseurance
Laissa brusler, en vertu & constance,
Dedans le feu, sa main: laquelle auoit
Failli son coup, ainsi qu'elle deuoit.
Dont Porsenna, qui campé deuant Romme
Pour lors estoit, voyant la foy de l'homme,
Et son parler, de trois cents tous semblables,
Se retira des assauts redoutables.

La constance & magnanimité de Quintus Mutius Sceuola, Romain.

Au mesme temps, en vn anglet de mer,
Bien pres du Rhosne, illecques fist fermer
La forte ville, & chasteau de Marseille,
Prothys le Roy, de force nompareille,
Auec les siens: & Nice la cité,
Faire, & bastir fut du peuple incité.

La fondation des villes de Marseille, & de Nice.

Aux mesmes iours, en façon tres-exquise,
Fait, & basti, par la Royne Arthemise,
Fut le Mansole, ayant en bases bonnes,
Trente auec six de marbrines colomnes,
Qui soustenoyent tout l'ouurage en hauteur
De vingt & cinq couldees, La largeur,
Et circuit, estendoyent leur structure
De quatre cents vnze pieds par mesure.

Le bastiment du sepulchre du Roy Mansole, Roy de Carie, l'vne des merueilles du monde.

QVATRIEME AAGE

Sans Monarchie.

Il fut basti pour l'inhumation
Du Roy Mansole, où la dilection
De ceste Royne, exceda en Asie
Tout autre amour au regne de Carie :
Tant furent grans ses regrets, & douleurs
Pour son mari, & tant tristes ses pleurs,
Que point ne veit la fin de son ouurage,
Qui fut parfait à grans fraiz & coustage.

Rebellion du Roy Sedechias contre Nabuchodonozor. 4. Reg. 25.

 Sedechias sur la gent Iudaïque
Erigé Roy, fut mauuais & inique,
Et en peché tout son peuple mesla :
Qui tost apres d'orgueil se rebella
Contre le Roy Nabuchodonozor,
Qui assembla par richesse & thresor,
Son Ost fourni d'vn peuple innumerable,
Et descendit en puissance admirable,
Conduite illec du fier Nabuzardan,
Deuant les murs contre Ierusalem.

La premiere destruction de Ierusalem.

 Dieu enuoya en la cité famine,
Et pour leurs maux iceux Iuifs determine
Estre vaincus : Alors en cris & sauts,
Furent donnez de merueilleux assauts
Par les souldards. La cité fut pillee,
Toute destruite en pitié desolee :
Dont commença la desolation,
Et les regrets des filles de Sion,
Qui en douleurs, & peines excessiues
Prinses estoyent, les serues & captiues

par les souldards, en souspirs desolees,
Honteusement au Temple violees.
   Sedechias, de la cité fuitif,
Fut emmené lié, prins, & captif:
Auquel la veuë en tout fut mancipee,
Et ses enfans au sang, & à l'espee.

  Sedechias roy de Iuda captif en Babylone.

   NabuZardan tres-fier & orgueilleux,
Fist ruiner par assaut merueilleux,
De Salomon le sainct & digne Temple,
En tout destruit, pour pitoyable exemple:
Et les thresors, & tant grande richesse
Qu'Ezechias auoit en sa liesse,
MonstreZ iadis aux yeux des Orateurs,
Furent pilleZ par ces depredateurs.
Lors les escrits du tres-sainct Ieremie,
ProphetiZant de la gent ennemie
Du peuple Hebreu, à pleurer incité,
Furent cogneus en la sainte cité.

  Le Temple de Salomon destruit & pillé par Nabuzardan. 4. Reg. 25.

   Ierusalem en gloire tres-famee,
Roine des Gents, en bruit tant renommee:
Pleine de peuple en triumphe & honneur,
Fut faite vefue, en honte & deshonneur,
Ainsi qu'on voit vne Cerfue esperduë
Qui par le bois sa partie a perduë.
   Pour son peché, & inique desserte,
Fut en ces iours desolee, & deserte,
Sans point trouuer confort, aide, ou soulas:
Ains toute angoisse, en souspirs, & helas,

  Deploration sur la ruine & captiuité du peuple de Iuda. Ieremias in Thren.

Sans Monarchie.

QVATRIEME AAGE

Rompant son cœur des chants & tristes carme[s]
Faisans sortir mille sanglots, & larmes.
 Sa grand' souffrance & dure seruitude,
Renouuellant sa triste amaritude,
Luy causa lors regrets, larmes, & pleurs,
Qui la combla d'angoisses, & douleurs,
Perdant en soy toute vertu, & force,
Hors de l'espoir d'aide qui la renforce.
 Ses fortes tours, ses hauts murs, & ses portes
Qui souloyent estre à la garder tres-fortes,
Destruites sont, nul est en la cité
Qui comparoisse à la solemnité.
Mais toutes gens la voyant desbrisee
De tout secours, l'ont en tout mesprisee.
 Ses iouuenceaux, & vierges honorables,
Furent menez en souspirs miserables
En Babylon', ses amis & supposts,
N'ont peu trouuer en elle aucun repos :
Lesquels sentans leur dueil & impropere,
Ont apperceu leur mal, & vitupere.
 Le souuenir de sa ioye passee,
Augmenta lors sa tristesse amassee,
Ses ennemis à sa confusion
Ont democqué les festes de Sion :
Et ont tasché abolir, & destruire
Sa saincte Loy, pour vne autre construire.
 Ceux qui souloyent en sa triumphe & gloire,
Tant l'exalter en haut bruit, & memoire,

La desprisoyent au but de son tourment:
Dont elle fut honteuse grandement,
De veoir ainsi de plaisir esgaree
Contrite en dueil, confuse & esploree.
　　La griefue faim, & estroite famine,
Que le Seigneur contre-elle determine,
Sa claire face en soy fist reparir,
Et sa beauté iusqu'au poinct de mourir:
Et en son mal aucun ne la conforte,
Dont demeura pasle, blesmie, & morte.
　　Ses pleurs, & plaints, qui angoisse à son ame
Demonstroyent lors en son crime, & diffame,
Firent sortir de ses yeux gracieux
Mille souspirs de son cœur soucieux,
Amaigrissant sa blemissante face,
Qui son blond taint, & sa couleur efface.
　　Son dolent cœur gemissant, triste & blesme,
S'est retourné de douleur en soymesme,
Pour son orgueil superbe & arrogant,
Au Createur, & au ciel derogant,
Qui n'a cogneu de la bonté diuine
Fors en son mal, la verge, & discipline.
　　Il n'est douleur qui puisse estre semblable,
A sa douleur piteuse & lamentable:
Par la fureur du haut Dieu les a mis,
La triste proye à tous ses ennemis,
Les punissant par l'ire prouoquee,
Que par peché ont quise & inuoquee.

G

QVATRIEME AAGE

Sans Monarchie.

En cestuy temps au monde fleurissoit
Pythagoras, qui par mœurs r'adressoit
Les ignorans, blasmant choses mortelles:
En affermant les ames immortelles.
Ce fut celuy, lequel subtilement
Inuestigua le cours, & mouuement
Des hautains cieux, & astres variables,
Qu'il estima en substance immuables.
   Ierusalem, auoir des ennemis
Esté pillee, & y auoir commis
Godolias au royaume, & regime.
Nabuzardan de populeuse estime
S'en retourna, auec tout le thresor,
Deuers le Roy Nabuchodonosor
En Babylone: & en cestuy seruage,
Eut, & print fin du monde le quart aage.

Pythagoras, Philosophe.

Godolias gouuerneur au Royaume de Iudee.

FORS DIEV TOVT PASS

Fin du quatriéme aage
du monde.

S'ENSVIT LE CINquiéme aage, qui dura six cens nonante ans.

Ierusalem, & la tour de Syon,
Auoir esté en desolation,
Sous la fureur & assaut tyrannique
Du fier lyon, & Roy Babylonique
En tout destruits, & le peuple de Dieu
Mené captif, loin, en estrange lieu:
Au cinquième an de la captiuité
Faite en Iuda, ce Roy fut agité
En son esprit, qui esprins de furie
Est descendu au regne de Syrie,
Qu'il affoiblit : puis les forts Moabites,
Les Palestins, auec les Ammonites
Il subiugua, & les Egyptiens
Furent subiects aux Babyloniens.
  Ce puissant Roy, comme Dieu determine,
Fut dit le fleau de la fureur diuine,
Qui esleué en triumphant honneur
Point ne cogneut le vouloir du Seigneur,
Qui (pour son cœur enflé de vaine-gloire,
Qui contre Dieu estoit assez notoire)

Le cinquié-
me aage, qui
commença en
l'an de la creation du monde 3374.

Nabuchodonosor muée en
vn thaureau.
Daniel.4.
Ysa.10.

G ij

CINQVIEME AAGE

Sans Monarchie

Humilia Nabuchodonosor :
Car transformé fut sept ans en vn tor,
Priué de regne, & de sa seigneurie,
Ainsi que Dieu les Royaumes varie :
Qui retourné de sa mutation
Eut en esprit maint songe, & vision,

Daniel expositeur des songes. Dan. 2.

Que Daniel par haute grace infuse
Luy declara, qu'en luy le ciel infuse :
Lequel apres meu de ferocité,

Azaria, Misael, & Abdenago en la fournaise. Dan. 2.

Les trois enfans par sa crudelité
Fist mettre au feu de l'ardente fournaise,
Où ils chantoyent, sans peine, ni mal-aise.
Apres sa mort, en gloire fleurissant,

Balthazar roy de Babylone.

Balthazar fut Prince, & Roy tres-puissant
Sur Babylone : au regne d'Assyrie,
Moult redouté, dessus Mede, & Syrie.

Commencement du règne de Perse, sous nulle Monarchie, & Cyrus premier Roy. Ysa. 45.

Mais le facteur de tout regne & empire,
Qui aux humains toute vertu inspire,
Suscita lors en triumphe & arroy,
Le fort Cyrus, tres-noble, & puissant Roy
Des hauts Persans, & duquel Ysaye
Auoit predit dedans sa Prophetie,

Ici finit le regne de Mede par Cyrus fils de Mandane, fille vnique du Roy Astiages, dernier Roy des Medeens.

Comme celuy qui sur Roys & Seigneurs,
Deuoit auoir & conquester honneurs.
Ce Roy laissant des forts Persans la marche
Vers Medeens moult fierement desmarche,
Son ost fourni de cantons, & soldards
De si grand cœur, que mesmes le dieu Mars

Trembla de peur, lors sans force ou remede,
Astiages fut vaincu deuant Mede,
Par ce Cyrus, son gendre, & son neueu,
Plein de vertus, & de bonté pourueu,
  Adonc Cyrus le noble Roy s'efforce.
Et par vertu, par grand pouuoir, & force
Passa Ganges, le fleuue perilleux,
Et Euphrates, rapide, & merueilleux,   Le fleuue Eu-
En quatre cens soixante cours nageable,   phrates passé,
Le diuisant, chose tres-admirable :   & diuisé par
Puis descendit en force belliqueuse,   Cyrus.
En Babylon, cité tres-orgueilleuse,
Cité tres-forte, & que tous les humains,
Eussent iugé par assauts inhumains
N'estre possible aucunement destruire ;
Ni ne pouuoir telle cité construire.
Ce nonobstant ses fortresses, & tours,   La ruine de
(Ains que Cyrus d'illec print ses retours)   Babylone par
L'enuironna, & pressa par famine,   le Roy Cyrus
Pour les reduire en piteuse ruine,
Rompant ses murs, & chasteaux sumptueux
Par ses soldards, & efforts vertueux.
  Balthazar mort, vint Daire par puissance,   Daire Roy de
De Babylon saisir la iouissance :   Babylone.
Lequel voyant le sage Daniel
Estre rempli d'esprit celestiel,
Le proposa sur toute son armee   Daniel expo-
Contre Cyrus : mais malle renommee   siteur des son-
           G iij   ges, Dan. 2.

CINQVIEME AAGE

Sans Monarchie.

Vers son seigneur l'accusa faussement,
Dont il fut mis du Roy instantement,
Et descendu en la basse cysterne,
Dedans la fosse & profonde cauerne
Des fiers Lyons, qui luy furent humains.
Ou Abacuch par l'Ange en ses deux mains
Luy apporta du regne de Iudee
Toute substance, en la fosse gardee.

Le Roy Daire vaincu par le Roy Cyrus.

 Au dur assaut Daire fut mis à mort,
Et Babylon destruite, & tout son fort,
Par ce Cyrus, qui la fureur bellique
Point n'exerça sur peuple Iudaïque
Qui là estoit, captif & detenu:
Ains fut de serf en liberté tenu.

Esope le fabuleux.

 En cestuy temps Esope Ladelphique
Fut mis à mort par poison venefique,
Qui par haut sens en fables manifestes
Feignoit parler irraisonnables bestes.

De Sybille Hellespontique, qui disputa contre Solon.

 Aux mesmes ans Sybille Hellespontique,
Vaticina par esprit prophetique,
Du Fils de Dieu son incarnation,
Et de Iuda la desolation:
Auec Solon, l'vn des sages de Grece.
Ceste Sybille excellente en noblesse
Meut vn' dispute en son hautain sçauoir,
De l'Eternel, & de son grand pouuoir.

Sappho, & Pyndarus.

 Pendant ces iours Sappho vierge d'honneur,
Estoit en bruit, femme sans deshonneur:

Et Pyndarus autheurs du chant Sapphique,
Et inuenteurs du carme, & vers Lyrique.
　Et en ces iours les deux iuges vieillards,
De fol amour furent bruslez & ars,
Pour la beauté, qui fut tant estimee
Estre en Susanne, en chaste renommee :
Mais Daniel les prouuant faussement,
De mort assist sur eux le iugement,
Dont la bonté de ceste chaste dame
Fut lors cogneuë, à leur honte & diffame.

Les deux vieillards lapidez en Babylone.
Dani. 13.

COMMENCE-ment de la seconde Monarchie du monde, transferee des Babyloniens par le Roy Cyrus aux Persans.

LE Roy Cyrus flamboyant en honneur,
Du monde Chef, Monarque & Gouuerneur,
Auoir vaincu par force belliqueuse,
La grand' cité tres-forte & orgueilleuse,
Astyages, & Babyloniens,
Qui se disoyent estre Saturniens,
Voulut creer Monarchie seconde,
Sur les Persans, comme le Chef du monde.

La seconde Monarchie, qui commença en l'an de la creation du monde 3404.

G iiij

CINQVIEME AAGE

Seconde Monarchie.

Cyrus porte faueur aux Iuits.
1. Esdr. 1.
Ysa. 14.

Au premier an de son regne admirable,
Il se monstra benin & fauorable
Au peuple Hebrieu: car tres-instantement
Fist publier son haut commandement
Par toute Perse, & general empire,
(Ainsi que Dieu le sien esprit inspire)
Donnant congé au peuple d'Israel,
Et de Iuda, & au bon Daniel,
S'en retourner de la terre bordee,
En leur pays & terre de Iudee.
Outre cela, par le sien mandement,
Il enioignit par lettres & patent,
A tous les Rois tenant de son empire,
Point ne leur nuire: ains que chacun aspire,
Donner faueur en toute place & lieu,
Et porter aide au peuple du haut Dieu:
Ressaisissant les Iuifs de leur tresor
Qu'auoit raui Nabuchodonosor.

Zorobabel ducteur du peuple de Dieu.
1. Esdr. 3.

  Lors les plus grans, les nobles, & les Princes
Des forts Iuifs, qui estoyent aux prouinces,
Captifs & serfs, pres de la Tour Babel,
Prindrent pour Duc le bon Zorobabel,
Auec Ihesu, le grand Prestre honorable:
Lequel tira ce peuple innumerable,
Qui retourné de desolation,
Ont commencé sous la Tour de Syon,
De Salomon le saint & digne Temple,
A tous humains de merueilleux exemple.

DV MONDE. 53

Dont plusieurs Rois d'estranges nations,
Et habitans prochaines regions,
Leur firent moult forte & dure nuisance,
Les empeschant à grand' force & puissance:
Dont demeura cestuy œuure imparfait,
Qui ne sortit entier, & plein effect,
Par le rapport de malheureuse enuie,
Fait à Cyrus, encore estant en vie.

   Les Ducs & Rois Iherosolimitains,
Sur Israel, & en Iuda estaints,
Dieu gouuerna le peuple de Iudee
Par le grand Prestre, en sa bonté gardee:
Auquel, de Dieu, comme à luy ordonné,
Fut pleinement le regime donné,
Dessus lequel eut toute cognoissance,
De tous ses faits en seule obeissance.

   Cyrus auoir par effort suffisant
Vaincu Crœsus, Roy tres-riche, & puissant
Roy de Lydie, & l'auoir de son regne
Mené captif en Perse son domaine,
Le fist mourir par feu honteusement,
Prouuant le dit de Solon iustement.
Pour ce triumphe & tres-haute victoire,
Institua (ce qui n'estoit notoire
A ses soldars) les ieux lasciuieux,
Qui luy causa dommage vicieux:
Car luy rangé en bataille nouuelle
Vers Thamyris, l'Amazone cruelle,

Empeschement à la reedification du Temple, & de la ville de Ierusalem.
1. Esdr. 4.

Le regne de Iuda gouuerné par le grãd Prestre.

Crœsus, Roy de Lydie tres-riche, vaincu par Cyrus.

La mort de Cyrus par Thamyris, roine des Amazones.

CINQVIEME AAGE

Fut mis à mort, & de sa propre main
Ferma son chef dedans le sang humain.
 En cestuy temps Epycurus estoit,
Qui volupté souuerain bien mettoit:
Aussi regnoit en ce temps, renommé
Empedocles, qui pour estre estimé
Dieu souuerain, se ietta en la flamme
Du mont AEthna, qui le brusle & enflamme
 Aux mesmes ans François Senoniens,
Gens de haut cœur, & de nom anciens,
Dessous Brennus leur Duc & Capitaine,
Prindrent d'assaut la grand' cité Romaine,
Mettant au feu, & trenchant de l'espee
Les Senateurs: dont la grand' tour Tarpee
Du Capitole, où estoit le renfort
De la cité, eut merueilleux effort
D'iceux François: mais Torquatus l'extole,
Lequel sauua le Romain Capitole,
Par le haut cri de L'oaye en tel assaut,
Qui l'esueilla tout peureux en sursaut.
 A son retour, en la Gaule Celtique,
Fonda Auxerre: & dedans la Belgique,
Cestuy Brennus auec ses compagnons,
Vindrent bastir la ville de Soissons.
 En cestuy temps par piteuse aduenture,
En Rome fut vne grand' ouuerture,
Comme d'vn gouffre, ou pour saluation
De la cité, & conseruation,

Marginalia:
Seconde Monarchie.

Epycurus voluptueux, & Empedocles, glorieux Philosophes.

Rome prinse par les François Senoniens, & le Capitole sauué par L'oaye.

La fondation de la ville d'Auxerre, par Brennus, & de Soissons, sur la riuiere du Poue.

Curtius, Romain, sauua Rome par sa mort.

DV MONDE. 54

Le noble, & preux Curtyus en ieune aage,
S'alla ietter dedans celuy vorage,
Armé au blanc, en estat Martial:
Du bien public zelateur tres-loyal.
Car par ce gouffre ouuert, qui crainte assigne,
Les dieux vouloyent la chose la plus digne,
Qui pour lors fust en Rome la cité,
Dont Curtyus fut ce faire incité.

Apres Cyrus, Cambises le seuere,   *Cambyses,*
Qui dit estoit le Roy iuste, & austere,   *deuxiéme mo-*
Des hauts Persans fut Monarque second,   *narque de Per-*
En guerre preux, & en armes fecond: *se, deceu du*
Luy curieux s'efforça grandement   *cours du fleu-*
Trouuer le cours, & le commencement   *ue du Nil.*
Duquel le Nil prenoit son origine.
En fuyuant quoy, promptement determine
Aller monter en Paradis terrestre:
Ce qu'il ne peut, ni trouuer, ni cognoistre.
Luy se voyant du monde seul vainqueur   *L'orgueil de*
Dessus les Rois, son fier orgueilleux cœur   *Cābyses sous*
Haut esleua, & en telle furie,   *Holofernes*
En Galilee, & dedans Samarie,   *son Colonel.*
Et autres fins, enuoya messager
Pour les tributs de son peuple exiger.
Mais les Iuifs pleins de cœur & hautesse,
Firent refus, poussez de hardiesse,
Dont assembla vn peuple inestimable,
Qu'il destina sous la main redoutable

CINQVIEME AAGE

D'Holofernes, tres-fier & orgueilleux,
Homme cruel, & tyran merueilleux :
Qui commandoit Cambyses honorer,
Et comme Dieu le craindre & adorer.
Lors les Iuifs en leurs villes troublees,
Tous effrayez, furent en assemblees
Fortifier, & boucher les passages,
Garder les monts, les destroits, & riuages,
Pour empescher la voye & le chemin,
A ce tyran, qui de cœur leonin
S'alla camper autour de Bethulie,
Qui preste fut de se rendre assaillie.
En ces destroits de crainte, & de tremeur,
Dieu suscita en triumphe & honneur,
Dame Iudith, tres-constante & prudente,
De grand' beauté, & d'amour euidente
Vers sa cité, qui sortit promptement,
Et se tira seule secrettement
Au pauillon du tyran Holoferne :
Qui fut esprins dedans son cœur interne
De sa beauté, par luy trop desiree,
S'en abusant d'ardeur desmesuree.
Adonc Iudith saillit constantement,
Et du tyran cruel subitement
Trencha le chef, & teste pallissante,
Dedans son lict en son sang fremissante :
Par lequel fait, & triumphe liuré
Le peuple Hebrieu fut du tout deliuré

Bethulie assiegee par Holofernes, & la magnanimité de Iudith. Iudith 7.

La mort de Holofernes, & la deliurance de Bethulie, & de toute Iudee. Iudith 13.

DV MONDE. 55

de la puissance, & de la grand' furie
de Cambyses plein de forcenerie :
Lors en ce temps dedans Ierusalem
Ioachim fut le grand Prestre pour l'an,
Lequel bien tost venir veoir s'appareille
Belle Iudith, pour si grande merueille.

 Aux mesmes iours, en trop infame arroy
Alla Tarquin, fils de Tarquin le Roy,
En la maison de la chaste Lucrece,
Qu'il viola par effort & oppresse,
Contre son gré, son vouloir & honneur :
Qui cognoissant l'iniure, & deshonneur
En soy commis, dont estoit occupee,
Voulut venger au pointu de l'espee
Le crime vil, & se purger du fait,
Comme innocente en tel acte & meffait.
Pour lequel crime infame & detestable,
Fut dedans Rome en bruit inappaisable
Le peuple esmeu en grand' rebellion
Contre Tarquin, ressemblant le lion,
Qui fut chassé comme Roy desloyal,
Luy & les siens priuez d'honneur Royal.

 Les Rois estaints, dechassez & exules,
On commença à creer les Consules
En la cité, pour le gouuernement
Du bien public, en quoy premierement
Collatinus, vray espoux de Lucrece,
Auec Brutus eurent telle hautesse,

Ioachim grãd Prestre en Ierusalem.

La mort de Lucrece, Romaine, violee par Tarquin, dit Superbe.

La dignité de Roy estainte en Rome pour le crime de Tarquin.

Creation de la dignité de Consule en Rome.

D'Holofernes, tref-fier & orgueilleux,
Homme cruel, & tyran merueilleux :
Qui commandoit Cambyſes honorer,
Et comme Dieu le craindre & adorer.

Bethulie aſ-
ſiegee par Ho-
lofernes, & la
magnanimité
de Iudith.
Iudith 7.

Lors les Iuifs en leurs villes troublez,
Tous effrayez, furent en aſſemblees
Fortifier, & boucher les paſſages,
Garder les monts, les deſtroits, & riuages,
Pour empeſcher la voye, & le chemin,
A ce tyran, qui de cœur leonin
S'alla camper autour de Bethulie,
Qui preſte fut de ſe rendre aſſaillie.
En ces deſtroits de crainte, & de tremeur,
Dieu ſuſcita en triumphe & honneur,
Dame Iudith, tref-conſtante & prudente,
De grand' beauté, & d'amour euidente
Vers ſa cité, qui ſortit promptement,
Et ſe tira ſeule ſecrettement
Au pauillon du tyran Holoferne :
Qui fut eſprins dedans ſon cœur interne
De ſa beauté, par luy trop deſiree,
S'en abuſant d'ardeur deſmeſuree.

La mort de
Holofernes,
& la deliuran-
ce de Bethu-
lie, & de tou-
te Iudee.
Iudith 13.

Adonc Iudith ſaillit conſtantement,
Et du tyran cruel ſubitement
Trencha le chef, & teſte paſliſſante,
Dedans ſon lict en ſon ſang fremiſſante :
Par lequel fait, & triumphe liuré
Le peuple Hebrieu fut du tout deliuré

DV MONDE.

Daire passé, Prince tres-vertueux,
Regna Xerxes, vil, & voluptueux,
Sur les Persans, qui fist grace pareille
A l'inuenteur de volupté nouuelle:
Au temps duquel estoit Hippocrates,
Vray medecin, & le bon Socrates,
Qui redigea en vraye orthographie,
En bonnes mœurs toute Philosophie:
Qui par apres d'enuie, & trahison,
Beut le venin, & amere poison
Au nom d'vn dieu, qui ne luy fut nuible,
Mais à plusieurs, de sa mort inuasible.

  Au mesme temps estoit Heraclitus,
Lequel pleuroit les faits, ainsi qu'abus,
Sans point cesser des hommes lamentables,
Les estimant estre en tout miserables.

  Pendant ces iours en Elys tenebreuse,
Cité d'Archade, infame & orgueilleuse,
Salmoneus Roy de celle cité,
Fils d'AEolus, Roy des vents, incité
Fut, se voulant estimer estre Dieu:
Ensuyuant quoy, fist courir en ce lieu
Celle cité de metal souuerain,
Haut esleué comme vn grand pont d'airain,
Dont il faignoit tempestes, & tonnerre,
Foudres, esclairs, & tremblemens de terre,
Auecques eaux: duquel le Createur
En tels efforts fut le dissipateur,

Xerxes quatriéme Monarque de Perse.

Hypocrates, medecin, & Socrates, Philosophe.

Heraclitus, Philosophe, tousiours pleurant.

L'entreprinse du Roy Salmoneus, & de sa mort. Æneid. 6.

Seconde Monarchie.

CINQVIEME AAGE

Qui foudroya en flammes, & en soulphres,
Cheuaux, & Curre, & luy dedans les gouffres.
    Apres Xerxes, Artabanus, Monarque

Artabanus, cinquiéme, & Artaxerxes, sixiéme, Monarques de Perse.

Fut des Persans, lequel porta la marque
De puissant Roy: auquel fut successeur
Artaxerxes, qui fut le possesseur
De celuy regne, & de ce haut Empire,
Duquel le nom en gloire ne s'empire.
    Apres lesquels vint Mennon le puissant,

Mennon, dit Assuere septiéme Monarque de Perse, qui repudia Vasthi, & receut la Royne Hester. Hester 1.

Monarque heureux, en renom fleurissant,
Prince tres-craint, redouté, & seuere,
Qui fut nommé d'autre nom Assuere.
Ce noble Roy en Suze couronné,
Repudia par decret ordonné
Vasthi la Royne, en son cœur orgueilleuse,
Qui se monstra vers le Roy despiteuse.
Adont Hester de cœur deuotieux,
Humble & benin, pleut au Roy gracieux,
Qui exalta dessus la gent Persique
Le peuple Hebrieu & la gent Iudaïque.
Parquoy Aman, meschant & desloyal
Fist publier par mandement Royal
Trop dure mort à Hester tant prisee,
Et au vieillard son oncle Mardochee:

La mort du tyran Aman Hester 7.

Mais le tyran luy-mesme fut pendu
En ce gibet, qu'il auoit pretendu
Faire dresser pour Hester noble dame,
Et pour son peuple en opprobre & diffame.

Ei

En cestuy temps Xenophon l'Orateur,
De Socrates disciple, & auditeur,
Estoit le bruit, & gloire Athenienne,
Et Dyogene en poureté moyenne.

 Pour lors regnoit Denys Syracusain,
Qui fut tyran, cruel, & inhumain,
Et possesseur du regne de Sycile :
Lequel rendit Carthage à luy seruile.

 Au mesme temps estoit Platon, diuin,
Tres-excellent orateur, & deuin
Des mouuemens, & nature gardee
Aux cieux : lequel determina l'Idee
Contemplatiue, estre bien souuerain,
Et d'eloquence eut l'honneur primerain.

 Aux mesmes ans Torquatus le tres-fort,
Mist son seul fils par son espee à mort,
Pour auoir fait, & bataille commis
Hors son edict contre ses ennemis :
Combien qu'il eust encontre-eux eu victoire
Pour les Romains, qui bien meritoit gloire.

 Pendant ces iours, en honneur hautement,
Print son exorde & son commencement,
La noble ville & cité de Pauie,
Dedans la Gaule, où elle fut bastie
Par les François nommez Senoniens,
De hautain bruit, & de nom anciens.

 Apres la mort du puissant Assuere,
Duquel le nom & bonté fut prospere

*Xenophon l'e-
loquent, &
Diogenes le
poure, Philo-
sophes.*

*Denys Roy
de Cecile,
cruel.*

*Platon Philo-
sophe diuin,
inuenteur de
l'Idee.*

*La seuerité de
Torquatus,
Romain, à l'-
endroit de
son fils.*

*La fondation
de la ville de
Pauie, sur le
Thesin, par
les François.*

*Ochus huitié-
me Monar-
que de Perse.*

H

CINQVIEME AAGE

Seconde Monarchie.

De par Hester, fut haut Monarque Ochus
Sur les Persans: duquel furent vaincus
Toute l'Egypte, & les fleuues Tenares,
Et Thessalie, & nations Barbares.

La natiuité d'Alexandre le grand, & des signes y aueuus.

 Au dixiéme an de ce haut Prince, & Roy
Des forts Persans, fut né en grand arroy
Le merueilleux, & doutable Alexandre,
Qui sur tous Rois a fait sa gloire espandre:
Fils de Philippe, & d'Olympias Roine,
Qui en beauté estoit tres-souueraine.
Au propre iour de sa natiuité,
D'estourbillons, & vents fut agité
L'air conturbé; car choruscations,
Esclairs, tempeste, & dures motions
Furent en l'air, & tremblemens de terres,
Qui presageoyent en luy futures guerres.
Au mesme iour sur le Palais Royal,
Deux Aigles blancs en vol Imperial
Furent cogneus, lesquels y habiterent,
Qui double Empire à l'enfant demonstrerent:

Les perfections d'Alexandre.

Sur tous humains fut muni de beauté,
De haut courage, & de grand' loyauté:
L'œil dextre noir, & le senestre verd,
Tresingilant, & d'esprit tres-couuert.
 Philippe fut aux Oracles Delphiques,
Interroguer Sybilles fatidiques,
Dudit enfant: ou par esprit fatal,
Fut dit, que luy en tout l'Oriental,

DV MONDE.

Et sur l'Europe acquesteroit Empire:
Mais que du tout fortune luy aspire
A cheuaucher, & dompter çà & là,
Le fier coursier nommé Bucephala.
  En cestuy iour le Temple de Dyane,
Fait, & basti à la mode ancienne:
Par Eurostrate (esperant tel honneur
Auoir esté de l'œuure destructeur)
Fut ruiné, & redigé en cendre.
Mais tel honneur, où il vouloit pretendre,
Luy fut osté, car point ne fut escrit
Son nom superbe, ains teu en tout escrit.
Ce Temple ici d'ouurage magnifique,
Fait, & basti d'vn fin marbre Arabique,
Quatre cens vingt & cinq pieds de longueur
Auoit en soy, contenant en largeur
Deux cens & vingt, ayant en ses fabriques,
Cent vingt & sept colomnes Ioniques,
Dont contenoit chacune en sa grandeur
Soixante pieds, d'vne piece en hauteur:
Ayans en bas leurs bases, pour y mettre
Les fondemens, & ferme diametre:
Dessus lesquels estoyent portez moult braues,
Leurs chapiteaux, & subtils architraues,
Qui soustenoyent le feste, & tout le toict,
Par artifice excellent, qui estoit
Couuert de cedre en sa iointure, & zones,
Fait, & construit par femmes Amazones:

H ij

Bucephala le cheual d'Alexandre.

Bastiment du Teple de Diane, l'vne des merueilles du monde: bruslé par Eurostrate.

Le temple de Diane, basti par les Amazones de Ctesiphon, architecteur.

CINQVIEME AAGE

Troisiéme Monarchie.

Au mont Marbrin, en Asye maieur,
Par Ctesiphon, qui fut l'Architecteur.
Apres Ochus, fut Monarque Persique
Daire le fort, qui en assaut bellique
Fist triumpher son renom glorieux :
Homme subtil, en guerre ingenieux.

Fin de la Monarchie des Persiens, & Daire dernier Monarque.

Mais l'Eternel, lequel tout regne change,
Comme il luy plaist, sur nation estrange,
Fist susciter le Roy Macedonique,
Dit Alexandre, en vertu heroïque :
Qui ruina par effort merueilleux
Daire vaincu, & son regne orgueilleux :
Lequel tombant en l'abysme profonde
De deshonneur, faillit parmi le monde
La Monarchie aux vaincus Persiens,
Tous leurs hauts faits, & actes anciens.

FORS DIEV TOVT PASSE.

COMMENCEMENT de la troisiéme Monarchie du monde, transferée des Persans par Alexandre aux Grecs.

La troisiéme Monarchie, qui commença en l'an de la creation du monde 3624.

DAire vaincu, & le regne Persique
En tout estaint, par la fureur bellique,

Et hauts efforts du puiſſant conquereur
Alexandre, Monarque & Empereur.
Ce Prince heureux en haute renommee,
Fiſt amaſſer ſon oſt & ſon armee
En grand' puiſſance, & en treſ-fortes armes
Pour reſiſter aux aſſauts & alarmes.
En ce haut cœur, & efforts merueilleux
Leua ſon chef ſuperbe & orgueilleux,
Faiſant marcher en bel ordre de guerre,
Pour circuir les regnes de la terre:
Qui flamboyant en triumphans arrois,
Miſt à l'eſpee, & à ſang tous les Rois,
Qui contre luy par fiere violence
Voulurent faire aucune reſiſtence.
Si haut dreſſez furent ſes eſtendards,
Et en ſon oſt eut ſi hardis ſoldards,
De ſi grand cœur, & experts en la guerre,
Que deuant luy ſe teut toute la terre.
Les habitans des lieux Orientaux,
Et les pays des monts Occidentaux
Furent en crainte, en frayeur, & menace,
Son nom doutans, & fureur de ſa face.
 Tant fut douté, tant ſe fiſt reclamer,
Qu'il conqueſta les iſles de la mer
A ſon Empire, & en claires eſtophes
Il ſubiugua les terres limitrophes.
 Auoir vaincu terres & regions,
Princes, & Rois, auec leurs nations,

Les actes & faits du grand Alexandre, premier & dernier Monarque des Grecs

1. Machab. 1.

CINQVIEME AAGE

Troisiéme Monarchie.

Est descendu en puissance hautaine,
En la cité Iherosolimitaine.

Alexandre reçeu en Ierusalem, par le grand Prestre dit Iaddus.

Alors Iaddus le grand Prestre en ce lieu,
Comme il dormoit eut vision de Dieu,
Le receuoir en toute reuerence,
Cela qu'il fist en treshumble adherence
De ce haut Roy, lequel lors incité
Du Createur, entra en la cité,
En admirant l'œuure Salomonique,
Et le maintien de la gent Iudaïque.

  Luy auoir mis les Princes, & les Rois
A luy subiects, en bon ordre, & arrois,
Et restabli les murs de Babylone,
Voulut creer au chef de Macedone,
Son lieu Royal, & tierce Monarchie
Dessus les Grecs, en honneur restablie.

La mort d'Alexandre le grand, & le regret qui en fut fait.

  Au trentiéme an de son aage parfait,
Et douziéme an de son regne imparfait,
Antipater d'enuie tres-maligne,
Par le poison triste mort luy machine.

  Ce noble Roy de vertus decoré,
Fut regretté, lamenté, & pleuré
Par tout le monde, en profonde tristesse:
Si grande fut sa vertu, & noblesse,
Que les humains croyoyent vn homme tel
Point n'estre humain, mais vn Dieu immortel.

Aristote prince des Philosophes, pedagogue du Roy Alexandre.

  En cestuy temps fut le sage Aristote,
Vray Philosophe, & qui tout erreur oste,

Entre les dits d'opinions diuerses,
Qu'il confondit par ses raisons aduerses,
Determinant le vray bien souuerain,
Estre vertu, & l'œuure à l'homme humain.
Ce Philosophe est dit le vexillaire,
Et sur tout autre appellé l'exemplaire
De haute estude, en quoy par ses discours
Elucida des astres tout le cours :
Par son conseil vtile, & concordant,
Il gouuerna Alexandre le grand,
Et sans lequel (qui à son nom aspire)
Ne fust venu Monarque à tel Empire.

Au mesme temps en bruit estoit encor   Apuleius,
Apuleius, nommé de l'Asne d'or :   Teophrastus,
Et fleurissoit en gloire & excellence,   & Plotin.
Theophrastus, parfait en eloquence :
Aussi Plotin, lequel a tant escrit,
Et redigé en tres-notable escrit,
Vn excellent œuure philosophique,
Traittant du bien, & de la republique.

Pendant ces iours, en admiration,   Hermes Tris-
Sortit au monde en sainte vision,   megiste, dit
Le tres-prudent & eloquent Mercure,   Mercure, mes-
Dit Trismegiste, & qui mist toute cure   sager des
A enseigner le cours des hautains cieux,   dieux.
Comme interprete, & messager des dieux.
Il nous laissa vn liure d'excellence
De l'Eternel, & de sa haute essence :

H iiij

Sans Monarchie

Lequel, apres que par luy fut parfait,
Fut de par luy dit du Verbe imparfait.

La fondation d'Amyens.

Et en ce temps dedans la Picardie,
Amyens fut, & construite & bastie.

Zeuxis, Apelles, Prothogenes, & Parrasis, peintres excellens contemporeins.

En ces iours fut en peinture excellent,
Le grand Zeuxis, lequel fut diligent
De peindre au vif le raisin en la vigne,
Dont fut deceu maint oiseau par ce signe :
Lors precelloit Apelles, qui laissa
Vn imparfait œuure, qu'il composa
Au haut honneur de Venus son image,
Que nul n'osa parfaire apres son aage.
Aussi estoit le grand Prothogenes,
Peintre excellent, zelateur d'Apelles :
Et auec eux le parfait Parrasie,
Qui de ses traicts maint bon œil rassasie.

Fin de la monarchie des Grecs, & discord pour le regne d'Alexandre.

Mort Alexandre en la fleur de son temps,
Sur son Empire eurent plusieurs contents,
Competiteurs, qui par diuerse sorte
Eurent discords, à main puissante & forte :
Car ce seigneur ne voulut nullement
Instituer, pour regner seulement
Aucun viuant en son regne loüable,
Afin qu'aucun ne fust à luy semblable.

La Monarch. d'Alexandre diuisee en royaumes.

Apres sa mort, Philippe, son seul frere,
En Macedone eut son regne prospere :
Antigonus à regner plus haut monte,
Qui print Lydie, & la mer Hellesponte,

Et le pays du Royaume de Thrace,
Pour y regner, luy & toute sa race.
Ptolomeus, qui Sother fut nommé,
Fils de Lagus, fut craint & renommé
Parmi l'Egypte, & dessus Samarie:
Et Seleucus, au regne de Syrie.
Voila comment les regnes sont changez
Du Createur, par fortune arrengez,
Et divisez comme Dieu determine,
Ainsi qu'il plaist à sa bonté divine.
 Ce Ptolomee en toutes les conquestes
Auoit esté, és guerres manifestes
D'Alexander, dont pour sa iuste foy
L'auoit creé d'Alexandrie Roy.
Luy donc regnant du regne au premier an,
Iour du Sabbath vint en Ierusalem,
Et mist le Temple en piteuse insolence:
Lors les Iuifs, de nulle resistence,
Mist à l'espee, & emmena captifs
Dedans Egypte, en crainte fugitifs,
Lesquels il fist en tout vendre, & distraire.
Ce nonobstant ne se monstra contraire
Au bon Symon le seul fils d'Onias,
Iuste, & benin comme Sophonias,
Qui en Iudee estoit souuerain Prestre,
Où il faisoit vertu moult apparoistre.
 Au mesme temps Sostratus fabriqua
Dedans la mer, & d'engin appliqua

Ptolomee Sother, Roy d'Alexādrie fils de Lagus, duquel descendit le Roy Costus, pere de saincte Catherine.

Symon grand Prestre en Ierusalem.

Le bastiment de la tour de Pharos en Egypte, par Sostratus l'ingenieux, l'vn & le plus grand des merueilles du monde.

La tour Pharos loin du bord de la terre,
Qu'il bastit sur quatre cancres de verre.
Assis dessus pour ferme fondement
Sur bon mortier, dessus pierre, & ciment:
En celle tour de clarté rutilante,
La lampe mist de iour & nuict bruslante,
Que là dedans tousiours ardre voulut,
Pour r'adresser au vray port de salut
Les nauigeans dedans la mer profonde:
Lequel œuure est des merueilles du monde,
Le trop plus grand, d'engin tres-merueilleux,
Et à bastir œuure tres-perilleux.

Ptolomee Philadelphe Roy d'Egypte, qui fist interpreter la Loy de Moyse, & fut Inuenteur de la Sphere.

Apres Sother, Ptolomee second,
Dit Philadelphe, en sciences profond,
Fleurit, en bruit & vertu estimee,
Dont le sçauoir passa la renommee.
Ce benin Roy remist en leur franchise
Tous les Iuifs, qui par la force exquise
Du Roy Sother auoyent esté captifs,
Et de leur terre, & pays fugitifs.
Dont luy esmeu par volonté diuine,
Fist exposer la Loy, & la doctrine
Du peuple Hebrieu, par interpretateurs
Septante & deux, qui furent zelateurs
De ce bon Roy: qui au souuerain Prestre

Eleazar grand Prestre en Ierusalem.

Eleazar, iusques dedans son estre,
En la Iudee enuoya promptement
Moult grans presens tres-honorablement.

Ce sage Roy fut tres-grand philosophe,
Et escriuit en merueilleuse estophe,
Liures tres-beaux des mouuemens, & cours
Des cieux, ayans variables discours.
  En celuy temps la nation Gallique
Fut enuahir le Roy Macedonique,
Dit Sosthenes, lequel mis en souffrance
Perdit tout cœur, & de gloire esperance.
Le nom François fut lors tant redouté,
En grand' tremeur, & armes indompté,
Que tous les Rois des fins Orientales,
N'entroyent iamais aux armes Martiales
Sans les François, experts, & courageux,
Et aux assauts tres-prompts & outrageux.
Quand quelque Roy par fiere esmotion
Estoit ietté de sa possession,
Auoit recours à l'aide, & fortes armes
Des preux François, qui par puissans alarmes,
Les remettoyent par puissance, & fierté,
En son Royaume, & en sa liberté.
  Lors Crysippus, & Zeno le Stoique,
Deux inuenteurs de la Dialectique,
Estoyent en bruit : lequel Zeno couppa
La sienne langue, & apres la iecta
Contre la face, & dure felonnie
D'vn cruel Roy : lequel par tyrannie,
Sur le pays exerçoit sa fureur
En cruauté, pleine de toute horreur.

Sosthenes roy de Macedone vaincu par les François.

Louange des François.

Crysyprus, & Zeno, philosophes.

CINQVIEME AAGE

Sans Monarchie.

Guerre entre les Romains, & Carthaginiens, & la fidelité de Regulus Attylius, Romain, & de sa mort.

En cestuy temps la ville de Carthage
Contre Romains eut gloire & auantage,
En faits de guerre: ou plusieurs furent prins
Par les Romains, & au conflit surprins.
Mais Regulus le Consul magnifique,
De grand conseil, & vertu heroïque,
Garda sa foy promise aux Pœniens,
De retourner aux Carthaginiens :
Dissuadant aux Romains de hautesse
N'auoir esgard à sa triste vieillesse,
Le deliurant, faisant de luy eschange
A ieunes gens pleins de vertu estrange:
Lesquels estoyent en Rome detenus,
Dont retourné aux termes conuenus,
Endura moult de tourment & de peine
Par l'ennemi, pour vertu souueraine.

Lactance, consul Romain & Philosophe.

Aux mesmes iours en Rome estoit Lactance
Duquel le nom est pour gloire, & iactance
Aux preux Romains, leur Chef, & Gouuerneur,
Les maintenant en puissance & honneur.

Euergetes roy d'Egypte, & Onyas grand prestre en Ierusalem. Le liure de l'Ecclesiastique composé par Ihesus Syrach.

Apres la mort de Philadelphe estaint,
Euergetes son frere fut contraint
Prendre le Chef, & Royaume d'Egypte.
Au temps duquel, Onyas par eslite,
Souuerain Prestre estoit dedans Iudee :
Dessous lequel, en vertu bien gardee,
Ihesus Syrach, fist l'Ecclesiastique,
Dit en Hebrieu l'œuure Panaretique.

En cestuy temps en Rome fleurissoit
Ennius Poëte: & que moult cherissoit,
Catho, questeur de vertu laudatoire,
Dont le renom est tres-ample & notoire.
 Euergetes passé du siecle humain,
Phylometor, lubrique & inhumain
Vint à regner en grand' forcenerie:
Mais le fort Roy du regne de Syrie,
Antiochus, l'assaillit fierement,
Et le vainquit tres-vertueusement:
En subiuguant par force bien fondee
Les Palestins, & regne de Iudee.
Dessus lesquels exigea les tributs,
Que Phyladelphe auoit tous abbatus
En leurs citez. Alors cest aduersaire
Fist infester par effort militaire,
Ierusalem, & autres nations,
Qui habitoyent dedans leurs regions.
 Pour appaiser tel bruit, & insolence
Scipion, dit Nasica d'excellence,
Par les Romains fut en legation
Illec transmis, qui fist transaction
Entre les Iuifs, & Antiochus, Roy:
Et deliura en triumphe, & arroy,
Ausdits Romains le ieune Antiochus,
Epyphanes, laissant Roy Seleucus:
Qui s'efforçant le saint Temple inuahir,
Et les thresors emporter & rauir,

Marginalia:
Catho, & Ennius.

Phylometor, Roy d'Egypte & les cruautez d'Antioche l'aisné.

Scipion Nasica, consul Romain.

Seleucus frere du ieune Antioche, dit Epiphanes, puni de Dieu

Sans Monarchie.

Fut flagellé par vltion diuine,
Pour son peché, & cruauté maligne.

Iugurtha roy de Numidie.

Et en ce temps fut Iugurtha vaincu
Par Marius, & par armes deceu.

Commencement des guerres Lybiques, par Hannibal Roy de Carthage, contre les Romains.

Lors commença contre la republique
Des forts Romains, vne guerre Punique
Par Hannibal, lequel vint assaillir
Le Capitole, & en armes saillir
Sur le pays, qui en cœur furibonde
Les sist trembler de crainte tres-profonde :
Comme celuy qui serment solennel
Auoit iuré, estre d'eux eternel
Vray ennemy, s'efforçant de leur nuire,
Le nom Romain abolir & destruire.
Les hauts efforts, & les occisions,
Font foy certaine, & approbations
De sa vertu, & haut cœur magnanime,
Qu'il demonstra à la gent illustrime.
Tant demolit la Romaine puissance,
Que le Senat fut en poinct, & balance
Prest de liurer au cruel Hannibal
Tout le pays, & le siege Royal

Scipion, dit Africain, zelateur du bien public des Romains.

De la cité : mais la haute noblesse,
Le ieune cœur, & prompte hardiesse
De Scipion, Africain, contreuint :
Lequel armé, dedans le Senat vint
Pour l'empescher, & comme seul contendre,
Voulut le bien de la cité deffendre.

DV MONDE.   64

Lors aussi tost tout le peuple Romain
Fut animé, & tres-prompt à la main,
Monstrer leur cœur, vertu, puissance, & force:
Comme celuy qui de bon cœur s'efforce
A hardiesse, & tout prest de courir,
Et pour le bien public aller mourir.
 En celuy temps, par Romains, gent bellique,   Fin du regne
Eut, & print fin le chef Macedonique,   de Macedone
Au Roy Perses, qui en triste motif
Fut emmené dedans Rome captif.
 Apres la mort du grand Antiochus,   Antioche, dit
Et de son fils le cruel Seleucus,   l'illustre, vsur
Antiochus, Epiphanes nommé,   pateur du re-
Partit de Rome: & comme Roy clamé,   gne de Iudee,
Fut couronné en Syrie, & Iudee,   & dit la sou-
Qu'il subiugua par sa force vsurpee.   che de peché.
Ce Roy ici, auec son exercite,   1. Machab. 1.
Fut assaillir Ptolomee d'Egypte,
Et le vainquit: parquoy fut possesseur
De toute Egypte, & au regne accesseur:
Lequel tyran descendu d'Alexandre,
Par son orgueil (qu'en Iudee il esclandre,
Et dont le peuple estoit moult empesché)
Fut estimé la souche de peché.
Par ses soldars, & sa gendarmerie,
De cœur enflez & de forcenerie,
Le Temple sainct fut mis en desarroy,
Et la cité, par cest infame Roy:

CINQVIEME AAGE

Sans Monarchie.

Mais l'Eternel, du celeste auditoire,
Voyant l'horreur de ce Roy tres-notoire,
Fist susciter dedans le peuple Hebrieu,

Mathathias & ses enfans zelateurs de la Loy de Dieu. 1.Mach.1.& 2. & 3.

Mathathias, qui de la Loy de Dieu
Fut Zelateur, & qui fist resistence
A tels efforts, pleins de toute insolence.
 Adonc saillit, Iudas, dit Machabee,
Qui deffendit au trenchant de l'espee
La Loy de Dieu, & qui par ses efforts,
Des ennemis confondit les tres-forts,
Par le secours, par la force, & affaires
De Ionathas, & de ses autres freres.

La mort d'Antioche, l'illustre. 1. Machab. 6.

Dont Antioche entendant la deffaite,
De tout son ost auoir esté deffaitte.
Par ce Iudas, fut prins honteusement
De maladie, en despit & tourment:
Dont il mourut comme tres-miserable,
D'vn corrosif infect, & deuorable.

Demetrius le cruel, successeur d'Antioche l'illustre, son oncle: & la mort de Iudas Machabeus & de ses freres. 1. Machab. 9.

 Apres lequel le fier Demetrius,
Fils du tyran & cruel Seleuchus,
Vint occuper le regne de Syrie,
De toute Egypte, aussi de Samarie,
Des Palestins, & peuple Iudaïque:
Lequel sorti du sang Macedonique,
Par son ardeur fist moult d'empeschement
Au peuple Hebrieu, mis en peine, & tourment:
Car Machabee, & ses freres puissans,
Qui lors estoyent en armes fleurissans,

Par trahison, & fiction inique,
Furent occis en la fureur bellique.
  En cestuy temps la ville de Carthage,
Par Scipion fut reduite en seruage :   *La ruine de*
En tout destruite, & arse des Romains.   *Carthage par*
Dont Hannibal le tres-fort des humains,   *Scypion Affri-*
Vers Prusyas le Roy de Bythinie,   *cain, & la*
Alla cercher à sa force finie,   *mort de Han-*
Aide & secours, qui luy fut refusé   *nibal.*
De Prusyas : dont estant abusé
De tout espoir, par desespoir & rage,
Print son anneau, le plongeant au bruuage,
Lequel il beut, ou estoit le poison,
Dont il mourut par telle mesprison.
Mais Scypion pour auoir ruiné
Celle Carthage, & auoir fulminé   *Ingratitude*
Ses fortes tours, fut mis en scruitude,   *des Romains*
Et exulé : dont grande ingratitude   *vers Scypion*
Rome monstra à ce haut chef de guerre,   *Affricain.*
L'auoir banni comme ingrat de sa terre.
  En cestuy temps dedans Carthage estoit   *Terence Phi-*
Le bon Terence, & lequel escriuoit   *losophe face-*
Dits excellens en dure Tragœdie,   *cieux.*
Facecieux en toute Comœdie.
  Le nom estaint des tres-preux Machabees,   *Hyrcanus, &*
Lesquels auoyent au pointu des espees   *Aristobulus,*
La Loy de Dieu deffendue, & gardee :   *grans Prestres*
Grand Prestre, & Duc fut creé en Iudee,   *en Ierusalem.*

I

Sans Monarchie.

Vn, qui fut dit Hyrcanus de surnom,
Homme prudent, constant, & de renom:
Apres lequel vint Arystobulus,
Homme seuere, & de faits resolus,
Qui par vertu, sans conseil de personne,
Dessus son chef osa porter couronne,
Roy de Iudee, & qui delibera
Regner en gloire: & lequel restaura
Regne aux Iuifs apres Mathathias.
Car puis la mort du Roy Sedechias,
D'homme viuant n'auoit esté portee
Couronne en chef, en terre de Iudee.

Iamneus, frere d'Arystobulus, Roy de Ierusalem, & de sa cruauté.

Apres lequel son frere Iamneus,
Dit Alexandre en ses iours paruenus
Dessus les Iuifs en grand' force & puissance,
De tout le regne obtint la iouissance:
Homme cruel, qui par ferocité
Fist mettre à mort parmy de la cité,
Cinquante mil des Iuifs, qui taschoyent
Ses vils pechez, & l'en vituperoyent.

Guerre ciuile entre Sylla, & Gayus Marius Romains

En cestuy temps en grand' fureur hostile,
En Rome fut vne guerre ciuile,
Entre Sylla, & le fort Gayus,
Qui fut nommé d'autre nom Maryus:
Sylla subtil, expert au fait de guerre,
Dechassa loin Maryus de sa terre
Hors la cité, comme violateur
Du bien public, & vray perturbateur.

Au mesme temps autre haine & discorde, *Guerre ciuile entre Catilina, & Marc Cicero, l'Orateur.*
En Rome fut : car Foy, Paix, & Concorde,
Catilina viola faussement,
Au preiudice, & desaduancement
Du bien public, & liberté Romaine :
Qui assembla en son ost & domaine,
Gens ramassez, vagabonds, inutils,
Seditieux, rapteurs, & moult subtils :
Lesquels il eut pour greuer, & pour nuire
Au bien public, & la cité destruire.
Mais Ciceron l'eloquent Orateur,
Du peuple aimé, & creé Senateur,
Par son haut sens, & subtile prudence,
Par son haut cœur, & bonne prouidence,
Secrettement la coniuration
Cogneut par signe, & reuelation :
En suyuant quoy à force de gendarmes,
Prompts & hardis aux belliqueux alarmes,
Assaillit tost, comme tres-hardi homme,
Catillina, & le chassa de Rome.

En cestuy temps, en moult grosse puissance *France vaincue par Iules Cesar.*
Iules Cesar, Consul, deuers la France
Estoit allé, pour celle nation
Pleine d'orgueil, & grande elation
Assuiettir sous le Romain empire :
Qui aux Romains totalement aspire,
Dont en proüesse & magnanime cœur,
D'iceux François fut en gloire vainqueur.

I ij

Sans Monarchie.

Lequel passa iusques dedans Neustrie,
Qu'il subiugua par sa gendarmerie.
La fondation des chasteaux de Caen & de Falaize, en Normandie.
Et dedans Caen fist construire vn chasteau,
Voire imprenable, & tres-fort, & moult beau.
Aussi fut fait par luy dedans Falaize,
Le fort chasteau, que lon peut à son aize,
Dire, & iuger auoir esté construit
Par vn Cesar en armes bien instruit.

Pōpee le grād, Consule, & Cornelius en Ierusalem.
Iamneus mort au regne de Iudee,
Ses deux enfans sans amitié gardee,
Dessus le regne eurent haine & discord,
Gens belliqueux, sans amour ni accord.
Ce cognoissant le Consule Pompee,
S'en vint dresser le pointu de l'espee,
Accompagné du fort Cornelius,
Fils de Sylla, surnommé Lucius.
Ces deux puissans de la cité Romaine,
Vindrent deuant la terre, & le domaine
Du peuple Hebrieu: qui par puissans efforts
Fut tost vaincu: des Iuifs les plus forts,
Morts & occis, & la cité pillee,
En grans regrets, & pitié desolee.
Le Temple fut en l'assaut condamné,
Et le sancta sanctorum profané:
Mais du saint Temple, auquel fut la main mise,
Rien ne fut prins ni richesse surprise.
Pour tel effort & profanation,
Que fist Pompee au Temple de Syon,

DV MONDE.

Fut par apres en guerre mal-heureux,
Qui au deuant y estoit tres-heureux.
Dieu le priua de ses grandes victoires,
Qui par le monde estoyent lors si notoires,
Que tout viuant craignoit la forte espee,
Les durs assauts, & bras du grand Pompee.
 Cela parfait, Pompee institua
Antipater, & le constitua
Son Procureur, sous le Romain Empire,
Sur les Iuifs : desquels le regne aspire
Estre subiect au regne des Romains,
Qui leur estoyent tres-benins & humains.
Dés cestuy temps Iudee salutaire,
Aux forts Romains fut faite tributaire,
Et par Pompee Aristobulus fils
De Iamneus, fut en l'assaut prefix
Mené captif au Romain territoire :
Et Hyrcanus, son frere, en bruit notoire
Fut creé Roy, & Pontife en cest an,
Par Pompeius dedans Ierusalem.
 Pompee auoir le regne Iudaïque,
Assubiectie sous la main iurisdique
Des forts Romains : & par ses durs assauts,
Auoir vaincu les Rois Orientaux,
Et surmonté en triomphe notoire
Mythridates, par main gladiatoire,
Iules Cesar vint contre luy mouuoir
Guerre & debat : lequel voulut auoir

Pompee malheureux en guerre, pour la profanatiō du Temple de Salomon.

Antipater procureus en Ierusalē sous les Romains.

Iudee tributaire aux Romains, & Hircanus grand Prestre & Roy en Ierusalem.

Guerre entre le grand Pompée & Iules Cesar.

I iij

Sans Monarchie.

Secondement dignité consulaire.
Dont il dreſſa le ſigne vexillaire
Contre Pompee, ayant heureuſement
Le Senateur, Catho. qui hautement
Fiſt exalter, en bruit, triomphe & gloire,
Son clair renom, & fut nommé Cenſoire.

La mort de Pompee, & la magnanimité de Cato le ſage.

  Ces deux hauts chefs vindrent leur oſt renger
Contre Ceſar, qui les fiſt deſrenger
En tout deſordre, où le puiſſant Pompee
Fut conuaincu, & ſa force occupee
En ce conflit, qui laiſſant l'exercite,
Se retira en la terre d'Egypte:
Où il penſoit du Prince auoir renfort.
Mais celuy Roy par trop cruel effort,
Trencha le chef à Pompee le iuſte,
Qu'il enuoya, comme faux & iniuſte
Audit Ceſar. Lors Catho le treſ-ſage,
Dedans Vtice en petit equippage,
Se retira, cognoiſſant ſon effort
Eſtre aboli, ſe concita la mort:
En aimant mieux mourir en Germanie
Que de regner deſſous la tyrannie
Viure ſubiect à Ceſar treſ-humain,
Qu'il eſtima cruel & inhumain.
Combien qu'en tout Ceſar de haut courage
Priſaſt beaucoup celuy Catho treſ-ſage,
Le deſirant en l'eſtat r'appeller
De Senateur, & en gloire exalter.

Et lors faillit en tout la Monarchie
De Macedone, & des Grecs abolie :
Lors que Cesar vint le chef des Romains
Haut exalter dessus tous les humains.

Fin de la troisiéme Monarchie du monde.

FORS DIEV TOVT PASSE.

COMMENCEMENT de la quatriéme Monarchie du monde, transferee des Grecs par Iules Cesar aux Romains.

Ivle Cesar de cœur tres-magnanime,
Sur tous mortels de courage illustrime,
De haute estude, & parfaite science,
Homme subtil, & rempli d'eloquence :
Auoir vaincu peuples, & regions,
Les preux François aux hauts cœurs de Lyons,
Les durs Bretons, & peuple Germanique,
Les forts Gregeois, & gent Macedonique,
Et subiugué par ses puissans efforts,
Et fiers assauts du monde les plus forts :
Plein de triumphe, & gloire tres-hautaine,
Se fist Monarque en la cité Romaine,

La quatriéme Monarchie du monde, qui commença en l'an de la creation du monde 4017. deuant l'incarnation de Iesus Christ 47 ans.

Quatriéme Monarchie.

CINQVIEME AAGE

Comme seul Roy, seul Prince, & Empereur
De tout le monde excellent conquereur.
  Lors tous les Rois des nations estranges,

L'excellence du Senat Romain.

Preconizoyent les titres, & louanges
Des forts Romains, les douze Senateurs,
Qui de Iustice estoyent vrais zelateurs,
Furent en bruit, & telle reuerence
Parmi le monde, & sa circonference,
Que le Senat parmi la terre ronde
Fut estimé, l'œil & miroir du monde.

La coniuration du Senat Romain, contre Iule Cesar & de sa mort.

Mais fier orgueil, qui fist intronizer
Iule Cesar, le fist tyrannizer
Contre le bien, & liberté publique,
Vsurpateur de Roy, nom tyrannique.
Dont le Senat en conspiration
Fist contre luy la coniuration,
Qui tost sortit en secret auditoire
Entier effect, qui depuis fut notoire :
Car faintement les Senateurs Romains
Dedans son sang furent souïller leurs mains :
Par lesquels fut en aguet miserable
Nauré à mort, de coup innumerable.
Ains que sentir du Senat tel effort,
Preueut en soy maint signe de sa mort,
Tant par deuins, que lettre de presage,
Qu'il ne preleut à son desaduantage.
  Brutus, & tous les autres Senateurs,
Qui en sa mort furent coniurateurs,

Par le decret d'ordonnance diuine,
Furent dans l'an en piteuſe ruine.
Ainſi mourut l'honneur, & noble marque
Des forts Romains, & leur premier Monarque:
Auoir regné en l'Empire cinq ans.
Duquel le peuple, & les Romains voyans
La triſte mort, par inuincible force,
Inſtantement en grand douleur s'efforce,
Et à fureur fut bien toſt excité,
Bruſler la ville & toute la cité.

 En ceſtuy temps vray hiſtoriographe
Fut Tite Liue, & certain Coſmographe,
Et Plaute auſſi, auec Dyodorus,
En Poëſie, & ſçauoir reſolus.

 Iule Ceſar par la fureur ciuile
Auoir ſenti mort ſi piteuſe, & vile,
Par le Senat, lors voulant dominer,
Octauian commença à regner
Sur les Romains, en heureuſe fortune:
Lequel auoir par faueur oportune
Eſté eſleu par vraye election,
Apres Ceſar, à l'augmentation
Du bien public, & de la Monarchie,
Fils naturel de la noble Iulie,
Sœur de Ceſar, dont le commencement
D'Aſcanius ſortit premierement.

 Aux ieunes ans de ſa haute nobleſſe,
Monſtra ſon cœur, & ſa grand' hardieſſe

Morts ſubites des coniurateurs de Ceſar, & eſmotion du peuple contre le Senat.

Tite Liue, Plaute, & Diodorus Syculus.

Octauian Ceſar Auguſte, ſecond Monarque des Romains, deuant la natiuité de Ieſus Chriſt 42. ans.

Quatriéme Monarchie.

CINQVIEME AAGE

Contre Marcus Anthonius, Romain :
Lequel auoit son adiutrice main,
Pour le Senat mise d'auec Pompee,
Coulpable au fait de la mort occupee
De ce Cesar. Apres repudia

Octauia repudiee de Marc Anthoine, & Cleopatra receuë.

Octauia, laquelle il dedia
A deshonneur, sans cause qui fust iuste :
Laquelle estoit sœur de Cesar Auguste.
Et par amour d'ardeur luxurieuse,
Cleopatra Royne lasciuieuse
Il espouza, dont par forts mouuemens
Furent discords, & ciuils battemens
Entre Romains. Mais l'accord volontaire

La mort de Marc Tulle, dit Cicero, pere d'eloquence.

D'Auguste, & luy, ne fut trop salutaire
A Cicero : car le glaiue inhumain
De Marc Anthoine, ensanglanta sa main
Sur Cicero, qu'il mist à mort cruelle,
Duquel auoit soustenu la querelle.
Ainsi mourut le docte Senateur,
Par ce meschant, de foy violateur :
Ainsi mourut le pere d'eloquence,
Pour son salaire, & triste rescompense.

 Octauian auoir entre Romains
Monstré son cœur, & courageuses mains,
Et appaisé toutes fureurs ciuiles,
Et subiugué regnes, chasteaux, & villes,
Seul Empereur aux monts Orientaux,
Planta ses posts, comme merc, & portaux

De sa conqueste, en terre Occidentale,
Qu'il subiugua par force Martiale.
  Cherebourg est le relique & memoire,
Par luy fondee en nostre territoire,
Qu'il conquesta sur Normans belliqueux,
Prompts aux assauts,& en guerre outrageux.
A son retour, ce Roy plein de constance,
En Costentin fist construire Constance,
Siege d'Euesque,& du lieu capitale.

La fondation des villes de Cherebourg, sur la mer, & de Constances en Normandie.

  En ce pays,& plage Occidentale,
Son Colonel Caros ia ancien,
Fist vn chasteau, qu'il nomma Carenten,
Pres de la mer, sur Taulte, en marescage,
En plat pays, plein d'eaux, & de riuage,
Et maintenant est ville de renom,
De ce Caros ayant encor le nom.
Si le chasteau,ou la ville est petite,
L'air y est bon,& la place d'eslite,
De douces eaux,& mer enuironnee:
La terre bonne, au labeur ordonnee.
Et ou se vient rendre maint bon marchand,
Qui seurement au pays est marchant.

La fondation de la ville de Carenten en Normandie, lieu de la natiuité de l'auteur de ce present liure.

  D'Octauian le renom,& Empire
(Lequel pour lors en tout bon heur aspire)
Fut tellement en terre redouté,
Que tout le monde estant par luy dompté.
Fut mis en paix, qui fut vniuerselle
Par les Climats, sur la terre mortelle.

Paix vniuerselle en l'aduenement de Iesus Christ.

Quatriéme Monarchie.

CINQVIEME AAGE

Mais ceste paix, qui fut sainte & diuine,
Estoit en soy vray tesmoignage, & signe,
Que le facteur de l'Empire immortel
Deuoit descendre en ce regne mortel.
  En cestuy temps fut basti par maint homme

La fondation du Pantheon en Rome, dit maintenant Nostre-dame de la Rotonde.

Le Pantheon en la cité de Rome,
Vn Temple rond, & couuert par dedans
D'or fin, massif, ou estoyent plusieurs cens
De hauts pilliers, & colomnes d'ouurages:
Dessus lesquels estoyent riches images,
Representans toutes les nations
Qui lors estoyent aux dominations
Des forts Romains, & par certains escrits,
On cognoissoit tous les peuples prescripts.
De tous iceux images de la place,
Chacun tournoit son aspect & sa face
A regarder le grand dieu Iuppiter,
Haut esleué, & se faisant porter
Sur vn pillier à luy propre & idoyne,
Tout d'or massif en façon d'vn grand throne.
  Quand par le monde aucune nation,

Superstition Magique du Pantheon, & diligence des Romains.

A ceux Romains faisoit rebellion:
Lors cil image, où estoit presentee
La nation, qui s'estoit reuoltee
A Iuppiter (estant comme en repos)
Tournoit le cul, espaules & le dos.
Lors aussi tost on dressoit vne armee,
Pour subiuguer, à main forte & armee,

celuy pays, & nation reduire,
Que le Senat faisoit vers eux conduire.
   Au douziéme an d'Octauian hautain,
Les Senateurs, & le peuple Romain,
Pour telle paix, en saint & digne exemple,
En leur cité firent bastir le Temple,
Qui fut nommé par edict solennel,
Temple de Paix, à tousiours eternel.
Ce Temple ici plein d'honneur magnifique,
Par Apollo en l'Oracle Delphique,
Fut asseuré que tousiours dureroit,
Iusques au temps que Vierge enfanteroit.
Dont pour ce faire, & mettre à breue fin,
Pendant ce temps l'Archange Seraphin
Vint annoncer par sa voix Angelique
A Ioachim, ce mystere celique :
Duquel, & d'Anne eut propagation
Par le vray cours, & operation
De tous mortels, sous l'œuure de nature,
Celle tres-belle & sainte geniture,
Qui deuoit estre, & signe, & armairie
Du Fils de Dieu, celle noble Marie.
Mais l'Eternel par sa haute puissance,
Rendit nature en ce fait d'impuissance,
Qui n'espandit de vice infection
Dessus son ame, en sa conception :
La Loy qui fut sur Adam estendue,
Et en sa race, en son sang descendue,

La fondation du Temple de Paix à Rome.

La cōception immaculee de la Vierge Marie.

Quatriéme Monarchie.

CINQVIEME AAGE

Point n'eut son fort, ni ne mist sa vigueur,
Point ne iecta sa force, ni rigueur,
Sur ceste dame, excellente & parfaite,
Qui a sa loy en riens ne fut subiecte :
Donc pour sçauoir sa generation,
On la peut veoir par la deduction.

La genealogie de la vierge Marie, fille de sainte Anne, qui fut fille de Stolanus & d'Emerence.

Dedans Iuda, pleine de reuerence,
Fut vne dame appellee Emerence,
Qui descendit du vray sang naturel,
Du bon Ihesu, nommé Zorobabel :
De Stolanus, & d'elle tres-cherie.
Produite fut vne dame, Ismerie
Dite de nom, de laquelle sortit
Vn fils, qui fut Eliud, ainsi dit :
Sa sœur aussi Elizabeth tres-sainte,
D'excellent nom dedans la terre sainte.

D'Eliud vint Emyn, qui Nemecye
Engendra lors en bonté tres-choisie :
Laquelle fut mere de saint Seruais,
Plein de vertus, & de bonté le choix.

D'Elizabeth, & Zacharie l'eslite
De Chasteté, sortit saint Iean Baptiste.

Le second fruict que conceut Emerence,
De Stolanus, fut Anne, l'excellence
De tout honneur, de laquelle fut nee
Par Ioachim, entre toutes donnee,
Pour le renfort, bouclier, & armoirie
De tous humains, la pucelle Marie.

Secondement Anne fut mariee
A Cleophas, de laquelle fut nee
Vne excellente, ainsi dite de nom,   Marie Cleo-
Dame Marie, & Cleophe en surnom.   phé.
De ceste dame, & du tres-bon Alphee
(Auquel ell' fut sainctement assemblee
Par mariage) en vindrent quatre enfans,
En saincteté, & vertus triumphans.
Ioseph le iuste, & Symon Chananee,
Le tiers apres le bon Iude Thadee,
Et le quart fut sainct Iacques le Mineur
Qui ressembla prez à nostre Seigneur.
  Le tiers mari d'Anne fut Salomas,
Et de luy vint Marie Salomas :
Laquelle fut espouse, & affidee,   Marie Salo-
Tres-sainctement au digne Zebedee :   mé.
D'elle, & de luy vint le choix, & eslite,
Iacques le grand, & Iean l'Euangeliste,
Parfaitement aimez du Createur.
  Celle Marie, excellente en honneur,   Saint Ioseph
De Ioachim, & d'Anne sa partie,   mari de la vi-
A sainct Ioseph fut coniointe, & partie   erge Marie de-
Par mariage: ausquels integrité   scendu d'Eli-
De chasteté, fut, & virginité.   ud, frere de
    saincte Anne.
  En cestuy temps, du regne au trentiéme an
D'Auguste, ainsi nommé Octauian,   Marcus Var-
Estoyent en bruit, en renom & memoire,   ro, Valere le
Marcus Varro, qui escrit mainte histoire   grand, & Sa-
    luste, orateurs

Quatrième Monarchie.

CINQVIEME A'AGE

Des preux Romains, & Valere le grand:
Duquel maint homme est les faits admirant:
Saluste aussi, plein de haute eloquence,
Qui deffendit en pleine audience
Catilina, ciuil oppugnateur,
Contre Marcus Cicero l'Orateur.

Cratyppus, Philosophe, & Oedippus, cõfutateur du Sphingx, le monstre Athenien.

  Aux mesmes ans en la cité d'Athenes,
Estoit en bruit, en sciences humaines,
Le Philosophe excellent Cratyppus,
Plus resolu que ne fut OEdippus:
Lequel auoir en la fureur bellique
Son pere occis, & Sphyngx l'Enigmatique
Precipité, sa mere il espousa,
Dont les deux yeux se creuer proposa.

Virgile Prince des Poëtes preueut l'aduenement de Iesus Christ. Buccol. 2. Sycelides Musæ, &c.

  Peu apres eux le grand Poëte Virgile,
Tres-excellent plus que nulle Sybille,
La fleur de Rome, & tres-cheri des Muses,
Fist retentir ses douces cornemuses,
Plus que nul autre, en haute Poësie,
Qui maint esprit des hommes rassasie:
Lequel (s'il faut affermer seurement)
En son esprit preueut aucunement
Du Fils de Dieu la prochaine venue,
Ainsi qu'on voit en sa vaine cogneuë.

Ouide poëte.

  Ouide aussi, qui en fable propose
Son haut esprit, & par Metamorphose,
A feint parler sous transformation
L'homme changé de sa creation.

Aussi

Auſsi eſtoit de noble & haute race
Le treſ-moral, & copieux Horace :   *Horace, poëte.*
Qui eſcriuit en carmes d'excellence
Oeuures, remplis de moult graue ſentence.
Treſ-ſauant homme il eſtoit pour ce temps,
Si bien diſoit que tous eſtoyent contens.
    En l'an quarante & vn du bon Auguſte,
Qui fut loyal, & en ſon regne iuſte,   *L'annunciation de la conception de Ieſus Chriſt.*
Le grand Monarque des hauts lieux criſtalins,
Voulant celer à tous eſprits malins
Le grand ſecret de ſa conception,
Tranſmiſt du ciel, comme en legation,
Son meſſager à la Vierge Marie,
(Qui eſpouzee eſtoit au bon Ioſeph
Sorti d'Eli ſon pere naturel)
Pour eſtre faite, & dite l'armoirie,
Ou Dieu voulut par ſa grand' prouidence,
Mettre, & plaquer ſa haute ſapience :
Ce fut ſon Fils, qui ſous mortelle ſomme,
Se fiſt mortel ſous mortalité d'homme.
    Luy, qui eſtoit la ſplendeur & figure   *Hebr. 1.*
De Dieu ſon Pere, abbaiſſa ſa nature,   *Philip. 2.*
Humiliant ſon immortalité,
Sous l'imparfait d'autre mortalité :
L'eſprit defaut de toute creature,
Sçauoir ne peut l'Angelique nature
Parfaitement ce ſouuerain ſecret,
Qui tant eſt haut, merueilleux, & diſcret.
              K.

CINQVIEME AAGE

Quatriéme Monarchie.

En cestuy temps le quint aage du monde,
Print fin, ayant la Vierge pure & munde,
Enclos en soy son sainct fruict precieux:
Lequel comprendre en soy n'ont peu les cieux

Fin du cinquiéme aage du monde.

HORS DIEV TOVT PASSE

Fin du cinquiéme aage du monde.

ENSVIT LE VIe. aage, qui durera iusques au dernier iour du futur general iugement de Dieu.

LE monde estant en seure paix tranquile,
Cesar voulut sçauoir de la Sybile,
Si vn enfant au monde descendroit
Plus grand que luy, & lequel obtiendroit
Vn regne grand, en triumphe & puissance:
Et s'il deuoit à son obeissance
Estre subiect. Lors elle fatidique,
Monstra au ciel en esprit prophetique,
A l'Empereur, en gloire triumphant
Dedans vn cercle vn beau petit enfant,
Entre les bras d'vne ieune pucelle:
Donc luy esmeu par diuine estincelle,
Se prosternant, cil enfant honora,
Et de bon cœur humblement l'adora.
 En celle nuict, la Vierge pure & munde,
Tres-sainctement le Createur du monde,
Dedans la creche enfanta dignement
L'Eternel Dieu, le Roy du firmament:
Celuy qui donne aux hommes les conquestes,
Fut pourement trouué entre les bestes,

Le sixiéme aage, qui commença de la creation du monde, 4064.

Sybille Tyburtine, dicte Albumee, monstra à Cesar Iesus Christ lequel il adora.

Iesus Christ né pourement en l'an de la creation du monde 4064.

K ij

SIXIEME AAGE

Quatriéme Monarchie.

N'ayant pour lors (ô tref-piteux mefchef)
Où il peut mettre, ni repofer fon chef.

Matth. 8.

En celle nuict fut mainte creature,
Teftifiant le Seigneur de nature
Eftre venu en diuin appareil :

Signes apparus en la natiuité de Iefus Chrift.

Car auffi toft la clarté du Soleil,
Qui triple fut, en donna certain figne :
Le Temple auffi de Paix, qui fut tant digne,
Fut ruiné fur le peuple Romain.
Tout Sodomite, infame, & inhumain,
Fut aboli, auec toute ftatuë
D'idolatrie en ruine abbatuë.
On veit courir d'huyle mainte fontaine
Sur le pays, en la terre Romaine :
Et mainte pierre en foy miel efpandit,
Et tref-douce eau moult amplement rendit.
Le fleuue auffi de Iourdan fe tourna,
Et vers fa fource en foy fe retourna.

Ifa. 9.

Les peres faints de la region morte,
Virent du ciel vne lumiere forte,
Qui refplendit aux limbes tenebreux
Des bas enfers, infimes & fcabreux.

Luc. 2.

Anges du ciel par vne voix diuine
Vne chanfon gracieufe & benigne,
Chanterent lors en exultation,
Donnant courage aux filles de Syon,
De receuoir en toute reuerence

Zachar. 9.

Leur noble Roy, qui leur fait comparence.

En ce saint iour, & celeste venue,
Qui tant estoit des hommes attendue,
Tout fut changé, tres-heureuse nouuelle
Nous vint du ciel, le monde renouuelle:
L'aage d'or vint, & les temps anciens,
Temps tres-heureux, & temps eburniens,
Qui souloyent estre au temps du vieil Saturne:
Temps demonstrant iceluy fatal vrne,
Qui denotoit entre nobles Romains,
Le temps changer, & mieux estre aux humains.
 Lors les pasteurs veillans sur les montaignes,   Iesus Christ
Ont apporté gracieuses enseignes   adoré des pa-
De tout soulas, à la Vierge & enfant,   steurs, & des
Harmonizant vn tres-gracieux chant: Rois.
Aussi les Roys des fins Orientales   Luc.2.
Ont demonstré leurs puissances Royales,   Matth.2.
Quand par l'Estoile au lieu furent presens,
Apportans dons, & tres-riches presens.
 Apres la mort d'Hircanus heroique,   Le sceptre ro-
Dernier des Roys du vray sang Iudaïque,   yal osté aux
Occis d'Herode, Ascalon en danger,   Iuifs apres la
(Lequel estoit nouueau Roy estranger,   mort d'Hir-
D'Antipater vray fils & geniture)   canus dernier
Donc pour suyuir verité d'Escriture,   Roy.
Et auerer la sainte Prophetie   Genes.49.
Du bon Iacob, (qui lors fut accomplie)
Herode print à femme Marienne,
Niepce Hircanus, de la race ancienne

SIXIEME AAGE

Quatriéme Monarchie.

Ionatas grand Prestre en Ierusalem.

Des Roys Iuda, lequel institua
Ionathas, prestre, & apres le tua,
En esperant du regne de Syon
Luy seul regner en la possession.
 Deux ans apres fut Herode accusé
Par ses enfans, pour auoir trop vsé
De cruauté enuers leur noble mere,
Qu'il auoit fait liurer à mort amere.
Mais le Senat pour sa subtilité,
Le fist exempt en sa callidité

Occision des saincts Innocens par Herode. Matth. 2 & la mort miserable d'iceluy.

De tout peché, dont venu en Iudee
Fist mettre à mort au pointu de l'espee
Les Innocens, pour l'hesitation
Du nouueau Roy : dont reuelation
Il auoit euë, au langage notoire
Des Rois, venus dedans son territoire,
Qui pour ce fait malheureux & peruers,
Comme pourri fut tout rongé de vers.

Archelaus Roy de Iudee Matth. 2.

 Apres sa mort, son fils Archelaus
Regna qui fut vn vray Menelaus
En hardiesse : Au temps duquel reuint
Le bon Ioseph, qui en Nazareth vint
Y habiter, & la noble Marie :

Luc. 2.

Laquelle fut chercher, triste & marrie,

Tybere Cesar troisiéme Monarque des romains, en l'an de Iesus Christ 16.

Son Fils au Temple, entre les grans recteurs,
Qui disputoit auecques les docteurs.
 En cestuy an Octauian, de mort
Sentit en soy l'aiguillon, & effort:

Apres lequel successeur fut Tybere,
Vaillant, & preux, & en guerre prospere:
Qui plusieurs fois en grand' peine & souffrance,
Assubiectit les Gaules, & la France.
Au quinziéme an de son regne, & empire,
Qui fut heureux, (en vertu qui n'empire)
Ponce Pilate, & seuere & humain,   *Ponce Pylate*
Fut procureur sous l'Empereur Romain,   *preuost & lieu-*
Pour gouuerner la terre de Iudee   *tenant en Iu-*
Sous sa puissance, en chartre bien fondee,   *dee, sous les*
Qui fut subtil dessus vn million,   *Romains.*
Né du pays, & terre de Lyon: *Luc.3.*
Homme tres-docte, & zelant de Iustice,
Fors que ce crime, & maudite auarice,
Le peruertit de son entendement
Contre tout droit à ce faux iugement.

   Au mesme temps, Anne auecques Cayphe,   *Anne & Caï-*
(Lequel estoit pour lors le grand Pontife)   *phe grans pre-*
Se marchandoyent en subhastant l'estat   *stres en Ieru-*
De la prestrise, & grand pontificat: *salem.*
Ces deux estoyent en digne prelature   *Luc.3.*
Gens de sçauoir, pleins de literature.

   En cestuy an saint Iean sage & discret,   *L'austerité &*
Alla prescher par les bois, au desert,   *mort de saint*
Pres de Iourdan, annonçant penitence,   *Iean Baptiste*
Et baptizant par sainte prouidence: *Matth.14.*
Lequel mourut par la ferocité
D'Herode Antipe, en zelant verité.

               K iiij

SIXIEME AAGE

Quatriéme Monarchie.

Apres sa mort Iesus le vray Messie,
Pour accomplir toute la prophetie
Dite de luy, se vint faire cognoistre

Matth. 4.

Au peuple Hebrieu, ainsi qu'on voit paroistre
L'aube du iour au ciel illuminé :
Ainsi Iesus de grace enuironné,
Clarifia son nom & sa puissance,
En congregeant en sa sainte alliance

Les actes, & faits de Iesus Christ.

Matth. 10.

Douze prescheurs, en l'ordre Apostolique,
Pour annoncer sa Loy euangelique :
Septante & deux disciples il auoit
Auecques luy, tout le peuple suyuoit
Sa compagnie, & son diuin sermon
Qu'il annonçoit au Temple Salomon.
Chacun donnoit vn certain tesmoignage
De sa bonté, de ses faits, & langage
Par luy monstrez en mainte place & lieu,
Qu'il estoit vray Fils de l'Eternel Dieu.

    Dedans Iudee estoit vn prudent homme,
Dit Lentulus, qui escriuit à Rome,
A l'Empereur, & autres Senateurs,
De Iesus Christ la façon, & les mœurs :
Disant ainsi, En nos iours en Iudee,
Est apparu de grande renommee,
Vn homme sainct appellé Iesus Christ,
(S'il est decent que par ce mien escrit
Ie l'appelle homme) en qui vertu diuine,
De sainct Prophete a demonstré maint signe,

Tesmoignage certain de la façon, & des mœurs de Iesus Christ. Diuus Anthoninus in prima parte suæ summe. tit. 5. cap. 7 paragrapho 7.

Ressuscitant par sa vertu les morts,
Et iettant hors subitement des corps
Les faux esprits, & toute maladie :
Lequel (s'il faut qu'en mon escrit le die)
Appellé est par les siens en tout lieu,
Prophete sainct : aussi vray Fils de Dieu.
Homme tres-droit, de moyenne stature,
Tres-bien formé, en tant qu'a peu nature
Y operer, de face delectable
A regarder, & d'aspect venerable :
Lequel on peut aimer, & aussi craindre
Le regardant. Et pour au vray le peindre
En sa façon, a cheueux coulorez
D'vn fin or brun, vn peu iaunes-dorez,
Comme vne noix qu'on appelle aueline,
Preste à cueillir au temps qu'on determine :
Blonds, & plans, & droits iusqu'aux oreilles,
Et depuis là en façons non pareilles,
Pendans en bas, crespes & façonnez,
Ainsi que sont les cheueux poinçonnez,
Iusqu'en l'espaule, à l'entour estendus
Comme soufflez, & du vent espandus :
Au my du front diuisez sur la face,
Comme coustume est en ce lieu, & place.
Large est son front, & tres-bien compassé,
Doux & benin, front qui point n'est passé
De rugue, ou ride, ou macule difforme :
La face plane, & de beauté conforme,

SIXIEME AAGE

Vermeille, & blonde, en tout pleine d'honneur:
La bouche & nez sans tache, ou deshonneur,
Le menton plain d'vne barbe abondante,
Barbe, qui est ainsi que commençante:
Ayant en tout la couleur des cheueux,
Non point trop longue, & diuisee en deux.
Son regard est plein de maturité,
Simple & benin, plein de seuerité
En son parler, & moult souuent terrible,
Blasmant peché, en sçauoir inuincible,
Et qui en soy a supresme motif,
A faire grace aux pecheurs attractif:
Graue en ses faits, & de ioyeuse face,
Plaisant à veoir en son maintien & grace:
Les deux yeux vars, clairs, & non enfangez
D'obscurité, & de tache purgez.
Lequel iamais homme n'a point veu rire,
Mais bien pleurer de pitié, non point d'ire:
Les bras, & mains à veoir tres-delectables,
D'vne splendeur, & douceur amiables,
Bien peu parlant, mais tres-prudentement,
Non superflu en aucun vestement:
Mais simplement sans en rien se deffaire,
Et d'vne vie & commune, & austere:
Modeste en geste, homme non esuenté,
Par qui tout homme a esté contenté
De son parler, & pour escrire en sommes,
Dire on le peut tres-beau entre les hommes.

DV MONDE.

Mesmes aussi Iosephus a escrit
De ce Prophete, & Sauueur Iesus Christ,
Dits excellens: lesquels sont recitez
En son escrit, dit des Antiquitez.

Mesmes aussi le tres-docte Tertule,
En escriuit ainsi comme consule,
A l'Empereur Tybere le tres-sage:
Qui confirma son certain tesmoignage
Vers le Senat, qui l'oyant recité
Dans le pretoire, en fut moult irrité.

Il suscita par sa vertu diuine
Les morts, aussi guarit par medecine
Du ciel venue, aueugles & boiteux,
Torts, contrefaits, muets, sourds, & lepreux,
Restituant aux ames guarison,
Abolissant de vice tout poison:
Souuent predist à l'ordre apostolique
L'euersion du regne Iudaïque,
Les asseurant du dernier iugement,
Lequel sera tres-equitablement.
Mais contre luy, pour sa parfaite vie,
Esmeuë fut la Iudaïque enuie,
Qui par fureur, & rage enuenimee,
Persecuta la sainte renommee
De ce Iesus, par l'Apostre vendu:
Et par Pylate en haute croix pendu,
Au propre endroit (comme dit l'Escriture)
Ou nostre chef Adam eut sepulture:

Tesmoignage de Iosephus, Iuif, & de Tertulianus Romain, de la perfection de Iesus Christ. Diuus Anthonin. vbi suprà. & Hierony. in epistol.

Luc. 7.

Matth. 23. & 14.

Matth. 26.

Iesus Christ crucifié sur la sepulture d'Adam. Ephes. 5. Surge qui dormis, &c. qui

SIXIEME AAGE

Quatriéme Monarchie.

fut en l'an du monde 4096. le 25. iour du mois de Mars

Afin qu'au sang descendant sur son chef
Fust nostre offense estainte & mise à chef.
 Lors les tombeaux en celle passion
Furent ouuerts, pour approbation
De sa vertu, & puissance celeste.

Signes aduenus en la mort de Iesus Christ Matth. 27.

Ierusalem sa gloire manifeste :
Car plusieurs morts en vie suscitez
Furent cogneus estre ressuscitez,
Apparoissans en pure verité,
Et cheminans dans la sainte cité.
Les elemens en soy se conciterent,
Et tremblemens en la terre exciterent,
Donnant en eux vne compassion,
Pleine de pleur & lamentation.
En cestuy iour se fendit mainte pierre,

Eclypse de Soleil vniuerselle. Luc. 23.

Et à l'instant tenebres sur la terre
Dieu enuoya : car au monde peureux
Le Soleil fut Eclypsé & tenebreux.

Saint Denis conuerti en Athenes. A.â.17.

Maint Philosophe estant lors en Athenes,
Eut en esprit cognoissances certaines,
Que tost le monde à fin se resoudroit,
Ou que le Dieu de nature souffroit :
Entre lesquels fut l'Areopagite,
Nommé Denis, de tous autres l'eslite,
Qui fut bien tost par esprit aduerti,
Et du depuis par sainct Paul conuerti.

La Resurrection, & Ascension de Iesus

 Le iour troisiéme en gloire triumphante,
Ressuscita par sa vertu puissante :

Ayant brisé les portes, & les fers,
Et despouillé les tenebreux enfers:
Apres auoir confermé ses amis
En ferme foy, hors de crainte remis,
Monta au ciel: Puis par grace celique
Conferma la secte Apostolique, *Christ. Matt. 16. & dispersion des Apostres. A ct. 1.*
Qui furent tous transmis en diuers lieux
Pour conuertir les peuples vicieux.

Deux ans apres Saul le persecuteur
Des bons Chrestiens, fut fait vray Zelateur
De nostre Loy, qui de loup rauissant, *La conuersion de sainct Paul. A ct. 9.*
D'eslection fut vaisseau fleurissant.

Pendant le temps de l'Empereur Tybere,
Duquel heureux fut le regne, & prospere, *S. Pierre Pape en Antioche, & S. Denis patron en France. 32.*
Saint Pierre fut d'Antioche esperance,
Et sainct Denis planta la Foy en France.

Au vingtiéme an de Tybere Romain,
Ponce Pylate, infame & inhumain,
Fut exilé du regne de Iudee *Opinions diuerses de l'exil & mort de Pylate.*
Deuers Lyon, ou de sa propre espee
Se concita, dure & cruelle mort
Par desespoir, & miserable effort.
Autres ont dit par dit plus veritable,
Que puis le iour du iugement damnable
Que sur Iesus assist iniquement,
Ne fist iamais que tout faux iugement,
Seminateur de brigues dedans Rome,
Pillant deniers du commun à grand' somme:

Parquoy il fut de par Caligula
Ietté de Rome, & lequel l'exila
Deuers Lyon, comme iuge inutile
Dedans Lucerne, estant petite ville,
Enuironnee, & close à l'enuiron
De deux hauts monts, comme murs, ou buron
Pour la garder: entre lesquels se borde
Vn profond lac, dedans lequel aborde
Toute l'ordure & vile infection
De celle ville, & de la region.
Ce malheureux priué de tout espoir,
Esprins de rage, & d'vn grand desespoir,
Ayant quitté de Iesus les enseignes,
Se retira sur l'vne des montaignes,
Ou par fureur la mort se concita,
Et en mourant son corps precipita
Dedans ce lac: auquel paroist encore
Vne fois l'an, comme iuge, en memoire
De son malfait, & celuy qui le voit
Mort dedans l'an asseurecment reçoit:
Et si on iette, ou soit plomb, fer, ou pierre,
Dedans ce lac, à l'instant sur la terre
L'eau se desriue autour de la cité,
Causant vn son d'impetuosité.

Tybere mort, Gayus succeda,

Gayus Caligula Monarque des Romains. 40.

Qui à Herode Agrippe conceda
Toute puissance au regne de Iudee,
Pour luy auoir fidelité gardee.

Gayus mort, Claudius à l'Empire
Tres-ardemment de son pouuoir aspire,
Qui possesseur de l'vniuersel monde,
De ses subiects fist description ronde:
Lequel mourant, à sa femme Agrippine
Pour son enfant, Neron, l'Empire assigne.
Lequel auoir fait maux innumerables
En la cité, & pechez execrables,
Commis aussi crime de matricide,
Bruslé la ville, & fait maint homicide,
Fut assailli par maint bon Senateur,
Dont de luy fut propre mutilateur:
Deuant auoir sainct Paul, auec sainct Pierre,
Fait mettre à mort pour Symon le tricherre.
Seneque aussi, moral, & copieux,
Qui escriuit à sainct Paul vertueux.
 Au quatriéme an de Neron le cruel,
Le Createur de l'Empire eternel,
Voulut sa mere en l'immortelle gloire
Haut exalter, de ce bas territoire:
Donc à l'instant, sans nuls empeschemens,
Les douze saincts Apostres, fondemens
De nostre foy, auecques sainct Denis,
Furent presens à sa mort: qui remis
De triste dueil, & lamentation
Veirnt monter la fille de Syon
Au hautain ciel, sans tache, ni diffame,
(Ainsi le faut croire) en corps, & en ame.

Claudius Monarque des Romains. 44.

Neron le cruel, Monarque des Romains, & de sa mort. 57.

La mort de S. Pierre, & de S. Paul, & de Seneque sous Neron.

L'assumption de la Vierge Marie. 61. August. de assumpt. beatæ Mariæ virginis.

SIXIEME AAGE

Quatriéme Monarchie.

Quintilian, Iuuenal, & Perse.

En cestuy temps fleurissoyent en sçauoir,
Quintilian, d'eloquent conceuoir,
Et Iuuenal, & Perse le Satyre,
En ses escrits obscur, mordax en dire.

Rebellion des Iuifs contre les Romains. 75.

Trente ans apres, la gent fiere, & cruelle,
Des fols Iuifs se declara rebelle
Contre Romains, parquoy Vespasian,
Auec Titus, contre Ierusalem
Furent transmis, pour par leur grand' puissance,
Estre reduits en leur obeissance.

Signes apparus en Ierusalem deuant sa ruine.

Auant le temps de leur punition,
Qui prononçoit leur triste euersion,
Dieu enuoya maint signe espouuantable,
Signifiant leur ruine totale:
Sur la cité on veit en l'air reluire,
Maints chariots, & maint gendarme bruire,
Se combatant en claire vision,
Dessus le Temple, & la tour de Syon:
On veit brusler vne flamme euidente,
Et sur la ville vne Comette ardente:
Dedans le Temple on ouit mouuemens,
Vn bruit tonnant, de terre tremblemens,
Voix douloureuse, & grans cris lamentables,
Qui lors rendoyent les cœurs espouuantables:
Apres sortit, comme tout esbahy,
Vn homme sainct, dit Ihesus de Nay,
Qui predisoit aux filles de Syon
Par vn seul vae, leur desolation.

Mais

Mais leur orgueil, & vie desrunee:
Laquelle estoit orde & desordonnee
En tout peché, merita qu'en ce lieu
Fust demonstré en eux l'ire de Dieu.
 Lors qu'en ce temps de toute part du monde
Estoyent venus Iuifs au Temple munde,
De Salomon, selon leur propre Loy,
Pour celebrer la Pasque en digne arroy.
Vespasian, & toute son armee,
Son fils Titus de haute renommee,
En grand' puissance & merueilleux efforts,
Viennent camper leurs gendarmes tres-forts,
Contre les murs, munis, de Iothapathe:
Ce qui rendit le cœur, & force matte
Des habitans. Lors le fort Iosephus,
Sage, & diuin, sur tous autres reclus,
En haut sçauoir, au peuple Iudaïque,
Monstra sa force & vertu heroïque
Contre Romains: mais par permission
Tost Iothapathe eut forte inuasion,
Et par Titus destruite & ruinee:
Et Iosephus prins captif de l'armee:
Et sans lequel, & sa vertu comprinse,
Ierusalem n'eust iamais esté prinse
Par les Romains. Lesquels apres ce fait,
Camperent lors leur ost en tout effect,
A l'enuiron de la cité peureuse,
Dessus toute autre infame, & malheureuse:
L.

Ysayæ, 3.

Iosephus captif en la prise de Iothapathe, par Vespasian empereur Romain 76.

La derniere destruction de Ierusalem par les Romains, Matth. 24 qui fut en l'an 80.

SIXIEME AAGE

Quatriéme Monarchie.

Luc. 23.

Dont en l'assaut cruel & inhumain,
Ierusalem sentit l'horrible faim:
Tant que l'enfant fut mangé de sa mere,
Et deuoré en sa faim tref-amere.
L'or, & l'argent de ce peuple assoti,
Fut par ardeur mangé, & englouti:
Dont ensuyuit vne horrible ouuerture,
Qui descouurit les secrets de nature,
L'infection, & orde puanteur,
Qui aux Romains donnoit grand' pulenteur
Fist à Titus auoir misericorde
De ces Iuifs: Mais leur fiere discorde
Ne s'amolit, parquoy en dur assaut
Ierusalem fut prinse d'vn plein saut.
Tant en mourut du peuple Iudaique,
Par la famine, & par rage bellique,
Que la cité, & le paué tout blanc,

Trente Iuifs donnez & vendus pour vn denier, & fin du regne des Iuifs. Matth. 24. & Luc. 19

Fut tristement plein, & couuert de sang.
Et en ce iour, lequel leur fut dernier,
On en donna trente pour vn denier.
En la cité, par tel assaut de guerre,
Ne demeura vne pierre sur pierre.

Matth. 23.

Ce qui fut fait en signe de vengeance,
Pour que ce peuple en desobeissance,
Point ne cogneut le temps, & mession
De son salut, & visitation.
Et lors faillit le regne de Iudee.
Leur bruit, & gloire en tout depossedee,

Et ceste gent orgueilleuse, & peruerse, *(Dispersion des Iuifs parmi le monde, & Iosephus mené à Rome.)*
Fut par le monde aux sept climats disperse:
Sans Loy, sans Roy, mais incertainement,
Iusques au temps du dernier iugement.
　Le iuste sang, aussi la mort vengee
De Iesus Christ par bataille rengee,
A Rome fut Iosephus enmené:
Lequel auoit, & conduit & mené,
L'armee & ost du peuple Iudaique,
Homme tres-sainct, plein d'esprit Prophetique.
　Apres Titus, tres-vaillant conquereur, *(Domitian, Empereur & Monarque de Rome. 85.)*
Des forts Romains Monarque & Empereur,
Vint succeder Domitian son frere,
Qui du Senat fut mis à mort amere.
Au temps duquel sainct Denis, en souffrance, *(Sainct Denis en France sepulture des Rois.)*
Fut mis à mort dessus Montmartre en France:
Qui par le Roy, martyré & occis,
Porta son chef assez loin de Paris,
Ou maintenant en moult digne culture,
Il est des Rois la garde, & sepulture.
　Au mesme temps sainct Clement enuoya *(La conuersion des habitans de la ville de Bayeux en Normandie, à la Foy. 87.)*
Sainct Lucian, qui ne se desuoya
De son chemin: ains vint iusqu'à Bayeux,
Où il trouua ce peuple vicieux:
Et qui portoit honneur à la deesse
Nommee Isis: Mais sa parole expresse
Leur enseigna de Iesus Christ la Foy,
En delaissant d'idolatres la loy.

SIXIEME AAGE

Quatriéme Monarchie.

Nerua Empereur & Monarque de Rome 98.

Domitian despouillé de l'Empire,
Vint à regner, Nerua, qui ne fut pire
En tels pechez: mais tant fut renommé,
Que du Senat il fut Dieu estimé.
Apres sa mort, qui maints subiects de Rome
Mis en exil, r'appella sous la somme
De liberté, dont entendus ces mots,

Sainct Iean, compositeur de l'Apocalypse en Pathmos.

Sainct Iean reuint de l'isle de Pathmos,
Où il dicta (le sainct Esprit complice)
Le liure sainct de son Apocalypse.

Traian le iuste, Monarque de Rome. 100.

Nerua deffunct, aussi Domitian,
Monarque fut le tres-iuste Traian,
Fils adoptif de Nerua le tres-iuste:
Ainsi qu'auoit esté Cesar Auguste.

S. Ignace, disciple de saint Iean l'Euangeliste, & de leur mort.

Dessous Traian souffrit mort sainct Ignace
Qui escriuit en tres-digne preface,
Epistre saincte à la Vierge Marie.
Au mesme temps sainct Iean dedans Asie
Passa du monde, & du siecle mondain,
En vn pays qui nous est incertain,
Selon l'escrit qui nous peut apparoistre,
Auec Helye en Paradis terrestre.

La mort du sage Iosephus, & de ses œuures.

En cestuy an, lequel fut cent & six,
Mourut en Rome, en vertu tres-prefix,
Cil Iosephus, qui grandement prisa
L'estat Chrestien: toutesfois refusa
Estre Chrestien, qui sur maintes citez
Le liure fist, dit des Antiquitez:

Vn autre aussi en langage Hebraïque,
De la bataille, & guerre Iudaïque:
Qui des Romains, comme œuure d'excellence,
Sont bien gardez en grande reuerence.
  Au mesme temps Pline le naturel,
Estoit en bruit, d'honneur perpetuel:
Aussi estoit le tres-moral Plutarque,
Maistre à Traian, ayant le signe & marque
De grand' bonté, qui bien le gouuerna,
Et saintes mœurs de Iustice enseigna.
  Aux mesmes iours en Rhodes tres-fameuse,
Le grand Collosse en façon merueilleuse,
Par Rhodiens en honneur non pareil
Fut presenté, & offert au Soleil
Qu'ils adoroyent: ce grand & lourd image,
Fait & basti d'vn incredible ouurage,
D'vn fin metal de cuyure auec airain,
Enrichi d'or, sur autres souuerain:
Auoit de haut soixante & dix coudees
De grande toise en ce corps mesurees.
Plustost ayant de grandeur & de tour,
Le vray semblant d'vn mont, ou d'vne tour.
Il fut si lourd, & de telle grandeur,
Que soustenir ne peut sa pesanteur
La terre ferme: ains le temps qui tout mine,
Le redigea en totale ruine.
Et par apres, l'an six cens, le Souldan
Venant d'Egypte à Rhodes en cest an,

Pline le naturel, & Plutarque le moral.

Le Collosse de Rhodes, l'vne des merueilles du monde.

Quatrième Monarchie.

SIXIEME AAGE

Trouua encor de luy quelques metaux,
Dont il chargea plus de six cens cameaux:
Autant auoit de curres, & charettes,
Qu'il en chargea des reliques deffaittes.

Adrian le mutin, Empereur de Rome. 119.

Apres Traian, Adrian scismatique
Fut Empereur, qui par vouloir inique,
Fist mettre à mort Alexandre tres-sainct,
Pasteur Romain, & autre iuste sainct.

Institution du Ieusne de la quarantaine, apres l'ordonnance des Apostres. 130.

Apres lequel Thelesphore ordonna,
Le temps prochain de Pasque, qu'il donna
Aux bons Chrestiens ieusner la Quarantaine
Par tout son pays, & Eglise Romaine.

Ordonnance aux Prestres de porter couronne tonsuree. 156.

Et apres luy regna Anicetus,
Pasteur Romain, qui par diuins statuts,
Manda tous Clercs en chef porter couronne,
Monstrant l'honneur que l'Eternel leur donne.

Antoine surnommé le bon, Empereur de Rome. 140.

Adrian mort, Anthoine tres-humain,
Aux bons Chrestiens tint, & porta la main
En leurs vertus: apres lequel succede
Aurelius, qui en bonté l'excede:
Il les garda des tourmens, & fureurs

La fondation de la ville d'Orleans, par Aurelius. 170.

Que leur faisoyent les Romains Empereurs.
Cestuy fonda Orleans dessus Loyre,
Portant son nom de tres-digne memoire.

Galien medecin, & Origene, Theologien.

En cestuy temps Galien fleurissoit,
Et le tres-docte Origene excelloit
En haut sçauoir: lequel contre heresie
Moult resista dedans Alexandrie.

En l'an deux cens de la natiuité
De Iesus Christ, fut Philippe excité
A gouuerner, & maintenir l'Empire,
Qui en la Foy de Iesus Christ aspire,
Luy & son fils, furent les deux premiers,
Prenans sa Loy, en vertus singuliers :
Mais trahison, en grand' fureur & rage,
Les mist à mort du glaiue plein d'outrage.

Au temps desquels estoit pasteur Romain,
Le bon Calixte aux prestres tres-humain,
Qui les mist hors de prison & seruage,
En les priuant de femme & mariage.

Apres ces deux furent leurs successeurs,
Valere, & Dece, à l'Empire aggresseurs,
Mettant à mort Cyprian magnifique,
Et saint Laurens, par leur fureur inique.
Au temps desquels Nouatus Cardinal,
Fist vn grand schisme au siege episcopal :
Disant, celuy hors la Foy par offense,
Ne deuoir estre admis à penitence.

En cestuy temps le Roy Aurelian
(Qui d'autre nom fut dit Valerian)
Fonda Geneue, sur le Lac pres la voye,
Pour aller droit vers les monts de Sauoye.

Pendant ces teps, plus de cent ans ca somme,
Persecutee estoit l'Eglise en Rome
Sur les Chrestiens, qui estoyent à mort mis
Des Empereurs, de la Croix ennemis.

L. iiij

Les deux Philippes Empereurs de Rome, premiers Chrestiens. 200.

Les prestres demariez. 214

Decian, & Valerian, tyrans Empereurs de Rome 250.

Hoc reprobauit ab Augustino, & de venialis & sall. pœnit. quod probatur &c.

La fondation de la ville de Geneue, & Alemagne.

SIXIEME AAGE

Quatriéme Monarchie.

Lors se sourdit en fureur manifeste
Des vrais Chrestiens le poison, & la peste,
Deux Empereurs : l'vn Diocletian,
Et le cruel nommé Maximian,
Deux chiens à sang, donnant affliction

Sainct Maurice.
A sainct Maurice, & à sa legion.

A u mesme temps Sulpice, aussi Lactance,
Sulpice, Lactance, & Orose orateurs.
Auec Orose, estoyent en cognoissance
A tous humains, parfaits historiens.

L'erreur des Sabelliens.
Et en ce temps les fols Sabelliens
Firent mouuoir par leur secte heretique,
Contre la Foy vn' erreur schismatique.

Maxence Empereur de Rome. 307.
Apres la mort de Diocletian,
Maxence, fils du fier Maximian,
Vint aborder en terre Alexandrine,
Ou mort receut la bonne Katherine :

Constantin le grand, Empereur de Rome, & de sa donation. 309.
Contre lequel tyran moult inhumain,
Le tres-puissant Empereur, tres-humain,
Dit Constantin, acquist digne victoire :
Qui par la Croix luy fut ample & notoire.
Dont pour tel don ainsi fauorizé,
Luy conuerti, fut en eau baptizé
Par sainct Syluestre : auquel sans fiction
Du temporel fist la donation,
Auec plusieurs libertez & franchises,
Qu'il eslargit aux Romaines Eglises.

Ce tres-puissant Monarque & Empereur,
Homme tres-doux, & hautain conquereur,

Des forts Romains l'Empire digne, & noble,
Transfera lors dedans Constantinoble:
Par luy nommee en la Grece famee,
Ville tref-riche, & de grand renommee.
Duquel la mere, Helene, par esprit
Trouua la Croix du Sauueur Iesus Christ
Dedans Iudee, en la terre cachee,
Là où Venus estoit lors adoree.
 En l'an trois cens seize, en Alexandrie
Fut Arrius, en qui fut amoindrie
Toute vertu, saincte & Palladiane,
Fol inuenteur de la secte Arriane.
En fuyant quoy, pour celuy reprimer,
Constantin fist vn Concile exprimer,
Premier en Nice, ou sa secte damnee,
Comme erronique en tout fut condamnee.
Sainct Nicolas au Concile assista,
Qui homme ancien grandement resista
Contre Arrius: & qui dedans la place,
De zele meu, le frappa en la face
Moult rudement, dont fut destitué
De l'Euesché, & puis restitué.
 En celuy temps Escoce, & Hybernie,
Prindrent la Loy, d'idoles desgarnie,
Par vne femme en ce pays captiue,
Qui leur prescha de Iesus la Foy viue.
 Lors sainct Hilaire en Poitiers fleurissoit,
Et à Angers sainct Maurille excelloit

La Monarchie, & Empire Romain transferé en Constantinoble. 312.

Inuention de la vraye croix en Ierusalem.

L'erreur d'Arrius condamné au cócile de Nice. 316.

Sainct Nicolas au Concile de Nice.

La cóuersion d'Escoce, & d'Hibernie, à la Foy. 320.

Saincts Hilaire, Maurille, & Basile le grand.

Quatriéme Monarchie.

SIXIEME AAGE

En saincteté, & Basile le grand,
Aux bons Chrestiens fut refuge, & garant.
 Constantin mort, son fils Constantius

Constantius Empereur de Constantinoble, & la mort d'Arrius. 340

Fauorisa l'heretique Arrius
En son erreur: lequel tres-condamnable,
Creua au Temple en fureur miserable.
Constantius plein de forcenerie,
En sa grand' rage & cruelle furie,

S. Felix dernier martyr des Papes.

Occist Felix, du haut ciel heritier:
Lequel martyr des Papes fut dernier.

Iulian l'Apostat Empereur de Rome, & de Constantinoble. 347.

 Constantius decedé de l'Empire,
Vint à regner Iulian, qui fut bien pire,
Dit l'Apostat, qui par rage inhumaine,
Persecuta nostre Eglise Romaine:
Lequel tyran, & Valens Empereurs,
Morts, & estaints en leur secte, & erreurs.

Theodosien Empereur de Rome. 380.

De Rome fut le bon Theodosien,
Homme tres-iuste, & fidele Chrestien,
Fait Empereur: sous lequel en Touraine,

S. Martin Euesque de la ville de Tours.

Fut sainct Martin en bonté souueraine
Fait Archeuesque, en la ville de Tours,
Qui de Sathan cognoissoit les faux tours.

Prian, & Marcomire, Ducs des François. 384.

 En cestuy temps ou se mouuoit desordre,
En France fut en premier run & ordre
Sur les François, qui bien les gouuerna.
Et ses statuts, & edicts ordonna,
Le Duc Priam, de la race de Troye,
Qui aux François donna confort & ioye.

DV MONDE.

Cestuy Priam de Francus descendit,
Le fils d'Hector, qui François deffendit.
Apres lequel, cinquiéme an de son regne,
Marcomyrus, son fils, en France regne
Trente & trois ans, gouuernant hautement
Des preux François le haut gouuernement :
Qui parauant en terre Germanique
Estoit ducteur du peuple Alemanique.

 Theodosien mort, fut le Romain Empire   La Monarchie
Parti en deux, dont l'vne part aspire   & Empire des
Estre subiecte au fort Archadius,   Romains di-
Et l'Occident au bon Honorius.   uisée en deux

 En cestuy temps Merlin diuinateur,   Merlin le di-
Et estimé grand vaticinateur,   uinateur.
Estoit regnant en la grand' Angleterre :
Lequel predist iceluy regne & terre,
Aux temps futurs deuoir aux forts Normans
Estre subiecte, encontre-elle s'armans.

 Au mesme temps sainct Ambroise à Milan   S. Ambroise
Fut fait Pasteur, de nature au millan,   Euesque de
Par son haut vol, qui de science exquise,   Milan.
Fut defenseur de la Romaine Eglise.
Aussi estoyent sainct Iean, dit Chrysostome,   Saincts Chri-
Iean Damascene, auecques sainct Hierosme :   sostome, Da-
Sainct Augustin, de sa mere aduerti,   mascene, Hie
Par sainct Ambroise à la Foy conuerti.   rosme, Augu-
Et en ce temps Athanase tres-noble   stin, & Atha-
Vint assister dedans Constantinoble,   nase contem-
                     porains.

SIXIEME AAGE

Fin des Monarchies.

Au sainct Concile, ou Macedonius
Fut condamné, auec Priscilius.

Inuētion des Cloches. 420.

Pendant ce temps Paulin Euesque en Nole,
Fut inuenteur, par art qui n'est friuole,
De vif Metal Cloches faire sonner,
Et en l'honneur du haut Dieu resonner.

Pharamond, fils de Marcomire, premier Roy de France, Payen. 424.

L'an ensuyuant quatre cens vingt & quatre,
Le puissant Roy, Pharamond, vint combatre
Pour les François, contre les Alemans
Moult redoutez, & tres-preux combatans.
Ce fut celuy sur nation Françoise,
Gent belliqueuse, amiable, & courtoise,
Qui sur son chef premier porta Couronne,
Et qui honneur a ce Royaume donne.

La fondation de la ville de Venise en la mer. 430.

Aux mesmes iours la ville de Venise
Fondee fut, ville de grand' franchise,
Riche, opulente, & de la mer enclose:
Ou de sainct Marc le digne corps repose.

Martian, & Leon Empereurs de Rome. 450.

Honorius Empereur des Romains,
Mourant, laissa l'Empire entre les mains
De Martian, lequel bien peu d'espace,
De cil Empire eut le regime, & place:
Apres lequel Leon vint à regner,
Et des Romains l'Empire gouuerner.

Artur de Bretagne, & de sa ronde table.

En cestuy temps Artur en grand arroy,
De l'Angleterre estoit souuerain Roy.
Prince inuincible, ayant fort redoutable
Au Saing Greal, & à sa Ronde Table.

Aux mesmes ans la Romaine auarice,   *Fin de la Mo-*
Pleine d'orgueil, ensuyuant iniustice,   *narchie des*
Diminua la force, & la puissance   *Romains.*
Des Empereurs : car le regne de France
Se reuolta, & maintes nations
En grans debats firent rebellions,
Contre la force & Empire Romain,
Qui se monstroit cruel & inhumain.
  La vision, & fictice statuë,   *Declaration*
Que Daniel auoit en esprit veuë,   *de la statuë de*
Faillit alors, par les regnes certains,   *Nabuchodo-*
De Monarchie, & de gloire estaints.   *nozor.*
La teste d'or du chef Babylonique,   *Dan. 2.*
Et l'estomach d'argent du corps Persique:
Le ventre grand, d'airain, dont Macedone,
Gloutit les Rois de Perse, & Babylone :
Et pour le quart les grand's cuysses de fer,
(Dont les Romains estoyent iusqu'en Enfer
Craints, & doutez) perdirent leur puissance,
Sans obtenir planiere iouissance
Sur les mortels : ains destruits & estaints
De tout honneur, furent comme incertains,
Et sont encor sur iambe, & pieds de terre,
En attendant que celle grand' pierre
Vienne tomber de la haute montaigne,
Qui donnera de ruine l'enseigne   *Iesus Christ*
A ce grand corps : ce sera ce grand Iuge,   *la vraye pier-*
Ce Iesus Christ, lequel iustement iuge,   *re. Act. 4.*
   1. Pet. 2.
   Ysa. 28.

Des Rois de France. SIXIEME AAGE

Et qui viendra tenir asseureement
Aux derniers temps son estroit iugement.
Et par ainsi les quatre Monarchies
Furent du tout en ruine abolies:

Commencement de regnes diuers au monde.
Car au pays des fins Orientales,
Deuers Midy, & fins Occidentales,
Furent creez sans nul empeschement
Regnes diuers, qui moult triumphamment,
Firent aux lieux ou se peurent comprendre,
Leur gloire, & bruit, & leur renom estendre.
Chacun vsoit de puissance, & efforts,
Pour debeller, & vaincre les plus forts,
Et exalter sa couronne, & sa gloire,
Qu'ils esperoyent à tous estre notoire,

Childeric roy de France, Payen. 469.
Lors Childeric en France Occidentale,
Roy des François, pour sa vie brutale
Fut dechassé de son regne, & sa terre,
Par ses subiects, qui luy firent la guerre.

Attyla Roy des Huns, dit le fleau de Dieu.
En celuy temps Attyla le diuers,
Roy sur les Huns, tyran, fier, & peruers,
Persecuta en fureur trop requise,
De Iesus Christ la Catholique Eglise:
Et par orgueil en sa desloyauté,
Nommer se fist, pour sa grand' cruauté,
Le fleau de Dieu: auquel se presenta
Pape Leon, qui moult l'espouuanta,
Et impetra pour l'Italique Eglise,
La liberté & tres-seure franchise.

Au mesme temps, Boece, dit Seuerin,   *S. Seuerin, dit*
fut deietté par l'Empereur Ferin   *Boece, exilé*
Theodorich: lequel iuste, & sainct homme,   *de Rome.*
fut exilé par enuie de Rome.
  En l'an cinq cens de la natiuité
De Iesus Christ, Clouis fut incité   *Clouis Roy*
prendre la foy de Clothilde sa femme: *de Frāce, pre-*
Laquelle estoit tres-chaste, & saincte dame.   *mier Chre-*
Auquel du ciel la saincte & digne ampole   *stien, fils de*
fut apportee, à la voix & parole   *Childeric.*
De sainct Remy Archeuesque de Reims :   500.
Lieu, ou les Rois sont & sacrez & oingts.
Les trois Crapaux aboutis de fasrie,   *Reims lieu du*
Lesquels estoyent d'escussons l'armairie,   *sacre des Rois*
Aux Roys François, furent lors reiettez,   *de France : &*
Et les trois Lys en leur lieu adioustez.   *les trois fleurs*
Lors sainct Germain euesque de Luthece,   *de Lys, armai-*
Et Geneuieue excelloyent en hautesse.   *rie de France.*
  Apres Clouis, septiéme des François
Roy tres-Chrestien, benin, doux, & courtois,   *Clothaire pre-*
Vint à regner le puissant Roy Clothaire,   *mier du nom,*
Qui de la Foy fist les ennemis taire.   *Roy de Fran-*
Ce Roy trop chaud de fureur s'embrasa,   *ce. 518.*
Et grandement le haut Dieu offensa :
Car il occist dedans son Oratoire,
Gautier, seigneur d'Yuetot laudatoire,
Iour du tres-sainct & sacré Vendredy :   *La terre du*
Dont le sien cœur par ce cas refroidy,   *seigneur d'Y-*
                                                uetot en Caux

SIXIEME AAGE

Des Roys de France.

érigée en Royaume. 533. à présent le Baron de Langy.

Fut lors contraint du Pape Apostolique,
Dit Agapit, homme tres-magnifique:
Pour le purger de ce crime remot,
Eriger Roys les seigneurs d'Yuetot.

Iustin, & Iustinian, Empereurs de Rome. 538.

En cestuy temps fut Empereur de Rome,
Le bon Iustin, tres-Chrestien, & sainct homme
Et apres luy Iustinian tres-sainct,
Qui escriuit liure, & volume maint;
Ou plusieurs loix, saints escrits, & maints gestes
Sont contenus, au Code, & aux Digestes.

S. Gregoire le Grand, pria pour Traian deffunct.

De ce temps fut sainct Gregoire Romain,
Nommé le Grand, Pasteur doux & humain,
Qui regrettant de Traian la iustice,
Et qu'il estoit deffunct en iniustice
Hors de la Foy, pria deuotement
Pour luy, dont eut le hautain firmament.

La conuersion du Royaume d'Angleterre à la foy de Iesus Christ. 550.

Ce tres-sainct homme excellent, & notoire,
Fut Zelateur par vertu meritoire
Sur les Angloys: (autrement dits Saxons,
Et parauant de Brutus dits Bretons)
Car luy voyant le pays d'Angleterre
Loin separé de toute ferme terre,
Eut dessus eux tant grande affection,
Qu'il procura d'eux la conuersion.
Il fut premier qui en ses successeurs
Se fist nommer le serf des seruiteurs.

Priscian restaurateur de Grammaire.

Et en ce temps Grammaire, decoree
Par Priscian fut en tout restauree.

Clothaire

*Clothaire mort, Chilperich Roy de France
fut couronné, qui en dure souffrance
fut mis à mort, par le conseil inique
De Fredegonde, infame & impudique,
Et son meschant adultere Landry,
Par lequel fut honteusement meurdri.*

 *Apres lequel, Clothaire succeda
second du nom, qui vertu conceda
A debeller la luxure, & outrance
De Theodorich voulant regner en France:
Et Brunehault en tout mal empirée,
Par des cheuaux fut toute desciree.*

 *Clothaire mort, son fils doux & courtois,
Dagobert, fut fait Roy sur les François:
Lequel porta honneur, & reuerence
A sainct Denis, bastissant d'apparence
Son monastere: auquel sans fiction,
Faire voulant la dedication,
Fut attesté en la face du ladre
Estre ia faite aux parois, & au marbre.*

 *Iustinian deffunct, homme tres-sainct,
Regna Phocas, tyran, cruel, & faint,
Mutilateur de Maurice le iuste,
Autre Empereur, dont fut clamé Auguste
Heraclius, le haut Chef des Romains,
Iuste & benin entre tous les humains.
Au temps duquel Cosdroë Roy de Perse,
De volunté trop fiere, & moult peruerse,*

Chilperich Roy de France, & de sa mort. 503.

Clothaire ij. du nom, Roy de France, 589.

Dagobert roy de France fondateur de l'Eglise de sainct Denis en France. 633.

Phocas, Maurice, & Heracle, Empereurs de Rome. 635.

La vraye croix rauie par Cosdroë, & recouuerte par Heracle. 640.

M

Vint aſſieger par ſa ferocité
Ieruſalem la treſ-ſaincte cité,
Et emporta la treſ-digne partie
De celle Croix, qu'Helene conuertie
Auoit poſee au Temple de Syon,
Ia reſtauré de ſa confuſion:
Ce cruel Roy en main gladiatoire,
Par ſon orgueil voulut prendre la gloire
Du hautain Dieu, ſe faiſant honorer,
Et des humains comme Dieu adorer.
Pour refrener ſon ardeur imprimee,
Heracle fiſt toſt dreſſer vne armee
De forts Chreſtiens, par leſquels fut vaincu
Ce Coſdroë, & du tout conuaincu,
De ſon haut cœur la fierté d'Amazone,
Qui fait auoit faire, & baſtir vn throne
Treſ-ſumptueux, du haut Dieu fut deſtruite,
Et celle Croix en ſa place reduite.
Heracle donc en ſa ſaincte venuë
Dans la cité entra la teſte nuë,
Rememorant en ſa ſimplicité
Du bon Ieſus la grande humilité.
Mais en la fin de ſon regne honorable,
Fut entaché d'hereſie notable.
Apres lequel Conſtans vint à regner,
Et des Romains l'Empire gouuerner.
  En ceſtuy temps Haumar, Prince Arabique,
Reſtablit ſur l'œuure Salomonique,

L'humilité d'Heracle: & en la fin noté d'hereſie.

Conſtans empereur Romain.644.

Le Temple de Salomon reedifié.

Le Temple beau de la sainte cité,
Ainsi qu'il est de toute antiquité.

 Dagobert mort, des François l'esperance,   Clouis ij. &
Clouis regna: & puis Clothaire en France,   Clothaire, iij.
Regnant lequel, la vertu Francigene,   Rois de France. 648.
Venue par droit de Troye la hautaine
Se demolit, & fut diminuee
De son renom, & non continuee,
Pour leurs vilains actes, & par trop laids,
Furent creez les Maires du Palais,   Les Maires du
Pour gouuerner du regne les affaires: Palais creez en
Qui a tels Roys estoyent tref-necessaires.   France.

 Six cens cinquante, en grand' turbation,   Commencement de la loy
Vint Mahommet d'estrange nation,   de Mahomet,
Seminateur de peruerse doctrine: & de son Alchoran 650.
Qui suscita sur la gent Sarrasine,
Et sur Iuifs vne tres-fausse loy,
Qui gardee est entre-eux comme leur foy: Sergius exilé
Par Sergius de sa secte maudite,   de Constantinoble pour
En l'Alchoran confusement escrite.   crime d'heresie.
Qui par Heracle auoit esté banni
Pour heresie, à l'Eglise ennemi.

 Ce Mahommet d'vn sien pere Arabique La genealogie de Mahomet, & de ses
Estoit extrait, sa mere Iudaïque,   moeurs.
Et descendu au pays d'Israel,
Du fils d'Agar, qui fut dit Ismael,
Fils d'Abraham, bastard illegitime.
Luy donc par creu (comme l'escrit l'estime)

      M ij

Des Roys de France.

SIXIEME AAGE

A vn marchand fut liuré, & vendu,
Qui decedé, & à la mort rendu,
Pour s'auancer print celle riche dame
Pour son espouse, & assez vieille femme:
Et qui estoit (comme il est esuenté)
Dite Ladigue, & de sa parenté.
Ie me tairay de ses fables & songes,
De son erreur, & friuoles mensonges,
Du mal caduc, de son ascension,
Qui a seduit par telle abusion
L'homme deceu de toute cognoissance,
Qui le croit dieu d'immortelle puissance.
Apres lequel, Homar fut successeur,
Et de sa loy au monde disperseur:
Qui ne contient en sa secte nouuelle
Que volupté, & liberté charnelle.

Isidore, homme excellent.

Au temps duquel fut le docte Isidore,
Qui nostre Eglise en doctrine decore.

Constantin, deuxiéme empereur de Rome abbatit l'erreur d'Heracle. 670.

Apres Constans, grand Empereur Romain,
Constantinus son fils doux, & humain,
Fut ordonné pour sa vertu hautaine,
Pour gouuerner la dignité Romaine.
En l'an qui fut six cens auec septante,

In hoc loco August. repro bat Nestorianos. cap. 14 de Fide, ad Petr. & ca. 5 de difsic, orth. Fid.

Luy tres-Chrestien, en vertu florissante,
Et sainct vouloir, cil erreur corrigea
Qu'Heraclius en son temps erigea:
Et fist dresser vn general Concile,
Qui condamna l'erreur infame & vile

D'aucuns meschans, qui par fausse ouuerture,
Denioyent estre en Christ double nature.

 Lors que regnoit en France Childebert,
Apres Clothaire, au bon Euesque Aubert
Fut demonstree en vision celique,
La grand' puissance & vertu Angelique,
Du mont de Tombe, au millieu de la mer:
Mont sainct Michel, ou l'on vient reclamer
Aide, & secours de lointaine partie,
En Aurencin, aux fins de Normandie:
Et sur ce Mont ce bon Roy par desir,
A ses despens fist construire, & bastir
Vn monastere, & abbaye eminente,
Moult decoree en beauté excellente.
Le mont est haut, bien fermé, & tres-fort,
Pour resister à l'assaut, & effort
Des ennemis, voire de tout le monde,
Si trahison en ce lieu point n'abonde.

 En celuy temps au peuple des Anglois,
Estoit en bruit, benin, humble & courtois,
Le tres-prudent, & venerable Bede:
Qui maint docteur en ses escrits excede.

 Aux mesmes ans par le vouloir diuin,
Sainct Lo, moult ieune, aux poures tres-benin,
Plein de vertus, & de grande constance,
Estoit en bruit, Euesque de Constance.

 Childebert mort, Dagobert de ce nom,
Second en race, exalta son renom

Marginalia:
Childebert Roy de France, & de l'apparition du mót S. Michel en Normandie. 625.

Bede, dit le docteur venerable.

Sainct Lo euesque de Constances. 700.

Dagobert, ii. du nom, Roy de France. 715.

Des Roys de France.

SIXIEME AAGE

Sur les François, lequel eut deux enfans,
Apres sa mort demeurez ieunes d'ans :
Pour les conduire, & leur bien gouuerner,
De Charles Charles Martel commença dominer
Martel, & de Maire au Palais, qui fut fils de Pepin,
ses faicts. Premier du nom, au peuple tres-benin :
Sa mere fut Alpiade la belle,
Parisienne, & noble damoyselle.
Cestuy Martel, surnommé de nom tel,
(Pource qu'il fut le vray fleau, & martel
Des ennemis du Royaume de France,
Qu'il debella par sa force & puissance)
Creoit les Rois, en refusant l'honneur
D'estre dit Roy : ains leur guyde, & enseigneur.
Combien qu'il eust par effort militaire,
Vaincu tyrans, & en guerre fait taire
Les ennemis de nostre saincte Foy,
Qu'il subiugua par tres-puissant arroy :
Et fut moult craint, & aimé en sa terre,
Prompt aux assauts, & au fait de la guerre.
  Aux deux enfans, l'vn nommé Theodorich,
Et le puisné appellé Childerich,
Pepin, fils de Pour les dresser du regne en tout l'affaire,
Charles Mar- Pepin son fils fut ducteur necessaire,
tel, Maire du Qui fut en l'an sept cens quarante & six:
Palais. Auquel Pepin pour lors estoit admis
Tout le regime, & la charge de France,
Qu'il gouuernoit en paisible asseurance :

Chef du Palais, & maistre gouuerneur
De ces deux Rois, qui n'auoyent que l'honneur:
Et qui passoyent en toute lasciuie
Leur temps oisif, & inutile vie.
Dont l'Eternel par sa discretion
Voulut changer leur generation,
Et ceste race abolir & estaindre,
Qui ne vouloit au vray honneur attaindre.

Fin de la premiere generation des Rois de France, venus du Roy Pharamond.

En suyuant quoy, Pepin pour mieux conduire
Ce haut labeur, & ennemis reduire
A nostre Foy, par iuste affection,
Transmist bien tost, comme en legation,
Vers Zacharie, à Rome sans delais,
Pour obtenir le regne des François.
Dont les Barons, & peuple Francigene,
Zelans du cœur de sa vertu hautaine,
Firent Pepin en triumphe, & arroy,
Leur haut Seigneur, leur seul Prince, & leur Roy:
Et Childerich en opprobre & laidure,
Fut rendu moine en habit de tonsure.

Pepin, premier Roy de la seconde generation des Rois de France. 750.

 Pepin fait Roy, fut oingt, & consacré
Par Boniface, en Magunce sacré:
Et confermé du siege Apostolique.
Ce consentant Estienne le pudique,
Qui lors estoit en France fugitif,
Pape Romain, & par iuste motif
De Dieu, donna miserable anatheme
Aux ennemis de son sainct diademe.

Des Roys de France. **SIXIEME AAGE**

Apres auoir ses ennemis reduit,
Subiects à luy, mourut: puis fut conduit
A sainct Denis, auecques la noblesse
Des Rois François, en grand pleur, & tristesse.

Robert le Normand, dit le Diable.
En cestuy temps estoit à Moulineaux,
Robert le Diable, y faisant plusieurs maux:
Mais en la fin fut tourné à clemence,
Faisant austere, & dure penitence.

Charlemagne fils de Pepin, Roy de France. 768.
Apres Pepin vint le grand conquereur,
Le tres-doubté, & illustre Empereur
Roy des François, de noblesse hautaine,
Le tres-puissant, & hardy Charlemaigne,
Nommé le Grand, qui en son cœur Royal
Fist tost dresser le glaiue Martial,
Contre ennemis de la Foy Catholique,
Pour exalter le nom Euangelique:
Lequel tres-sainct, aimé du hautain Dieu,
Se fist doubter en toute place & lieu,
Tant que les fins des lointaines Espaignes

La fondation du temple de Sainct Iaque en Galice. 83.
Portent de luy les marques & enseignes.
Le Temple sainct, tres-beau & magnifique,
Du bon Sainct Iaque en est vraye relique:
Maintes citez de renom glorieux,
Portent de luy le nom victorieux.

La veneratiō des saints confesse & approuuee au Concile de Lateran.
Ce iuste Roy en Lateran à Rome,
Mist vn Concile, ou assista maint homme,
Et maint Euesque: auquel fut condamné
L'erreur maudit, reprouué & damné,

Niant honneur, reuerence, & hommages,
Aux benoists saincts, aux autels, & images.
 Auoir regné trente & trois ans en France,   *Charlemaine*
Et subiugué ennemis en souffrance,   *Empereur de*
Se fist nommer comme haut conquereur   *Rome, & l'in-*
Sur tous les Rois des Gaules Empereur,   *stitution de*
Establissant sur toute autre cité   *l'Vniuersité*
Dedans Paris nostre Vniuersité.   *de Paris.*

 Luy auoir eu par vision diuine,   *La fondation*
Du sacré bois, & de la Croix le signe,   *de la ville de*
Construire fist sur roche diuisee   *Sainct Lo, au*
Vne cité Saincte-Croix appellee,   *pays de Nor-*
Et maintenant de Sainct Lo tient le nom,   *mandie. 815.*
Ville moult forte, & d'antique renom.

 En grand honneur de ses princes diuers,   *Les douze*
En son Palais crea les douze Pairs,   *Pairs de Fran-*
Qui furent tous de vertus laudatoires,   *ce, maintenāt*
Vrais conquerans par faits gladiatoires :   *nommez les*
Roland le preux, Oliuier le vaillant,   *Cheualiers de*
De Fierabras la force debellant :   *l'ordre.*
Ogier le fort sorti de Dannemarche,
Maint autre aussi de tres-lointaine marche.
Guy de Bourgongne à la chair tres-hardie,
Et auec eux le Duc de Normandie :
Aussi estoit le trahistre Ganelon,   *Ganelon le*
De cœur meschant, miserable, & felon :   *trahistre tiré*
Qui fut tiré par ses quatre cheuaux,   *& demembré*
Meurtrier du sang du val de Ronceuaux.   *à quatre che-*
   uaux.

SIXIEME AAGE

Des Roys de France.

Regnaud de Montauban, & ses freres.

En cestuy temps Regnaud de Montauban
Estoit viuant, qui tint l'Arriereban
Contre la force, & puissance de France,
Et aux François fist maints maux & souffrance
Par le secours de Maugis l'enchanteur,
Moult estimé grand vaticinateur.

Charlemaine mis au cathalogue des Saincts.

Charles le grand, par quarante & sept ans
Auoir regné en ses iours triomphans,
Mourut à Aix, ville des Allemaignes,
Plein de vertus, qui nous donnent enseignes
De sa bonté, l'escriuant comme preux
Au cathalogue, & liure des heureux.

Loys le debonnaire, roy de France, & Empereur de Rome. 816.

Apres sa mort fut Empereur de Rome
Son fils Loys, debonnaire & iuste homme:
Auquel transmist plusieurs ambassadeurs,
Pour appaiser toute haine & rigueurs.
Michel, estant Roy de Constantinoble,

Les liures de la Hierarchie des Anges, de sainct Denis enuoyez au Roy de France.

Luy enuoyant vn present digne & noble,
Tres-excellent, les liures sainct Denis,
Par luy escrits, qui du Roy furent mis
En son Eglise, ainsi qu'œuure choisie,
Qui sont traitans de haute Iherarchie.

Charles le Chauue, deuxiéme du nom Roy de France, & Empereur de Rome 840.

En l'an huict cens quarante, que ce Roy
Mourut, laissa en noble & digne arroy,
Charles le Chauue, Empereur en la France:
Au temps duquel Paris eut grand' souffrance
Par les Normans, qui vindrent assaillir
Les preux François, & dessus eux saillir.

DV MONDE.

par ce Roy sur le Xone fondee
[Co]mpiegne fut de murs enuironnee.
Charles deffunct Loys fut Empereur,
[No]mmé le Begue, & puissant conquereur:
[Et] apres luy Loys, tiers de ce nom,
[Fu]t Roy, qui eut tres-infame renom
[Su]r les François, pour sa lubrique vie,
[So]rti de Begue en sang de bastardie.
Apres Loys le Begue, succeda
[C]harles son fils, le Simple, & acceda,
[T]res-estimé sur le peuple François:
Comme Roy simple, amiable, & courtois.
Au temps duquel sortit de Dannemarche,
Rou le Payen, lequel droit print sa marche
Vers les Anglois, que par guerre il vainquit,
Et les Flamens par armes combatit.
Ce Duc Dannoys, du North froide partie,
Anchra ses nefs au pays de Neustrie,
Qu'il subiugua par son ost tres-puissant,
Auec Guyon en armes fleurissant.
Apres auoir, Rou, prins ceste contree,
Sur les Manceaux, sa vertu a monstree
Contre Angeuins, qui furent en dangers:
Car bruslee fut leur ville dite Angers.
Puis s'embarqua sur l'vnde pure & claire,
Du tres-famé, & tres-beau fleuue Loyre,
Par lequel vint descendre pres de Tours:
Parquoy tous ceux qui habitoyent ses tours,

La fondation de Compiegne.
Loys le Begue deuxiéme du nom, Roy de France & Empereur de Rome. 880.
Loys Fayneant, troisiéme du nom, Roy de France, fils de Karloman, bastard de Loys le Begue. 885.
Charles le simple, troisiéme du nom, Roy de France. 886.
Du Duc Rou le Dannoys, & de ses gestes. 898.

La ville d'Angers bruslee par Rou, & les gens, & le corps de saint Martin porté dans la ville d'Orleans.

Prindrent le corps en toute diligence,
De sainct Martin, qui fut sans resistence
Porté sur Loyre en la ville d'Orleans,
Pour la fureur d'iceux trop mal croyans.

Paris assiegé par Rou, & le mariage de luy & de Gilla, fille du roy de France: & Neustrie qui fut changee au nom de Normandie, en l'an 900.

Le cœur de Rou rempli de fiere audace,
Vint assieger Paris en grand' menace,
Cuidant destruire, & abolir (ainçois
Que d'en partir) le haut nom des François.
Ce que voyant par trop dure souffrance
Charles le Simple, estant Roy de la France,
Fils de Loys, des Romains Empereur,
Considerant cestuy Rou conquereur
De son pays, fist paction certaine
Auecques luy, pour sa terre & domaine,
Et luy donna en iuste mariage
Gilla, sa fille, & pour son heritage
Toute Neustrie, alors l'antique nom,
Qui tant estoit en memoire & renom,
Fut aboli par ceste gent hardie,
De North Northmand fut dite Northmand

Rou conuerti, & fait Chrestien, nommé Robert, & la contree de Normandie erigee en Duché.

Rou, & ses gens, pour complaire au bon Ro
Prindrent bien tost de Iesus Christ la Loy:
Qui receuant la Foy, & le Baptesme,
Se fist nommer Robert, de nom luy-mesme:
Puis en grand train de Paris se tirerent
En Normandie, dans laquelle habiterent:
Ou Rou tres-iuste, en vertus singulier
Fut des Normans Chef, & Duc le premier.

DV MONDE.

Guyon, qui fut de son sang, & lignage,
Vint vne dame, excellente & moult sage,
Qu'il espousa: puis le chasteau de Bloys
Construire fist, le seul deduit des Roys.
  Charles deffunct, son fils vint en sa place,
Qui prendre fist Hebert plein de fallace:
Lequel estoit Conte de Vermandois,
Qui fait auoit, Charles, simple & courtois,
Mourir martyr en sa triste prison.
  En cestuy temps, pour hausser sa maison,
Par l'Empereur, Loys, sous son enseigne,
Transferé fut l'Empire en Allemaigne.
  Apres lequel, Othon, fort conquereur,
Fut le deuxième d'Allemaigne Empereur:
Et apres luy deux autres de ce nom,
(Aux Allemans furent en grand renom)
Faits Empereurs de toute Germanie:
Desquels la race à l'Empire est vnie.
  Apres Loys regna son fils Lothaire
Sur les François, Prince, & Roy debonnaire:
Lequel mourant, son fils Loys suruint,
Quint de ce nom, qui le Royaume vint
A posseder, Roy des François sacré,
Et dedans Rheims de l'huyle consacré:
Qui par venin, au temps de sa ieunesse,
Fina sa vie auecques sa noblesse,
Sans hoirs de luy: lequel par triste mort,
Passé de vie en ce malheureux sort,

La fondation du Chasteau, & de la ville de Bloys. 930.

Loys, quatriéme du nom, Roy de France. 934.

Loys, fils d'Arnould, transfera l'Empire de Rome en Allemaigne.

Les trois Othon, Empereurs d'Allemaigne. 944.

Lothaire Roy de France. 955.

Loys, cinquiéme du nom, Roy de France. 986.

SIXIEME AAGE

Hue Capet grand Mareschal de France. 988.

Hue Capet, grand Mareschal de France,
Fils du grand Hue, & de la race franche
D'Othon premier, Empereur des Germains,
Vint vsurper en titres tres-hautains,
Le puissant Chef, & sceptre Francigene:

Charles Duc de Lorraine, vray heritier de la Couronne de France.

Alors que vint Charles Duc de Lorraine,
Oncle à Loys, pour cil Hue empescher.
Mais cil Capet, pour tost s'en despescher
L'emprisonna, combien qu'ils fussent freres,
Fils des deux sœurs, & Princes debonnaires.

Ici finit la seconde generation des Rois de France venus de Pepin.

   Lors commença tierce mutation
Des Roys François en generation:
En quoy faillit du grand Charles la race,
Ainsi que Dieu le permet par sa grace.
   Hue Capet, comme le ciel l'ordonne,
Point ne voulut en chef porter couronne:
Combien qu'il fust tranquile possesseur.
Ains delaissa vn sien fils successeur,
Representant au regne pacifique
(Viuant son pere) vn cœur tres-magnifique.

Robert, prince genereux, & tres-docte, premier Roy de la troisieme generatiõ des Roys de France. 990.

   Au haut honneur, & regne des François,
Ia possedé de vingtsept nobles Roys,
Vint à regner le tres-sage & disert,
Sainct, & deuot, qui fut nommé Robert,
Fils de Capet: lequel obtint victoire
Sur ennemis, sans main gladiatoire:
Ains par priere, & deuote oraison.
Il composa par diuine chanson,

Maints doux respons, maints chants, prose, &
　　cantique,
De haut esprit, & accent heroïque,
Qui sont chantez chacun au propre temps,
Comme l'Eglise ordonne sans contents.
Lequel auoir fait bastir mainte Eglise,
Maint monastere, en leur donnant franchise,
Et liberté : & construit maint chasteau,
Les decorant de maint don riche & beau,
A Sainct Denis choisit sa sepulture.

　Apres lequel plein de litterature,
Henry son fils, premier du nom, heureux
Obtint le regne entre tous valeureux :
Duquel mourant, le sien corps fut posé
A Sainct Denis, comme auoit disposé.

　Apres Henry, que la mort anticipe,
Regna son fils, qui fut nommé Philippe,
Premier du nom, qui en tres-noble arroy
Fut couronné à Rheims, & sacré Roy :
Qui fut en l'an mil vn auec soixante.

　Aux iours heureux de sa gloire croissante,
Estoit Robert puissant Duc des Normans,
Qui cherissoit entre tous ses enfans
Son fils Guillaume, estant son seul bastard :
Lequel suyuant son bon heur, & hazard,
Et gouuerné de Dieu en sa fortune,
Eut pour espouse, auec or & pecune,
Matilde, fille au Conte Baudouin,

Henry, premier du nom, Roy de France. 1030.

Philippe, premier du nom, Roy de France. 1060.

La conqueste glorieuse du Royaume d'Angleterre, par Guillaume le bastard en l'an 1065.

SIXIEME AAGE

Conte Flandrois : dont ce Duc tres-benin,
En son pays, & par haute maniere,
Tant amassa de gens sous sa banniere,
De preux François, soldards de Picardie,
Hardis Flamens, & de sa Normandie :
Lesquels il fist trauerser par la mer
Sur les Anglois, sans iamais reclamer
En ses batteaux, salut, ou esperance
D'aucun retour : lesquels pour asseurance
De son combat, fist brusler, & destruire,
Le l'endemain fist ses estandards bruire
Sur les Anglois, vaincus par ses efforts :
Et Eraül Roy, & des siens les plus forts.
Dont fut clamé par iuste tiltre en terre,
Duc des Normans, & vray Roy d'Angleterre.
 Pendant ces iours, Geoffroy nommé Martel,
Conte d'Aniou, par desir immortel,
Dedans Vandosme, au haut Dieu vray gendarme,
Vint d'outre-mer, portant la Saincte Larme,
Qu'il auoit prinse, & rauie en secret,
Au grand Souldan en son riche buffet :
Laquelle y est soigneusement gardee
Dans vne Abbaye, à son retour fondee.
 En cestuy temps fut l'ordre institué
Des bons Chartreux, par eux perpetué
Iusques icy par Bruno d'Allemaigne,
Qui leur donna la marque, & vraye enseigne

La saincte Larme de nostre Seigneur Iesus Christ, apportée à Vandosme. 1084.

Commencement de l'institution de l'ordre des Chartreux, & Templiers.

de saincteté, par luy furent premiers
instituez les ordres des Templiers.

Philippe vieil, Loys print la Couronne,
Nommé le Gros, qui sur François ordonne
Porter le Sceptre, & regna longuement:
Viuant son pere en son couronnement.
Au temps duquel, l'an mil quatre vingts neuf,
Au monde fut vne chose de neuf,
D'vn homme sainct: car la bonté hautaine,
Par luy esmeut au terrestre domaine
Les cœurs des Roys, & des Princes de France,
Lesquels estoyent sous la dure souffrance
Des forts Payens, qui tenoyent occupee
Iherusalem, & toute la Iudee.
Entre lesquels Godeffroy de Buillon,
Meu du haut Dieu, & diuin aiguillon,
Delibera dresser tost vne armee,
Laquelle fut iusqu'au nombre estimee
Auoir en soy soixante fois cent mille
Bons combatans, qui par fureur hostille
Furent tost prests, au glaiue & fer trenchant,
Venger de Christ le sainct & iuste sang.
Aussi estoyent Baudouin, & Eustace,
Freres du preux Godeffroy: puis en place
Estienne vint, qui fut Conte de Bloys,
Et Hue frere au bon Roy des François:
Robert Flamend, Robert Duc des Normans,
Fils de Guillaume, auec ses combatans.

Loys, sixiéme du nom, dit le Gros, Roy de France. 1087.

La conqueste miraculeuse de la terre sainte, par Godefroy de Buillon, Duc de Lorraine, en l'an 1089.

Le nombre & noms des Princes de l'armee des Chrestiens, Croisez, à la recouurance de la terre sainte.

N

SIXIEME AAGE

Des Roys de France, & de Ierusalem.

Raymond y fut, Conte Tholosien,
Auec Herpin, qui vendit tout le sien:
Qui furent tous de vouloir vnanime,
A se croiser au faict qui les anime.
Leurs osts rengez sous la main & conduite
Du hautain Dieu, de France ont prins la fuite,
Deuers Asie, où ils sont descendus:
Ausquels se sont plusieurs peuples rendus.

Ierusalem prise par les Chrestiens. 1098.

Au troisiéme an Iherusalem tres-saincte,
Par vif assaut fut d'eux enclose, & ceincte:
Et de Iuillet quinziéme iour rendue
Entre leurs mains, par armes deffendue,
Et des Payens, y faisans maint effort,
Furent plusieurs liurez & mis à mort.

Godeffroy de Buillon, premier Roy de Ierusalem, & de son humilité.

Pour ces hauts faits, & efforts belliqueux,
Cil Godeffroy fut esleu l'vn d'entre-eux,
Pour exalter la saincte & iuste loy,
En la cité, tres-noble & premier Roy.
Ce non pourtant humilité l'ordonne,
A ne vouloir en chef porter couronne.
Rememorant que par derision,
Iesus auoit durant sa passion
Esté mocqué, receuant disciplines,
Là couronné de couronne d'espines.
Lequel auoir regné pres de deux ans
En la cité, en honneurs triomphans,
Fist son acquit du tribut de nature.
Dont en son lieu, pour auoir prelature

De noble Roy, son frere Baudouin
Fut second Roy, par le vouloir diuin,
Qui gouuerna en tres-bonne iustice
Les habitans, sans aucune auarice
Dix & sept ans: Apres lequel succede,
En la cité, pour le secours & aide
Des bons Chrestiens Baudouin le second,
Prompt aux assauts, & en armes fecond.
 Loys ia vieil, son fils Loys regna,
Dit le piteux, qui a soy ordonna
Prendre le Sceptre auant la mort son pere:
Qui fut vn Prince, & Roy sans vitupere.
Duquel sortit Philippe Dieu-donné,
Qui ieune d'ans, fut à Rheims ordonné,
Et sacré Roy: homme deuot & iuste,
Et fut nommé durant son regne, Auguste.
 En cestuy temps le Conte de Mascon,
Tyran cruel, d'inhumaine façon,
Fut emporté par diuine iustice,
Du diable en l'air, pour punir sa malice.
 Au mesme temps dedans Iherusalem
Regnoit Fulco, iusques à l'vnziéme an:
Lequel conquist par assauts & alarmes,
Par sa vertu, & à grand' force d'armes,
Plusieurs citez dedans la terre saincte:
Mais sa vertu, & vie fut estainte,
Suyuant la beste aux forests & en la chasse.
 Apres lequel, Baudouin print la place,

Baudouin, premier du nom. Roy de Ierusalem. 1094.

Baudouin ij. du nom, Roy de Ierusalem 1101.

Loys, septiéme du nom, dit le Piteux. Roy de France. 1133.

Philippe Dieu-donné, deuxiéme du nom Roy de France. 1176.

Le Conte de Mascon emporté du diable.

Fulco, quatriéme Roy de Ierusalem.

Baudouin, iij. du nom, Roy de Ierusalem.

SIXIEME AAGE

Des Rois de France, & de Ierusalem.

Tiers de ce nom, qui en moult noble arroy,
Apres Fulco, fut le cinquiéme Roy.
 Baudouin mort, Almaric vn sien frere,
Apres auoir pleuré la mort amere
De ce bon Roy, print la possession,
Et gouuerna la terre de Sion
Par plusieurs ans: lequel auant sa mort
Rendit confus le merueilleux effort
De Noradin grand Calyphe d'Egypte,
Qui par luy fut mis à honteuse fuitte.

Almaric, vj. Roy de Ierusalem.

 En cestuy temps, les liures de sentences
Pierre Lombard, homme plein d'excellence
Dedans Paris escriuit sainctement.

Pierre Lombard Euesque de Paris, parfait Theologien.

 Aussi estoyent en bruit tres-hautement
Auerrois, & le docte Auicene,
Vrais medecins, & science hautaine.

Auerrois, & Auicene, parfaits medecins.

 Pendant ces iours Philippe Dieu-donné,
Roy des François, vn edict a donné
Contre Iuifs, vuider hors de la France,
Pour leurs pechez remplis d'outrecuidance.

Expulsion des Iuifs, hors de France. 1180.

 Almaric mort, son seul fils Baudouin,
Quart de ce nom, au tyran Salladin
Fist plusieurs maux: mais la bonté diuine
(Qui seule est libre, & nos faits determine)
A ce bon Roy enuoya maladie:
Car il fut pris de lepre, conuertie
Dessus son corps, suyuant quoy il quitta
L'honneur du Sceptre, lequel il defeta

Mort d'Almaric, Roy de Ierusalem, de son fils Baudouin, de sa maladie, & de ce qui en aduint.

A son nepueu, dont en la saincte terre,
Entre Chrestiens diuision & guerre,
Tost se sourdit, debatant la couronne.
Lors Salladin bien tost ses gens ordonne
Vers la cité, qui fut prinse d'assaut:
Lequel enflé de cœur superbe, & haut,
Ietta dehors par sa force & puissance,
Les habitans remis en impuissance.

Ierusalem reprinse sur les Chrestiens.

En cestuy temps Sainct Thomas Catholique,
Homme constant, & de vie heroïque,
Fut mis à mort trop malheureusement,
Dedans le Temple: auquel deuotement
Faisoit l'Office. Et lors grand' melodie
Fut entendue en toute Cantorbie,
Archeuesché d'Angleterre famé,
Dont Henry Roy en fut moult diffamé.
On dit encor que les auteurs du faict,
Et successeurs qui d'eux viennent à droit,
Ont eu & ont (en quelque lieu, ou place
Qu'ils soyent) tousiours le vent contre la face.

Le martyre de Sainct Thomas, Archeuesque de Cantorbie, & de la punition qui est tombée sur les autheurs du faict. 1200.

Aux mesmes ans, l'ordre sainct & diuin,
De sainct François, tres-doux, humble & benin,
Parmi le monde eut son commencement,
Et exalta son nom tres-amplement.

Institution de l'ordre de Sainct François. 1215.

Philippe mort, Loys du nom huictiéme,
Fut Roy, laissant son fils Loys neufiéme:
Lequel tres-sainct, nous est canonizé,
Entre les Saincts au ciel inthronizé.

Loys de Valois, huictiéme du nom, Roy de France. 1223. Loys neufiéme du nom,

N iij

SIXIEME AAGE

Des Roys de France.

Roy de France, mis au chatalogue des Sainéts. 1226.

Lequel rempli de vertus & de grace,
Canoniza le Pape Boniface.
　L'an mil deux cens six nombrez auec vingt,
Que ce bon Roy du sainct voyage vint
De conquester sur Turcs la terre sainte,
Construire fist Temple, & Eglise mainte:
Maint monastere, & riches hospitaux
Dedans Paris: & maints autres lieux beaux,
Pour les Chartreux, Quinze vingts, & les Carmes:

La couronne d'espines, la vraye Croix, l'Esponge, & le fer de la Lance de Iesus Christ, desgagez par saint Loys, & apportez en France. 1239.

Lequel apres, non par puissance d'armes,
D'entre les mains des forts Venitiens,
(Lesquels estoyent possesseurs anciens
De la tres-saincte & sacree couronne
De Iesus Christ) sans aide de personne,
Seul desgagea, d'argent par abondance,
La vraye Croix, l'Esponge & fer de Lance,
Lesquels il fist à Paris apporter,
Pour les Chrestiens à vertu exciter.

Alexandre des Halles, Sainéts Bonauenture, & Thomas d'Aquin.

　Aux mesmes iours, en vertus tres-morales,
Estoyent en bruit Alexandre des Halles,
Bonauenture, & Sainct Thomas d'Aquin,
Compositeur du seruice diuin.

Philippe troisiéme du nom Roy de France. 1270.

　Ce Sainct Roy mort, son fils Philippe, en France,
Remist dessus la perdue esperance
Des preux François: lequel priué de vie,
Par fiere mort, qui tousiours porte enuie

Au clair renom, tres-sainct, & immortel,
Laissa son fils Philippe, dit le Bel,
Quart de ce nom, qui aimant la pecune,
Amassa l'or, & acquist la rancune
De tout son peuple. Et en ce mesme temps,
A Rome fut maints debats, & contents,
Pour mettre vn Pape au lieu d'election:
Mais Dieu permist qu'en la France, à Lyon,
Fust transferé le siege Apostolique,
Où sacré fut Bertrand, Chef Catholique:
Lequel estoit Archeuesque à Bordeaux,
Y ordonnant plusieurs statuts nouueaux.
Cestuy Bertrand fut dit Clement cinquiéme,
Qui pour Philippe, en France Roy quatriéme,
Nommé le Bel, sa sentence donna
Contre Templiers, & tous les ordonna
Estre bruslez, pour auoir leur pecune:
Luy, & le Roy, (ainsi que la commune
En murmura.) & tel fol iugement
Beaucoup ne fut au bon contentement
De plusieurs saincts, qui point n'ont approuuee
Telle sentence, ains du tout reprouuee.
 De cestuy Roy sortirent trois enfans,
Preux, & hardis, qui tous trois triumphans,
Apres leur pere acquirent grand honneur:
L'vn successif de l'autre, fait seigneur,
Et Roy de France à tiltre d'heritage.
Mais nul des trois n'eut hoir en mariage,

Philippe, quatriéme du nõ, dit le Bel, roy de France. 1286.

Le siege Papal transferé de Rome à Lyon.

La ruine & subite defaite de l'ordre des Templiers, par Clement cinquiéme, & Philippe surnommé le Bel en l'an 1290.

Loys Hutin, dixiéme, Philippe le Long, cinquiéme, & Charles le bel quatrieme, Roys de France, lesquels regnerent douze ans.

SIXIEME AAGE

Des Roys de France.

Pour heriter la Couronne de France.
En suyuant quoy, par droit & par souffrance
Philippe estant lors Conte de Valoys,
Sorti du sang, & race des François,
Proche, & germain de Philippe le Bel,
Vray heritier du costé paternel
Des Roys François, print la possession
Sans qu'aucun fust, qui par affection
Voufist son droit, ou couronne debatre.

Philippe de Valois, sixiéme du nom, Roy de France, nepueu de Philippe le Bel. 1324.

En cestuy temps, par les terres s'esbatre
Alla tres-loin par maint chasteau & ville,
Le Cheualier dit Iean de Mandeuille.

Iean de Mandeuille, voyager.

Et en ce temps, & trop malheureux an
Vn tres-meschant, & subtil Alleman,
Fust moine, ou lay, par art diabolique,
En son esprit inuenta la pratique
D'entremesler les salpestres & soulphres,
Auec vin-aigre, & en faire les pouldres,
Pour ruiner par son artillerie,
(Par luy forgee, en fureur & brairie)
Mainte cité, maint chasteau, & muraille,
Qui resistoyent aux assauts de bataille.

Inuention de l'Artillerie, & de faire la poudre à Canon. 1340.

Aux mesmes iours la ville de Calais,
A Edouard, l'Anglois, plein de hauts faits
Par les François fut quittee, & rendue,
Et iusqu'ici par l'Anglois detenue.

La ville de Calais rendue aux Anglois. 1347.

Durant ces temps l'ordre des Celestins
Print son exorde en faits saincts, & dinins:

L'institution de l'ordre des Celestins: &

DV MONDE.

Lors que le docte, & subtil Iean Lescot
Estoit en bruit, homme sainct & deuot.
  Aux mesmes ans en la basse Bretaigne,
Estoit en bruit, & qui donnoit enseigne
De saincteté, Sainct Yues le docteur,
Et de Lyra, des lettres amateur.
  En cestuy temps l'ordre des Cheualiers
De Rhode, estans en vertus singuliers,
Pour resister à la force indomptee
Des ennemis, & vertu redoutee,
Entre Chrestiens print son commencement,
Qui à tous Rois fait grand aduancement.
Philippe heureux en plusieurs grands conquestes,
Laissa aux Rois par actes manifestes,
Exemple bon de bien se gouuerner.
Apres lequel son fils Iean vint regner:
Mais son hazard d'inconstante fortune,
(Qui trop ne fut en ses faits oportune)
Tourna le dos à sa felicité,
Qui le rendit en la captiuité
Des forts Anglois, qui bien tost s'aduancerent,
Et droit captif à Londres le menerent,
Où il mourut : puis en triste aduenture
A Sainct Denis il eut sa sepulture.
  Ce Roy deffunct, son Fils Charles le Sage,
Du nom cinquiéme, à tiltre d'heritage,
Le Sceptre print, regnant en Normandie
Richard sans peur : aussi en Italie,

de maistre Iean Lescot, Anglois de nation, & docteur subtil.

Sainct Yues, & maistre Nicole de Lyra, docteur Moral.

Commencement de l'ordre des Cheualiers de Rodes.

Iean de Valloys, premier du nom, Roy de France, en l'an 1352.

Prinse du roy Iean par les Anglois.

Charles cinquiéme du nom Roy de France 1364.

De Richard sans peur.

SIXIEME AAGE

Des Roys de France.

Balde, & Bartole, souverains Legislateurs.

En grand renom, & recteurs de l'escole
Des sainctes Loix, Balde, auecques Barthole,
Dessus le Droict laisserent maint escrit,
Et maint volume excellent ont escrit.

Bertrand du Guesclin, pour ses prouesses & grandes vaillantises creé Connestable de France.

   Durant ces temps, le prompt & belliqueux,
Nommé Bertrand du Guesclin, tres-heureux,
Par armes print, & astuce puissante,
Sur Nauarrois la ville dite Mante:
Combien qu'il fust de petite maison,
Le Roy l'aimant luy paya sa rançon.
Puis le crea (comme ayant esperance
En sa vertu) Connestable de France.

Inuention de l'art d'imprimer les liures en characteres. 1380.

   Aux mesmes ans, des hommes approuuez,
Par le vouloir du haut Dieu fut trouuee
Toute escriture, en l'Art d'inuention
Du caractere, & de l'Impression,
Dedans Magunce, en terre Allemanique,
Par vn nommé Iean Fauste, qui pratique
En delaissa, pour donner accroissance,
Et de sçauoir auoir la cognoissance.
O homme heureux! digne de grand honneur,
Qui nous osta le trauail & labeur,
Et le long temps enclos en la peinture,
Par main tiree au fait de l'escriture.

Le siege Papal remis, & restitué de Lyon à Rome.

   Pendant ces iours, le haut pontificat
De Rome estant à Lyon en estat,
Dans Rome fut remis aux terres siennes,
Ce pourchassant Katherine de Sennes.

Ce sage Roy de ce monde passé,   Charles sixié-
Et de trauaux en ioye trespassé: me du nom,
Charles son fils apres luy succeda,   Roy de Fran-
Qui par orgueil plusieurs maux conceda   ce.1382.
A ses subiects. Apres lequel succede
Charles septiéme: auquel vint donner aide   Charles sept-
Ieanne Pucelle, induisant seurement   iéme du nom
Les cœurs François à tel aduancement,   Roy de Fran-
Pour ietter hors du Roy les ennemis.   ce.1422.
Car ia long temps les Anglois s'estoyent mis,   Auquel vint
Et occuppoyent presque toute la France: donner Iean-
Et les Duchez estoyent en grand' souffrance,   ne la Pucelle
De Normandie, & aussi d'Aquitaine: secours, en la
Mesmes aussi pres que tout le domaine   ville d'Or-
De toute France estoit pressé, & mis   leans, & luy
Dessous la main d'Anglois lors ennemis.   aida à chasser
Lesquels auoyent d'Angleterre prins suitte   les Anglois
En ce pays, sous la main & poursuitte,   hors du Roy-
Et seul pourchas d'vn des nobles seigneurs   aume de Fran-
De Harecourt, qui leur porta faueurs: ce.
Mais par le cœur heureux de ceste femme,
L'Anglois fut mis à ruine & diffame.   Geoffroy de
    Harecourt,
    Normand,
    trahistre au
    Roy.

  Lors Normandie en l'an mil quatre cens   La reduction
Auec cinquante, en faits d'armes recents,   de Norman-
Sous le pouuoir de Charles fut reduite: die, & la iour-
Et Matagot chassé par la poursuitte   née de Four-
Des preux François, du val de Fourmigny.   migny aupres
Ceux qui estoyent pres le pont d'Aquiny,   de la ville de
    Bayeux, en
    l'an 1450.

SIXIEME AAGE

Des Roys de France.

Autour Louiers, & dedans la grand' ville,
Dite Paris, par la fureur hostille,
De l'ost du Roy furent tost repoussez,
Et de la France en bref temps dechassez.

La prinse & ruine de la grande ville de Constantinoble par les Turcs. 1453.

Trois ans apres celle reduction
De Normandie, en grand' esmotion
Vint le grand Turc deuant Constantinoble,
Dit Mahommet, malheureux & non noble:
Lequel auoir amassé les plus forts
De toute Asie, en merueilleux efforts
Se vint camper auecques son armee
Contre la ville, en grand' crainte abismee.
(O combien sont de Dieu les iugemens,
Iustes & droits, & ses saincts mandemens
A redouter, qui par rigueur diuine
A voulu mettre, & tourner en ruine
Ce peuple ici, qui tant estoit heureux:
Mais par erreur, infame & malheureux)
Or donc ce Turc, & toute sa cohorte
Rengez aux murs, & prochains de la porte,

Les cruautez exercees de dans Constantinoble.

Comme enragez par ires & fureurs,
Ont eschellé par assauts, & rigueurs,
Les murs, les ponts, & puissans habitacles,
Les grosses tours, & hautains propugnacles,
Vibrans en l'air, flesches, & poinctus dards,
Gaignans la ville à force de soldards,
Qu'ils ont pillee en merueilleux effort,
Et l'Empereur ont fait liurer à mort:

Descapiter, & mettre piece à piece,
Ainsi que fait vn boucher, qui despece
Dessus l'estal sa chair à grans morceaux.
Ainsi ce chien, & mastins desloyaux,
Ont mis à mort par rage ensanglantee,
Par leur fureur cruelle & esuentee,
Tous les Chrestiens plongez dedans leur sang:
En rauissant par effort tres-puissant
Vierges d'honneur prinses & violees,
Mises à mort, & du tout desolees.
A bien parler, il n'y a eu endroit,
Que leur fureur n'ait forcé contre droit.
Pillant entre-eux Autels, Eglises, Temples,
Ce qui doit estre à nous autres exemples,
De reuerer, & de craindre en tout lieu,
Le haut pouuoir, & la fureur de Dieu.

 Charles Heureux, remis en haut honneur,
Auoir vaincu l'iniure & deshonneur
Des ennemis, qui occuppoyent la France,
Fut prins de peur, & priué d'esperance,
De viure plus, par vn certain rapport
D'empoisonneurs, qui conspiroyent sa mort:
De faim mourant, Prince victorieux,
Et conquereur en renom glorieux.
Au temps duquel eut confirmation
Du Pape Eugene, & approbation,
Vn Edict dit Sanction Pragmatique:
Que du depuis, comme erreur scismatique,

La mort du Roy Charles septiéme, & l'institution de la Pragmatique Sanction.

Contemnee a, & non point approuuee
Maint Pape esleu : ains du tout reprouuee.

Maistre Alain Charetier, grand orateur.
En cestuy temps maistre Alain Charetier,
Grand Orateur d'eloquence heritier,
Estoit en bruit : lequel en la presence
De ses Barons, plus pour son eloquence
Que sa beauté, madame Marguerite
Royne de France en faueur de merite
Alla baiser, couché dessus vn banc ;
Qui rien n'en sceut, ainsi comme en dormant.

Loys de Valoys, dit Pasque-Dieu, vnziéme du nõ, Roy de France. 1461.
Charles passé du regne temporel,
Et translaté au haut regne eternel,
Son fils Loys vnzieme de ce nom,
Sur les François acquist gloire & renom :
Et sacré Roy, qui en tout mesprisa
Princes du sang : ains plus fauorisa
Ceux qui estoyent à son opinion
De bas estat, & de condition :
Parquoy il fut en maints lieux & prouinces,
Persecuté des Seigneurs & des Princes.
Mais en la fin par tout mist si bon ordre
Auant sa mort, que point n'y eut desordre.

La Grille de Sainct Martin de Tours, & la fondation de l'Eglise Nostre Dame de Clery.
Ce Roy deuot au Createur diuin,
Fist fabriquer la Grille sainct Martin,
De fin argent, œuure toute massiue,
De grand valeur & beauté excessiue,
Vallante en soy à cinq cens mille escus,
Et dedans Tours estimee encor plus :

Où il mourut, puis à Clery porté,
Qu'il fist bastir, Temple à luy deputé.
 Apres Loys, comme le chois des perles
Succeder vint le bon petit Roy Charles,
Fils de Loys, qui fut tres-illustrime,
Sage, & discret, & de cœur magnanime :
Aimant vertu, les lettres, & science.
Mais son bas aage, & son adolescence,
Fist esmouuoir entre Princes François,
Diuision, & maint debat, ainçois
Qu'il fust puissant à traicter ses affaires,
Et ordonner des choses necessaires
A ses subiects. Mais Dieu qui suscita
Son hautain cœur, sa vertu excita
Deuant son aage : alors sans desarroy
Fut couronné à Rheims, & sacré Roy.
 Mil quatre cens quatre vingts huict en somme,
De France fut maint cheual, & maint homme
Bien equippez, marchans à celle fin
D'aller tout droit aupres de sainct Aubin,
Sur les Bretons, desployans mainte enseigne,
Pour recouurer sa Duché de Bretaigne :
Gens bien conduits sous la puissante main
De la Trimouille, entre tous tres-humain.
 De ceste bande, & tres-puissante armee,
Estoit ducteur de haute renommee,
Tres-noble, & preux, & qui bien la gouuerne,
Vn Cheualier dit Iean de la Luserne,

Charles de Valoys, huictiéme du nom, Roy de France, dit le petit Roy Charles. 1484.

La guerre de Sainct Aubin, cõtre les Bretons, qui fut en l'an 1488.

Messire Loys de la Trimouille, Colonel de Frãce, & Messire Iean de la Luserne son Lieutenant.

Des Roys de France.

Pres de sainct Lo, qui si bien besongna
Pour son Seigneur, qu'en son ost emmena
Vaches, & bœufs, en France de Bretaigne,
Vaincue en tout par gens de son enseigne.

La conqueste des Royaumes de Cecile, & de Naples. 1494.

Charles, auoir en quelque peu de temps
Pacifié les debats, & contents
De ses subiects, par sa vertu vtile,
Fut conquester le regne de Cecile,
Naples aussi, & passa par Piedmont,
En trauersant l'Italie, & les monts,
Et subiugua Naples, plus par vaillance,
Qu'il ne fist pas par sa force ou puissance:
Pour sa bonté, & sa vertu tres-iuste,
Fut des François dit Empereur Auguste:

Trahison à l'encontre du petit Roy Charles à son retour de Naples, à la iournée de Fornoue, & de sa victoire.

Qui retournant passa par dedans Rome,
Et auec luy auoit maint illustre homme
L'accompagnant. Mais les Venitiens,
Les Millannois, Lombards, Italiens,
Auec Romains s'estans en ordre mis,
Luy furent tous trahistres, & ennemis,
Pour l'empescher, & luy donner encombre,
En trop plus grand, & plus merueilleux nombre
Que les François, dix contre vn en bataille.
Ce ieune Roy contre ceste canaille,
Monstra au camp tel cœur & hardiesse,
Telle vertu, vaillance, auec prouesse,
Que moyennant l'aide du hautain Dieu
Acquist honneur, & victoire en ce lieu:

DV MONDE.

Qui retournant de ce hautain voyage,
Fist seiourner son armee, & bagage,
Dedans Amboyse, ou par le haut vouloir
De l'Eternel, fist à la mort deuoir,
En s'acquittant du tribut de nature:
Puis fut porté, pour auoir sepulture
A Sainct Denis, pres de ses ancesseurs,
Donnant tres-bon exemple aux successeurs.
  O France, helas! combien te faict de tort,
Celle cruelle, & trop hastiue mort:
T'auoir osté à ton trop triste helas,
Celuy, lequel te tenoit en soulas:
Celuy ie di, lequel lors qu'il reigloit,
Et sans repos en labeur trauailloit.
Tu reposois en tres-seure asseurance,
O toy Paris, ô noble, & digne France,
Souuienne toy de ton Roy, & Seigneur,
Qui t'a remise en gloire, & grand honneur,
Et s'est monstré pour ton honneur deffendre,
Plus vertueux qu'on ne pourroit entendre:
Vn droit Hector, quand au faict de la guerre:
Vn Achilles, pour Royaumes conquerre:
Vn Salomon, en iustice & pouuoir,
Et vn Traian en tres-iuste deuoir.
Pleure auiourd'huy ta malheureuse perte,
Qui ne sera aux siecles recouuerte:
Car sa ieunesse en ses vertueux ans,
De bien sera exemple à tous viuans.

La mort du petit Roy Charles, & de ses louanges.

O

SIXIEME AAGE

Des Roys de France.

Iean Picus, Conte de Mirandule.

Durant ces iours, Picus dit Mirandule,
Homme tres-docte, & orateur sedule,
Grand Philosophe, & d'excellent sçauoir
Aux escrits saincts, à la mort fist deuoir.

Institution des filles repenties à Paris. 1495.

En cestuy temps les filles repenties,
Dedans Paris eurent places parties,
Pour se retraire, & viure en saincteté :
Closes en Dieu en toute chasteté.

Ce noble Roy auoir quitté la place
Du regne humain, par la fiere menace
De triste mort, qui tient les hommes serfs,
Ne nous laissant de sa chair aucuns hoirs,
Pour gouuerner la couronne du Lys :

Loys de Valoys, douzième du nom, Roy de France. 1498.

Vint à regner apres Charles, Loys,
Du nom douzième, estant à Orleans
Duc & Seigneur, qui pieçà plusieurs ans
Là gouuernoit, dont pour sa race entendre,
Aussi le droit dont il pouuoit pretendre
Le nom de Roy, est que Charles cinquième
Eut deux enfans : sçauoir Charles sixième,
Auec Loys Duc d'Orleans tres-sage :
Duquel Loys vindrent par mariage
Deux nobles fils, Charles fut le premier,
Duc d'Orleans, & l'autre singulier,
Fut appellé Iean Conte d'Angoulesme,
Homme tres-sainct : & par lequel Iean mesme,
Pres de son corps, & ses saincts tabernacles,
Presentement Dieu faict plusieurs miracles.

Dont pour rentrer à ceste fleur du Lys,
De Charles Duc d'Orleans, vint Loys,
Cestuy douzieme : auquel appartenoit
L'honneur du Lys, & par droit luy venoit :
Vray heritier de part collaterale
En la Couronne, & hautesse Royale.
 Ce noble Roy, Loys, au premier an
De son haut regne, alla droit à Milan,   La conqueste
Qu'il conquesta sur le Duc François Sforce,   de Milan, par
Qui l'vsurpoit par violence & force :   Loys douzié-
Puis conferma par Edict iurisdique,   me: & la con-
La Sanction nommee Pragmatique,   firmation de
En vn Concile, où il fist ordonner   la Pragmati-
Plusieurs Prelats, pour ce determiner.   que Sanction.
               1510.
 Trois ans apres Marie d'Angleterre,
Dedans Paris arriua en la terre   1513.
Des preux François, à Loys espousee :
Mais peu de temps la ioye commencee,
D'elle & du Roy, heureusement dura;
Car le bon Roy gueres ne demeura
Qu'il ne rendist son ame bien-heureuse,
Hors le pouuoir de vie malheureuse,
Ne nous laissant aucun hoir de son sang
Pour posseder le sceptre triumphant.
Parquoy conuint pour cestuy Dyademe,   François de
Auoir recours à Iean Duc d'Angoulesme,   Valoys, pre-
Dit de Valoys, comme dit est dessus :   mier du nom,
Duquel sortit Charles plein de vertus,   Roy de Fran-
               ce, & epilogue
               de la genera-
               tion. 1514.

SIXIEME AAGE

De Charles vint François plein de victoire,
Qui vint regner en triumphe, & en gloire:
Excellent Prince entre tous autres Roys,
Tres-magnanime au regne des François.
A bien parler, autant qu'à creature
Dieu luy donna des graces de nature:
Non seulement au corps, ains à son ame,
Pour l'enrichir d'honneur, de bruit, & fame.

Lansquenets en Normandie.

Au premier an de la sienne venue,
De Lansquenets de France est descendue
En Normandie vne bande, conduite
Vers Cherebourg: lesquels prindrent leur fuitte
A trauers Caen, ou pour leur grand' fierté
Furent punis, pour auoir liberté.

Desconfiture de Suisses pres Marignan.

En ce mesme an ce Roy se delibere
Prendre chemin, tres-heureux & prospere,
Auec ses gens pour conquester Milan:
Lequel deffist bien pres de Marignan,
L'ost, & cantons, & bandes des Suisses,
Au Roy ingrats de ses grans benefices.
Auquel conflict ce bon Roy tres-heureux,
Se demonstra entre tous valeureux.

Erection du pardon de la Croisade, & commencemēt de l'erreur lutherique. 1516

L'an cinq cens saize en volonté rengee,
Fut la Croisade au pays erigee,
Pour se ranger dedans la fin de l'an
Donner l'assaut contre Ierusalem.
Mais tel effort, & subite entreprise
Ne vint à chef: ains fut du tout remise.

Parquoy plusieurs point ne se contenterent,
Et de ce faict grandement murmurerent
Pour les abus, qui lors furent commis
Par maints docteurs à la prescher admis.
Entre lesquels vn fier Martin Luther,
(Qui vaut autant a dire, & disputer
Comme boueux, & plein d'ordure & fange)
Par son erreur Lutherique, ledange
La Chrestienté: lequel de mal complice,
Le vray estoc, & souche de malice
Vint infecter, & mettre en grand' souffrance
Tout le pays du Royaume de France.

 L'an mil cinq cens vingt & trois sous feintise   *La fuitte de*
De quelque faict, de France fuite a prise   *Charles de*
Secrettement, Charles dit de Bourbon: *Bourbõ hors*
Tousiours tenu iuste, loyal, & bon,   *de France.*
Traittant le bien des secrets, & affaires   *1523.*
Du noble Roy, au pays necessaires.
Et ne sçait-on la cause, ni pourquoy,
Dont fut grand' perte au Royaume, & au Roy:
Car pour son cœur noble, & cheualeureux
D'estre nombré fust digne entre les Preux:
Voire, & s'il faut de luy tant de bien dire,
Digne il estoit de regir vn Empire,
Par sa prudente & grand' subtilité,
En sa hautesse, & magnanimité.

 L'an ensuyuãt mil cinq cens vingt & quatre,   *Rhodes prin-*
Les meschans Turcs vindrent par force battre   *se par les*
                Turcs sur les
      O iij   *Chrestiens.*
                  1524.

Des Roys de France.

SIXIEME AAGE

Les murs, & forts de Rhodes, qui fut prise,
Et par iceux hors sa liberté mise.
    En ce mesme an fut foudre & maint tonerre,
Par les citez grans tremblemens de terre:
Et haut en l'air tristes impressions
Aux corps du ciel, & constellations,
Et croy au vray que ces tristes malheurs
Furent à nous de toutes nos douleurs
Commencement, qui de loing nous menacent
Pour nos pechez, qui toute grace effacent.
Dont pour punir les crimes de la terre
Dieu suscita Famine, Peste, & Guerre,
Qui sont les trois certains glaiues de Dieu,
Qu'on veit courir en mainte place & lieu:
Desquels ici pour mon œuure conduire
I'ay bien voulu la nature deduire.
    Deuers le North, au pays de Scythie,
Infructueux, glaciale partie,
Inhabité d'aucune nation,
En poure train, plein de confusion,
Sur chariot sortit dame Famine,
Qui demonstroit vne terrible mine:
Le corps tremblant, la face blesme & pasle,
Le dos courbé, comme vn porteur de male,
Yeux enfonsez, les ongles aquilins,
Les maigres mains, les cheueux colubrins,
Qui descendoyent iusques sur les espaules,
Ventre aualé, les iambes comme gaules,

Signes de futurs malheurs

Description de Famine, premier glaiue de Dieu.

La brune peau, aspre, dure, & ridee,
Et de ses os la chair toute vuidee :
Mieux ressemblante vne terrestre mort
En corps humain, lequel ne seroit mort.
　Elle sortit de sa cauerne, & salle :
Lors Poureté, puante immunde & sale.
Laquelle estoit du char aurigatrice,
Et du foüet son auxiliatrice,
Accompagnee en mal ordre, & vray ton
Du voratif, & maigre Erysithon :
Singla en haut, & fort aiguillonna
Quatre grans Loups, lesquels elle ordonna
Propres au faict, & train de son bagage,
Pour mieux trainer le char, & chariage.
Famine estoit au plus haut esleuee
Du chariot, laquelle fut trouuee
En plusieurs lieux, qui de chancreuses dents
Rongeoit ses os par dehors & dedans.
Par ou ces loups attelez de cordons,
Marchoyent aux champs, les ronces, & chardons
Sechoyent debout, arbres, herbes, & fruicts,
Bleds arbuteaux par eux estoyent destruits,
Bestes mouroyent, hommes crioyent la faim,
Herbes paissans en lieu de chair, & pain.
　Au pied d'vn roch approchant de la mer,　*Description*
Dessous Cancer, qui l'air fait allumer　　　*de Peste, se-*
Des chauds rayons de la Zone torride,　　 *cond glaiue,*
Pres le palud du lac Mareotide,　　　　　　*& fleau de*
　　　　　　　O iiij　　　　　　　　　　　*Dieu.*

Là situee est l'isle des serpens,
Qui plus en soy contient que mille arpens,
Dans le millieu de celle isle auerneuse,
Est concauee vne antre cauerneuse,
Qui grans brandons de flammes, & de soulphre
Vomit en l'air du profond de ses gouffres,
Tant puant est l'air, qui sort, & infect,
Que les oiseaux (pour bien parler du faict)
Qui sont volans dessus prenans leur erre,
Tombent du ciel, infectez sur la terre :
De celle fosse en diuers soufflemens,
Sortent en l'air moult tristes siblemens,
Cris serpentins, aigres, & sonoreux,
Qui rendent l'air espais, & vaporeux.
 De ce bas roch, de ce bas gouffre, & lieu,
Sortit dehors par le vouloir de Dieu,
En son traisnel la forcenee Peste,
Laquelle estoit en moult triste moleste,
Trainee en l'air par quatre fiers Dragons,
Et d'vn Serpent attellé aux lymons.
Sur ce traisnel composé d'Yf en taille,
Et de Noyer, estoit (comme en bataille
Les Preux iadis) Peste tant verminee
De noirs charbons, & tant contaminee
D'infect venim, de boces, & pustules,
Le tout meslé de cranches, & ferules,
De pleuresie, & catharres tres-ords,
Que les vapeurs lesquelles sortoyent hors

De l'estomach tressomnolent, & froid,
Rendirent l'air toxiqué & infect:
Venins, poisons, puants dathes, vrines,
Fumee aussi iettee des narines.
De son gros corps, enflé comme vn crapauld,
Meslerent l'air si turbulent, & chaud,
Qu'on ne pouuoit souffrir aucunement
L'odeur puant, & punais sentement:
Tant en occist de son dard plein d'encombre,
Que difficile est en sçauoir le nombre,
Qui furent mis en place, & lieux diuers,
Pour estre faits triste viande à vers.
 Vn val espais, noir pasle, & vmbrageux,
Proche du lac tres-orbre & salebreux,
Se ioint au pied de la ville d'Enfer:
Auquel Pluton, de ses marteaux de fer
Fait retentir les rochers de Thessale,
De ses fourneaux, & enclume infernale:
Dedans ce val absorby en la terre
Profondement, ce monstre nommé Guerre
Se forcenoit, renifflant de despit,
D'auoir esté si longuement sopit.
 Les anciens dés le temps des Cesars,
L'auòyent nommé le dieu furieux Mars:
Lequel tres-fier ses courages allume
D'aigreur, & fiel, & spurciale escume,
Plus enflammé de fureur arcenique,
Que ne fut onc l'aiguillon Cerberique:

Description de guerre, l'vn des fleaux, & troisiéme glaiue de Dieu.

Et ne cessant nullement de cracher,
En escoutant s'on le viendroit hucher.
    Lors aussi tost qu'il eut la voix diuine
Ouye en l'air, le clairon, & buccine,
Lequel seruoit pour ses gens r'allier,
Bondit en bas, soldards de s'allier
De toutes parts, en fureur rigoureuse,
De tous les trous de la chartre peureuse.
Bien tost sur pieds ce monstre plein de rage
Saillit en l'air de son piege & vorage,
Sis au parmi de son char flamboyant,
Se forcenant comme vn chien abbayant.
Son chariot, qui sang humain regorge,
Auoit esté en l'infernale forge,
Fait, & forgé dedans la mansion
De cruauté, sœur de confusion :
Lesquelles sont sans amour, ni concorde,
Filles Pluton, & de dame Discorde.
Au bout du char (comme vn fort castillon)
Estoit dressé vn puissant bastillon,
Tout à l'entour de ses pieces fermé,
Et de tous poincts puissantement armé :
Tres-suffisant, & de grand' resistence,
Pour repousser horions en deffense ;
Lequel trainé par Tygres furieux,
Iettans le feu par la gueule, & les yeux :
Aussi tenant chaines roides & fortes,
Bruyoit en l'air, rompant maintes cohortes.

Lors aussi tost que tous les fiers soldards,
De triste Guerre, eurent branslé leurs dards,
Et entendu que ce monstre dit Guerre.
Vouloit marcher pour enuahir la terre,
En vn instant cheuaux leopardez,
Furent illec subitement bardez,
Sautans, ruans, hannissants d'aspres mines,
Et escumans par la gueule, & narines :
Lesquels faisoyent retentir, & sonner
L'air par hauts cris comme s'il deust tonner,
Qui regibans sembloyent nous vouloir touldre
La vision du Soleil, pour la pouldre.
 Guerre estoit la en son petit chasteau,
Dedans le char, tenant vn gros marteau,
Pour enfondrer heaumes, & sallades,
Et renuerser autant sains que malades.
Ses crins estoyent figez en sang humain,
La barbe aussi : son regard inhumain,
Yeux de dragon qui iettoyent estincelles
De feu Gregeois, auec flammes mortelles :
Luy escumant comme vn chien plein de rage,
Brouant venin de son felon courage,
Vibroit en l'air glaiues de toutes parts,
Comme soldards qui tiennent les ramparts
Contre ennemis, en fureur, & outrance,
Et s'efforçant les renger en souffrance.
 Au desmarcher du manoir rigoureux,
Furent ouis mille sons clangoureux,

Des Rois de France.　　　SIXIEME AAGE

Mille clairons, buccines, & tambours,
Faisant trembler chasteaux, villes, & bourgs:
Ses fiers soldards portoyent picques, & armes,
Glaiues, pauois, iauelots, & gisarnes,
Et instrumens propres au fait de guerre,
Empoisonnez des monstres de la terre.
　Au bout du fer d'vne grand' lance, ou darde
En l'estandard pendoit vne Leoparde,
Sur escusson de sable figuré:
Dedans lequel Mars auoit figuré,
Mis, & semé pour la sienne armairie,
Peine, douleur, rigueur, forcenerie.
Derriere l'ost suyuoit tout le bagage,
Tres-bien fourni de gens en equippage:

Instrumens de guerre des anciens.

Qui conduisoyent pour ruiner les murs,
Maints instrumens de guerre, lourds & durs:
Comme Beliers, nommez moutons barbares,
Grans crocs de fer, fondes, & baleares,
Pour ietter gaux, & meules de moulin,
Auec cablots, faits de Chanure & mol Lin.
Aussi trainoyent pour incuter molestes,
Onagres durs, & Charrearbelestes,
Muscules forts, & Tortuës notoires,
Tours d'Elephans, & deambulatoires.

Instrumens de guerre des modernes, inuentez de nouueau.

　Derriere apres vn grand moine marchoit,
Noir comme vn diable, & qui dessous cachoit
Son gris manteau, les salpestres, & soulphres,
Par luy puisez aux abysmes, & gouffres

Du noir Pluton : & qui plein de brairie
Faisoit trainer en l'ost l'Artillerie,
Auec boulets, pouldres, & Couleurines,
Passeuolans, Canons, & Serpentines :
Aussi menoit harquebuzes, bombardes,
Becs de corbin, masses, & hallebardes.
  Apres suyuoyent sous quelques grans seigneurs
Maints castadous, subterranes mineurs,
Prompts, & experts à poursuyuir les mines,
Pour renuerser & tost mettre en ruines
Les forts chasteaux, puissans pour supporter
Les gros Canons, & contre-eux resister.
  Voila les trois qui sortirent de terre,
En grand debat, Famine, Peste, & Guerre,
Que le grand Dieu voulut lors exciter,
Pour à nos maux & vices resister.
Lors desmarcha presque en toute la terre,
Tres-fierement ce monstre nommé Guerre, *Guerre entre*
Et se mesla auec vn Empereur, *François de*
Auec vn Roy, non point moins grand Seigneur, *Valoys, & l'-*
Roy des François, & de toute la France : *Empereur, &*
Lequel marcha pour auoir recouurance *la prinse du*
De ses pays, & maint autre heritage *Roy François*
Que luy tenoit à son desauantage *deuant Pauie*
Cil Empereur, contre droit & raison. *par Bourbon.*
Il fist marcher de Ver en la saison, *1524.*
Ses gens armez, aduenturant sa vie
Pour son pays, tout droit deuant Pauie.

SIXIEME AAGE

Auquel endroit ce bon Roy plein d'honneur,
Preux aux assauts, sans aucun deshonneur:
Lequel auoit gens en bon equippage,
Et la pluspart des soldards, & bagage
Ia enuoyez à Naples, pour l'Hyuer
Passer du tout, dont fist diminuer
Son ost de gens, qui luy porta nuisance:
Car au mi-nuict par malheureuse chance,
Ne sçay comment, ni par quelle achoison,
Voire, ou deceu d'inique trahison,
Qui point ne vint secourir son armee,
Par le destin de Fortune animee
Fut prins captif, & mené en Espaigne.
Auquel assaut moururent sous l'enseigne
De ce haut Roy, le Duc de Longueuille,
Et la Trimouille, entre cinquante mille
Vray, & loyal: duquel le nom approche
Estre appellé Cheualier sans reproche.
Autres plusieurs de vertu estimee,
Acquirent la vn bruit & renommee,
Eternizant aux siecles leur honneur,
En defendant leur haut Prince, & Seigneur.
  L'an mil cinq cens vingt & sept ensuyuant,
Bourbon tousiours son vouloir poursuyuant,
Accompaigné du fort Prince d'Orenge,
Auecques luy plusieurs cantons arrenge
De Lansquenets, & maints aduenturiers,
Gens hazardeux, Espagnols, Hainouyers,

Loys de la Trimouille, cheualier sans reproche.

Le depart de Charles de Bourbon à Rome.

DV MONDE.

Et des François: ou bien fust pour accroistre
Le sien honneur, ou mieux pour apparoistre
Entre les Roys, ou en la fin de l'an
Aller ietter hors de Ierusalem
Les ennemis de nostre Foy certaine,
A delaissé d'Espaigne le domaine:
Qui se sentans en leur cœur ledangez,
Se sont partis, & en ordre rengez
Par desespoir, comme gens sans aueu,
Abandonnez & delaissez de Dieu.
Tant ont marché en fierté & menace,
Qu'ils ont bordé sur le terroir & place,
Dont Romulus & tous ses successeurs,
Furent iadis antiques possesseurs:
Qui refusans à ouurir le passage
Audit Seigneur, par vn trop fier courage,
Ont coniuré, voire iusqu'à la mort,
Contre Bourbon tenir main, & pied fort.
Lors ce Seigneur auecques sa marpaille,
Vrais chiens à sang, dresserent leur bataille
Contre les murs de Rome, qui d'vn saut
Fut enuahie, & surprinse d'assaut:
Mais le decret & sentence diuine,
Point ne permist en la cité tant digne
Celuy Bourbon (lequel voyant la ville
Prinse, voulut leur defendre la pille)
Vif y entrer: mais en tel equippage
Fut canonné par vn soldard, ou page.

Rome prinse par Charles de Bourbon, & de sa mort. 1527.

SIXIEME AAGE

La desolation des Romains.

Le peuple esmeu, ainsi qu'espouuantez
En crainte & peur, bien tost se sont iettez
Aux lieux secrets, aux caues, & cisternes,
Dedans des puits, & profondes cauernes,
Pour euiter des glaiues le trenchant:
Qui estoyent taints du christifere sang.
Le Tybre en fut, & deuint tout farouge,
Voyant son eau ensanglantee & rouge.

Les cruautez exercees dedans Rome, par les gens de Bourbon.

Ces gros marpaux cruels, & inhumains,
Oserent bien leurs sacrileges mains
Ietter dessus les dames honorables,
Et violer les vierges miserables,
Femmes aussi chastes, & impolluës,
Et les forcer pres les autels, polluës,
Du Temple sainct, tant beau & extollé,
Qui ce iour fut pollu, & desolé.
Car aux cheuaux (ô crime detestable)
Seruit pour lors de logis, & estable:
Grand' fut l'horreur, l'iniure, & insolence
Du grand desordre, & fiere violence,
Et de l'ordure infecte de ce lieu,
Qui fut ce iour aux saincts Temples de Dieu:
Car ornemens, custodes, reliquaires,
Liures tant beaux, les chasses, & sacraires,
Vaisseaux d'argent, calices consacrez,
Chappes & linge au Createur sacrez,
Comme enragez chacun rauit & pille,
Et aux soldards fut donnee la pille,

Lors les Romains pouuoyent à leur venue,
Dire, ô vray Dieu vne gent est venue,   Psalm.78.
Qui profané a ton sainct tabernacle,
Et en a faict refuge, & habitacle
D'iniquité, & de confusion,
Par les soldards de malediction.
  Ceci voyant le Vicaire de Dieu,
Se retira en son chasteau, & lieu   Le Pape ca-
Nommé Sainct Ange: ou d'árdeur rugissante,   ptif, & mené
Fut asiegé à main forte, & puissante.   à Naples.
O piteux faict d'ire vindicatif,
Le chef du monde estre tenu captif,
Et emmené par ces chiens detestables,
Tres-mal traicté au Royaume de Naples,
En deshonneur. Certes les iugemens
Du hautain Dieu sont secrets, & latens:
Et croy au vray (s'il faut à Renommee
Adiouster foy) que lors fut enflammee
L'ire de Dieu encontre iceux Romains
Pour leurs pechez, meschans & inhumains.
  Ce que voyant ce Roy vray Zelateur   Le Pape deli-
De nostre Foy, & vray imitateur   uré par le Sei-
Des saincts statuts, par les terres Itales   gneur de Lan-
Fist tost dresser ses bandes Martiales,   trect.
Sous le haut Dieu, qui en fut curieux,
Que par Lantrect homme victorieux,
Mist nostre Chef hors de captiuité,
Par le deuoir de son authorité.

              P

SIXIEME AAGE

Des Roys de France.

Ce noble Roy deliuré par hostage,
Pour luy baillé, en faisant le desgage
De sa personne, en ses graces infuses,
Aima sur tous, & moult cherit les Muses,
Gens de sçauoir, que grandement prisa,
Et en sa Court moult les fauorisa.

Les Poëtes regnans au temps de Fraçois de Valoys. Heroët, Merlin, Marot, Chappuy Sceue, deux du Bellay, Rabelais Medecin, Charles Fontaines.

Lors fleurissoit Heroët en la France,
Lequel a faict entiere recouurance
De vray amour, en sa parfaite amie,
Oeuure excellent en haute poësie,
Et qui d'amour a touché le vray poinct,
Qui ame, & cœur diuinement espoinct.
Homme lequel pour son sçauoir notoire
A merité sur tout autre la gloire.
Aussi estoyent Merlin de sainct Gelais,
Marot, Chappuy, Sceue, aussi Rabelais,
Deux du Bellay, auec Charles Fontaines:
Plusieurs aussi de sciences hautaines,

Maistre Iean le Maire, & Iean Boucher.

Comme le Maire, en lettres vray touchet,
Et en Poictiers le docte Iean Bouchet:
Lequel a peinct de sa plume dorée
Le vray discours de l'ame incorporée.

Nicolas Osber de Carenten.

Et en ce temps fut Nicolas Osber,
Que le long temps nous voulut desrober.
En Carenten, pour remplir l'excellence
Du hautain ciel de sa douce eloquence.

Budee, Iurisconsulte.

Aussi estoit en bruit & renommee,
Le tres-sçient, & tresdocte Budee,

Iurisconsulte, interprete des Loix,
Et moult aimé de ce bon Roy François.
Duquel Roy fut choisi pour son Lecteur
Maistre Pascal du Hamel, grand docteur,
Né de Voulli assez petit village,
En Normandie, où est son parentage.
Lequel faisoit les lectures publiques
Dedans Paris, és ars Mathematiques.
Bien tost apres l'Eternel Createur
A Eolus annonça sa fureur,
Qu'il commanda par son vouloir celique,
Se forcener sur la gent Northmannique.
Si tost cela le haut Dieu n'eut tonné,
Qu'Eolus Roy, comme tout estonné,
Tremblant de peur en frayeur turbulente,
Prenant son Sceptre, & sa verge tridente,
Frappa son roch, dont tous les douze vents
Fist assembler de tous les elemens:
Eux arrivez en la basse prison
De Boreas, glaciale maison,
On eust ouy en celle fosse obscure,
Vn bruit tonnant, vn merueilleux murmure,
Vne tempeste, vn tremblant mouuement
De vents diuers, pleins de forcenement,
Qui s'efforçoyent en horrible cohorte,
Sortir dehors, ou tost rompre la porte.
Mais Eolus voyant icelle horreur,
Par grand' menace appaisa leur fureur,

Maistre Paschal du Hamel, Lecteur du Roy.

Le deluge des eaux au plat pays de Normandie. 1542.

P ij

Et les voulut pleinement aduertir:
Puis les laissa de la roche sortir.
Dont à l'instant se sourdit sur la terre
Vn soufflement, ainsi que d'vn tonnerre:
Car tous les vents lasche z en liberté,
Saillirent hors en murmure, & fierté:
Soufflans, bouffans, tant que l'vn l'autre foule
Comme soldards, qui entrent d'vne foule
A l'aborder d'vne cité pillee:
Ainsi des vents la caterue assemblee
Tous d'vn vouloir en tempeste, & discorde,
Sortent en l'air d'vnanime concorde,
En se coulant aux rochers de la mer:
Qu'à l'aborder firent tost escumer.
Si fort ces vents horriblement soufflerent,
Et les grans monts des vndes esleuerent
Si haut en l'air, que les plus hauts rochers,
La tour Glaucus, ses coupeaux, & glatiers,
Furent esmeus par l'inundation
Des douze vents, faisans l'esmotion:
Dont Neptunus appuyé sur sa teste,
En son rocher, oyant celle tempeste,
Cogneut bien tost, que iustice diuine
Aucuns humains vouloit mettre en ruine.
Dont aussi tost, commençant escumer,
Fist deslacher les bondes de la mer,
Tous ses canaux furent lors descouuerts,
Et ses esseaux subitement ouuerts.

En peu de temps, comme bruineux soulphres,
Saillirent hors des abysmes, & gouffres,
Toutes les eaux qui la estoyent encloses,
Et de sortir auoyent este forcloses.
 En vn moment Neptune, & Eolus,
Qui du haut Dieu estoyent bien resolus,
Firent bondir : l'vn ses eaux tant soufflees,
L'autre ses vents, desquels furent enflees :
Qu'en leurs fureurs pleines de viues rages,
De premier bond sortirent des riuages :
Qu'en peu de temps ils eurent surmontez :
Qui se roulans, comme en rage indomptez,
Vindrent couurir (ce qui nous fut amer)
Le plat pays, qui se ioint à la mer.
 A l'aborder, & furieuse course
De ce grand flot, destruné de sa source,
Furent destruits, tant par mer, que par vents,
Arbres, maisons, & les forts bastimens.
Parquoy perit sous mainte couuerture,
Maint homme, & femme, & autre creature.
Les hommes lors voyans ceste discorde,
Aux elemens crioyent misericorde,
En eux doutans comme incertainement
Estre venu le iour du iugement.
Et n'eust esté que vraye prophetie
Nous rend certains, & du tout testifie
Que terre ardra, & perira par feu :
En celle nuict les hommes eussent creu,

La terre peri-
ra par feu.
2. Pier. 3.
Psalm. 88.

P iij

Estre venu ce iour espouuantable
Du iugement, qui sera equitable.
  Lors Eolus plein d'aiguillonnements
Porté en l'air sur les pennes des vents,
Aiguillonnoit à main puissante & forte,
De ses forts vents la terrible cohorte :
Les dieux Tritons sonnans de leurs coquilles,
Rouloyent la mer comme boules, ou billes,
Les desgorgeant de leurs cauernes creuses
Du bas profond des antres sonoreuses :
Dont les poissons iettans tristes clameurs,
Firent mouuoir les cœurs pleins de douleurs.
Le Dieu regnant en ses regions saintes,
Seul entendit leurs cris, & tristes plaintes.
  Ces grand's fureurs, ces debats, & contents,
Auoyent duré en celle nuict long temps :
Quand le bon Dieu, plein d'amour & concorde,
Iecta sur nous l'œil de misericorde :
Et par pitié adressee ici bas,
Fist tost cesser tempestes & debats.
Dont aussi tost les herauts Tritonides,
Lesquels auoyent leurs conches coccinides,
Sur les rochers allerent proclamer,
De leurs clairons la retraitte de mer.
Dont Eolus, de ses vents pleins de rages
Pacifia les regibans courages :
Neptune aussi, qui point ne seiourna,
En ses rochers, & antres retourna.

DV MONDE.

Le l'endemain qu'Aurora nubileuse,
Nous eut monstré sa face tenebreuse,
Et que Titan des tours Orientales
Eut espandu ses rayons bruns, & pasles,
Il sembloit veoir, pour celle inundante eau,
Dieu auoir fait vn monde de nouueau :
Ou que plustost la totale machine
Des elemens deust tourner en ruine.
    Apres que l'eau par les vents desgorgee,
Fut de la mer aux gouffres r'engorgee,
On veit les corps au riblon de la mer :
Lesquels Neptune auoit fait escumer,
Qui là gisoyent estendus comme à l'vmbre,
A grans monceaux, & en merueilleux nombre,
Qui putrefaicts, en moult triste moleste,
Par le pays susciterent la peste.
    L'an ensuyuant, pour France gouuerner
A l'aduenir, Dieu nous voulut donner
Vn noble chef, de tout bien esperance :
Ce fut François, le vray Dauphin de France,
Fils de Henry, le noble de Valoys,
Seul demeuré du tres-noble François.
    Vous les trois Sœurs (qui de vostre fusee
Tirez de tous la vie diffusee,
Tant qu'il vous plaist) faites moy tant de bien,
Que ce mien corps, & ce mien cœur (combien
Que n'en sois digne) au temps puissent tāt viure,
Que veoir ie puisse à ma plume poursuyure,

marginal note: Le baptesme de François de Valoys, Dauphin de France. 1543.

P iiij

SYXIEME AAGE

Des Roys de France.

L'honneur, le bruit, le bien, & asseurance,
Le Dyamant, & la Perle de France,
C'est ce Dauphin, ce bon Roy qui sera :
Lequel son pere apres luy laissera,
Pour maintenir ceste Paix saincte & digne,
Que desirons sous la bonté diuine.
　O que ce cœur pensant a de plaisir,
Combien est grand, & ardent le desir,
Veoir de mon Roy la noble & digne face,
Ce ieune Prince, au vray sang de la race
Du preux Hector, pour ses actes conduire
En sa vertu, qui fait l'homme reluire
Si hautement : alors ie chanteray,
Et mes esprits ie ressusciteray
Comme endormis, que Phebus, & ses Muses,
S'esbahiront ouir mes cornemuses.

La mort de François de Valoys Roy de France. 1546.

　L'an mil cinq cens quarante & six apres,
Par le decret du hautain Dieu expres,
Ce Roy paya le tribut de nature,
A Sainct Denis ayant sa sepulture.

Henry de Valoys, deuxiéme du nom, Roy de France. 1547.

　Apres lequel, en triumphe & honneur,
Sur les François fut fait Roy, & Seigneur,
Henry son fils, plein de magnificence,
Second du nom, de France l'excellence.
　Ma Muse, il faut vn peu vous resiouir,
Puis que ie voy le noble sang iouir
Du Royal Sceptre, & Couronne ancienne,
Venue à droit de la race Treyenne.

Resiouy toy, peuple, prepare toy,
A receuoir ton vray Seigneur, & Roy:
Et vous, fortez ô tref-illustres dames,
De vos citez, chantans epythalames
Pleins de douceur, en triumphe & arroy:
Venez bien tost deuant de vostre Roy,
Comme iadis en chanson accordee,
Sortirent hors les filles de Iudee
Deuant Dauid, qui auoit eu victoire
Sur Goliath, en son triumphe & gloire.

 Resiouy toy, ô France heureusement,
De ce que Dieu t'a donné iustement,
Vn Prince, vn Roy, plein de cœur heroïque,
Et sur tous Roys deuant Dieu catholique,
Et si ce tiltre, & propre, & moult ancien,
Au Lys François (d'estre dit tref-Chrestien)
Est deu de droit, ce bon Roy le merite
(Autant que Roy qui fut) pour son merite.

 En ce mesme an par la Chastaigneraye
Contre Iarnac, à Sainct Germain en Laye,
Fut vn combat, & bataille duelle,
Laquelle fut aspre, breue & cruelle:
En quoy Iarnac (de son honneur amy)
Victorieux fut de son ennemy.

 L'an ensuyuant par arrest iurisdique,
Iaques, nommé de Coussy, trahistre inique,
Estant seigneur de Veruin, iustement
Fut en Paris, voire honteusement

1. Reg. 18.

Le côbat duel des seigneurs de Iarnac, & de la Chastaignerayᵉ.

La mort de Iaques de Coussy, sieur de Veruin, trahistre.

SIXIEME AAGE

Defcapité, pour auoir deliuree
Aux ennemis, Boulongne, aussi liuree
Par trahison, dont sa teste & son corps,
Furent portez sur les tours des renforts
D'icelle ville, afin qu'aux ennemis
Fust apparent le fait par luy commis.

La mort de Marguerite de Valoys, roine de Nauarre. 1549.

Bien tost apres l'honneur, choix, & eslite
De tout sçauoir, la noble Marguerite,
Sœur du bon Roy François, dit de Valoys,
S'assubiectit aux tributs & aux loix
De triste mort, qui par sa fiere enuie,
La fist passer en l'immortelle vie :
Laquelle apres sa glorieuse mort,
A delaissé tristesse & desconfort
A ses amis, mais par toute la France,
Et l'vniuers a mis vne asseurance
De sa vertu, dont sera anoblie
Par vn renom, qui iamais ne s'oublie :
Qui fleurira en ses œuures, & faicts
Par elle escrits, composez & parfaits.

Boulongne rendue au roy par les Anglois. 1550.

L'an ensuyuant Boulongne fut rendue
Par les Anglois, & paix entretenue :
Dont ce bon Roy entrant dedans sa ville,
Offrit au Temple, en façon moult vtile,
A nostre-Dame vn excellent image,
Massif d'argent, d'vn curieux ouurage.

André Alciat Iurisconsulte

En cestuy temps Alciat Orateur,
Iurisconsulte, & grand Legislateur,

DV MONDE.

A delaissé un renom & memoire
De haut sçauoir, lequel merite gloire.
 Au mesme temps Ronssart, tres-excellent
Poëte du Roy, faisoit heureusement
Haut resonner sa Lyre bien choisie,
Homme tres-docte en toute poësie.
 Bien tost apres par desastre, ou destin,
Ou trahison, la ville sainct Quentin
A l'Empereur fut quittee, & rendue :
Et tout son bien, & richesse perdue
Fut pour le Roy. Mais pour rescompenser
Ceste grand' perte, & pour mieux compenser
Cestuy dommage, au mesme an fut acquise
Par le bon Duc, & haut seigneur de Guyse,
En fait de guerre, & belliqueux effects,
La forte ville (entre toutes) Calais :
Que les Anglois auoyent comme fermee
Deux cens dix ans, contre droit occupee.
Aussi gaigna ce Duc victorieux,
Sur l'Empereur, Guynes, & autres lieux.
 L'an ensuyuant, en grand' magnificence,
Ce bon Dauphin, de France l'excellence,
Par mariage assembla les François
Auec le sang des nobles Escoçois,
Prenant leur Dame, & tres-illustre Royne
Pour son espouse, en toute grace humaine :
Et confermer sans nulle inimitié
Leur alliance en parfaite amitié.

Ronsard poete Royal.

La perte de S. Quentin, & prinse de Calais. 1557.

Mariage de François de Valois. 1558.

Noble Seigneur, ô cher Dauphin de France,
Au cœur duquel repose l'asseurance
De tout mon bien, trop plus qu'asseurement:
Si i'ay conduit ma plume lourdement
Iusques ici, pardonnez à ma Muse,
Si mon esprit sommeille, dort, ou muse,
Soit à chanter, ou escrire les faicts,
Qui par mon Roy vostre pere sont faicts,
Veu qu'Apollo, & sa bande choisie
De ses neuf sœurs, source de poësie,
Ne suffiroyent à tell' œuure entreprendre,
Ni ne pourroyent sa hautesse comprendre.
Cela se laisse aux nobles orateurs,
Qui, mieux que moy, seront perscrutateurs
De ses vertus: ceci me doit suffire,
Que i'ose bien de ceste plume escrire,
Et asseurer, que de luy l'esperance
Par sa vertu decore toute France,
Autant, ou plus, qu'oncques fist aucun Roy,
Soit par conqueste, ou magnifique arroy:
Par dons de grace, ou par haute prudence,
Par bon esprit muni de prouidence.
Or donc Seigneur, sous vostre aduancement,
Nous passerons au dernier iugement,
Donnant louange au haut Dieu immortelle,
Auoir conduit ma main, qui s'appareille
Clorre mon œuure au feu des malheureux,
Et au repos des iustes bien-heureux.

En quoy faisant ce mien cœur desia tremble,
Trop plus menu, que la fueille du tremble,
Considerant que ce petit sçauoir
N'est suffisant tel œuure conceuoir,
Pour le deduire à son but veritable,
Sans le secours du bon Dieu inscrutable:
Auec l'espoir que i'ay de vostre cœur,
Qui en ce fait me portera faueur.

FORS DIEV TOVT PASSE.

Du Iugement de Dieu.

SIXIEME AAGE

DV DERNIER
general Iugement
de Dieu.

Du dernier general Iugement de Dieu.

Exorde.

Muse diuine, ô celeste vranie,
Tournant ton Pole en tres-douce harmonie,
Recite moy les tristesses, & pleurs,
La crainte, & peur, & extremes douleurs,
La grand' tremeur, & admirations,
Qui donneront grandes turbations
Aux animans, & aux cœurs lamentables,
Qui lors seront à tous insupportables :
Sentans de loin d'vn aiguillonnement
Le prochain iour du dernier iugement.
   Muse, di moy la cause, & la racine,
Pourquoy le Dieu du haut ciel, determine
Ce iugement de Resurrection :
Ou pour donner aux bons fruiction
D'eternel bien, de repos, ou liesse:
Ou aux meschans rigueur, peine, & angoisse.
Dont ensuyuant, de plume non point feinte,
Le vray discours de l'Escriture saincte,
Auec l'escrit des excellens docteurs,
Qui ont esté les prenonciateurs

Du Iugement, & poursuyuant les stiles,
Des vrais escrits des tres-doctes Sybilles,
M'efforceray cercher la verité
Des saincts escrits, hors la temerité
D'humain sçauoir : ains ayant confidence
A la bonté, & haute prouidence
De l'Eternel, qui science aux cœurs donne,
Et toute faute en vray correct ordonne.

  Pere Eternel, qui par les viues flammes   Inuocation.
De ton esprit, l'esprit de l'homme enflammes,
Fay moy cognoistre, & ensemble sçauoir
Par le conduit de l'immense sçauoir
De ta bonté, qui tout esprit allume,
Comme pourray conduire ceste plume
A poursuyuir par ta sainte ordonnance
Tes hauts secrets, en diuine asseurance.

  Le ciel, la terre, & autres elemens,   Narration.
Ayans leurs cours, & certains mouuemens,
Selon qu'il pleut au Seigneur de nature
Les ordonner à toute creature,
Furent creez, & ordonnez subiects,
Pour se renger, & monstrer leurs effects
Subiects à l'homme, auquel la dition :
Auquel puissance, & domination
En demeura : & toute creature
Subiecte à luy auant sa forfaicture,
Venoit s'offrir à luy faire seruice,   Genes.1.
Comme craignant, & reuerant iustice,

SIXIEME AAGE

Du iugement de Dieu.

Qui le gardoit en immortalité.
Tout animant ayant crudelité,
La reiettoit lors qu'il voyoit sa face,
Vers luy n'vsant de fierté, ni menace.

Adam & Eue ercez en estat d'innocence.
Gen. 2.
Augu. de fide ad Pet. c. 22.

Adam, & Eue, en ceste seigneurie
Menoyent entre-eux en Dieu heureuse vie,
Sans nul defaut, qui apres quelque temps
Que de tel bien auroyent esté contens,
Auoyent espoir obtenir iouïssance
Des biens du ciel, quand la haute puissance
Auroit voulu par eternel dispos,
Les bienheureux du ciel, leur seul repos.

Mort venue à l'homme par peché.
Ysa. 14.
1. Ioan. 3. &
Apocal. 12.
Gen. 3.

Mais quand peché fluctueux, & diuague,
En Paradis donna le coup de dague
Empoisonné, au monstre serpentin,
Qui desgorgea son crachat & venin,
Contre cest homme: alors ce coup mortel
N'aura à mort cestuy homme immortel,
Et mort le print asprement à la barbe,
Subiect à mort plus froide que rubarbe.

Rom. 3.
1. Corinth. 15.

Et du depuis peché fist celle mort
Sur l'homme auoir vn si cruel effort,
Que depuis luy tout suppost de nature,
Par mort est mort, par le mors de morsure.

Iesus Christ mort par peché.
Coloss. 2.
Hebr. 2.

Mesme celuy que mort ne peut gloutir
Par le poison de vice, ou engloutir,
Comme subiect à peché mortifere,
Tant a voulu, & pourchasser, & faire

De durs assauts contre mort, & peché:
Que mesme luy de nul vice empesché,
Par luy est mort, dont sa mort & souffrance,
Nous ont acquis de mort la deliurance.

   De mort ie di l'homme estre fait deliure,
Non de la mort, qui nostre corps deliure
De son fier dard: ains de mort eternelle,
De mort d'enfer douloureuse, & cruelle.
Si donc peché par son subtil effort,
A dedans l'homme engendré celle mort,
Dont tout viuant meurt, qui apres la vie
Du ciel espere auoir, contre l'enuie
De ceste mort, il faut sans fiction,
Qu'apres la mort soit resurrection
Des corps ia morts: & que l'esprit, & ame,
Qui est au ciel, ou en l'eternel flamme,
Prenne son corps sans nul empeschement.
Il conuient donc qu'il soit vn iugement,
Ou autrement que l'Escriture sainte
Ne soit que bourde, ou vne fable feinte.

   Sainct Paul a fait ample narration
Du iugement de resurrection:
Disant, que l'homme au lieu se trouuera
Deuant son Iuge: auquel il contera
De tous ses faits, soit de mal, ou de bien,
Pour receuoir loyer, ou n'auoir rien.

   Aucuns ont creu non veritablement,
Que bien sera vn quelque iugement:

Marginalia:
L'homme deliuré de mort eternelle, par la mort de Iesus Christ. 1. Corint. 15. Colloss. 3. Roman 5.

Iohe. 3. 2. Corinth. 5.

Opinions diuerses touchant le iugement.

SIXIEME AAGE

Du iugement de Dieu.

Non point celuy dont l'Escriture sainte
Parle souuent en tremeur, & en crainte:
Mais bien celuy qui se fait en la mort
De nostre corps, lors que par vn effort
De maladie, ou nostre esprit s'enflamme
Aller ailleurs: & lors dessus celle ame,
Qui se depart, est donnee sentence
D'eternel bien, ou triste penitence:
Laissant ce corps couché à son enuers
Dedans la terre, pour estre viande aux vers.
Tels n'ont cuidé ce corps comme complice,
Soit de vertu, de peché, ou de vice:
Lors qu'ils estoyent l'esprit, & luy vnis,
Ne deuoir estre à iamais reunis.
Et cestuy corps point n'auoir rescompense
De sa vertu, ou reprouuee offense:
Ce qui seroit en tout irraisonnable.

Origenes.

Autres ont dit par escrit variable,
Que voire bien ce Iugement sera,
Mais que nul corps ne ressuscitera
Lequel est mort: ains que bien corps nouueaux
Dieu formera, qui les esprits loyaux,
Ou malheureux en vn instant prendront,
Qui condamnez du haut Iuge seront
A souffrir mort, & peine intolerable:
Ou viure au ciel en gloire interminable.
Ie croy cela estre abus, & erreur,
Et qui nous donne au cœur vne terreur.

DV MONDE.

Que corps qui n'ont commis aucune offense,
Soyent preparez à souffrir l'inclemence
D'angoisse, ioints aux esprits malheureux,
Qui lors iront en tourmens langoureux :
Ou que le corps, qui onc ne fist vertu,
Soit au haut ciel de gloire revestu
Auec l'esprit, & ame bienheureuse,
Trouuee sainte, & de bien planturcuse.

Donc pour oster tel abus & erreur,   *Les propres*
Croire il conuient qu'au iour plein de terreur,   *corps qui se-*
Les propres corps qui ont commis la faute,   *ront morts re-*
Et fait peché contre la bonté haute,   *suscitcront.*
De leurs tumbeaux tous ressusciteront,   *Iob 19.*
Qui premiez, ou bien punis seront.   *Aug. de diffi-*
                                     ni. orth. fidei.
                                     cap.6. & in en-
                                     chir, cap. 88.

Les saints escrits, qui ont fait mention
De mort, aussi de resurrection,   *La mort des*
Point ils ne l'ont totalement nommee   *corps est vn*
Parfaite mort : ains trop mieux estimee   *dormir.*
Estre vn dormir des corps, qui couchez sont,   *2. Corinth.15.*
Qui du dormir tost se resueilleront.   *1. Thessal. 4.*
Ensuyuant quoy, Iesus Christ Chef des morts,   *Iesus Christ*
Est appellé le premice des morts :   *Chef de l'E-*
                                     glise, & pri-
Lequel est mort, (l'escrit en est notoire)   *mice des*
Ressuscite, & monte en sa gloire.   *morts.*
                                     Ephes.1.
                                     1. Corinth. 15.
Si donc le chef du corps est suscité,
Raisonnable est, & tres-iuste equité,   *Colloss.3.*
Que cestuy corps mystique de l'Eglise   *Ephes.1.*
Se viuifie en la vie requise

Q ij

SIXIEME AAGE

Du Iugement de Dieu.

De son vray Chef, lequel est la racine
De toute vie, & de gloire divine.
 Celuy qui bien l'Escriture contemple,
Il trouuera en elle tel exemple

Exemple par le grain de froment de la resurrection des corps.
1. Corinth. 15.

Du grain semé, lequel se mortifie
Dedans la terre, auant qu'il viuifie
Sa fleur, sa fueille, & l'espic qui est beau :
Ainsi est-il (ce n'est point de nouueau)
De l'homme mort, qui reposant en terre,
S'esueillera du somne qui l'aterre,
Viuifié tres-excellentement,
Apportant fruict au iour du iugement.

1. Corinth. 15.

 Peu de profit ce corps remporteroit,
Qui par labeur trauaillé se seroit,
Par mainte peine, & sueur de sa vie,
Auoir souffert tourment, dueil, & enuie,
Persecuté de mal en mainte sorte,
Occis, meurtri par la puissance forte
De maint tyran, & auoir supporté
Par patience, & puis estre porté
Dans vn tumbeau en vn creux de la terre
Pour y pourrir, sans point iamais requerre
Autre loyer, ou retribution.
Ie ne sçay moy par quelle opinion
Cela pourroit approcher de iustice :
Mais bien plustost de tort, & d'iniustice.
En ce, les corps de mal persecutez,
Ou de plaisir au monde delectez,

DV MONDE.

seroyent en tout esgalement semblables.
S'il estoit vray, pecheurs seroyent loüables
Viure en plaisir, & les bons vertueux,
Dignes seroyent de reproche odieux,
N'auoir cerché ce qui donne à ce corps
Tous ses soulas, ses plaisirs, & accords,
Et euité tristesse langoureuse.
Certes leur vie en ce plus malheureuse   1.Corinth. 15.
Seroit du tout en leur dormition,
S'ils n'attendoyent la resurrection :
Les plus heureux seroyent, & mieux dispos,
Qui auroyent eu au monde leur repos,
Et contenté leur volonté brutale,
Ainsi que fist le Roy Sardanapale.
    Donc pour venir à ce diuin arrest,   Certitude de
Et qu'apres mort tout homme humain soit prest,   la resurrectiō
Soit asseuré, que toute creature,   des corps.
Laquelle tient le pourtrait, & peinture   1. Cor. 15.
De l'Eternel, de mort suscitera,   2 Cor. 5.
Et de ses faicts au iuge contera   Apocalyp 1.
Au iugement, (qui sera equitable)
Soit de vertu, ou de vice damnable.
    Et pour qu'aucun ne trouble son esprit,   La resurrectiō
Se deceuant au sainct, & vray escrit   se fera en bref
Parlant du temps de resurrection :   temps.
Ensemble aussi de l'affirmation   1. Cor. 15.
Du iugement, dont tout cœur humain tremble,
S'çache pour vray, que l'vn, & l'autre ensemble,

Q iij

SIXIEME AAGE

Du Iugement de Dieu.

Au iour dernier en bref temps se feront:
Lors que les corps de mort susciteront,
Au mesme temps ils orront la sentence
De vie, ou mort, de ioye, ou penitence.

Matth 13.

Combien qu'aucuns (ainsi soit sans contents
Ont dit, que lors y aura quelque temps
Pour rassembler les os, la chair, & membres
Des corps, qui lors seront reduits en cendres,
Passé tout temps en grand' celerité,
Ce qui point n'est contre la verité.

Iesus Christ iuge des viuās & des morts. Roman. 14. Act. 10. Iob 19.

    Reste sçauoir, puis qu'ainsi Dieu l'ordonne
Quelle sera du iuge la personne,
Lequel tiendra ce iugement terrible,
Qui ne sera aucunement flexible:
Dauid en fait ample narration,
Aussi sainct Luc, faisant deduction
Au vray discours de son liure, & histoire,
Et maint Prophete excellent, & notoire,
Interpretant au vray tout le passage
De ce propos, afferme en vray langage,
Que Iesus Christ du Pere est sans discords,
Iuge commis des viuans, & des morts.
C'est assauoir des vifs viuans en grace,
Iustes nommez voyans de Dieu la face:
Aussi des morts, mourans en leurs pechez,
Lesquels offense, & vice auront tachez.

Le val de Iosaphat lieu du Iugement. Ioel. 2.

    Du lieu, auquel ce grand Iuge immuable,
Viendra tenir iugement equitable,

Diuersement ont parlé les Docteurs:
Constituans ce lieu plein de douleurs,
En Iosaphat, de Iohel appellee,
Pres du haut mont d'Oliuet la valee,
De Iosaphat, interpreté le lieu,
A dire vaut le iugement de Dieu:
Auquel viendront iniustes reprouuez,
Qui en peché seront prins, & trouuez.

 Combien qu'au vray ce Iugement se face,   A.a.s.
Sera au lieu, & en la propre place
Ou Iesus Christ en son corps glorieux
Deuant les siens monta aux hautains cieux,
En celle forme, en son corps glorieuse,
D'humanité agile, & precieuse,
Qu'il leur monstra en son Ascension,
Apres la mort, & triste passion.
Ainsi viendra en sa iudicature,
Seant en l'air iuger sa creature.

 Quand à parler de l'heure, iour, & temps   Le iour, téps,
Du iugement, en ce ie ne pretens   & heure du
En asseurer aucun, qui puisse dire   Iugement in-
Estre certain de ce iour rempli d'ire :   certains.
Comme ainsi soit que celle heure, & iournee   1.1 hessal,5.
Ne soit cogneuë à creature nee: Act.1.
Mesmes aussi que l'esprit Angelique,
Tant soit ardent en l'amour seraphique
Proche de Dieu en supresme sçauoir,
De cestuy iour n'en a peu rien sçauoir,

       Q iiij

SIXIEME AAGE

Du iugement de Dieu.

Ni ne sçaura, fors à l'instant, & heure
Qu'il aduiendra, ce grand secret demeure
Du tout caché en l'eterne pensee.
Et s'il conuient dire, aussi est celee,
L'heure, & le temps de cestuy Iugement,
Au Fils de Dieu, en parlant sainement,
En le prenant ainsi que creature,
Ainsi comme homme en sa pure nature :
En ce secret defaillent tous esprits,
En ce secret se taisent les escrits
De la sacree, & Escriture sainte,
Rien n'en disant fors en tremeur, & crainte

Le iugement preueu des Peres anciés par esprit Prophetique.

    Les Peres saincts viuans au premier aage,
En ont laissé vn certain tesmoignage
Qu'il aduiendra : mais de l'heure, & du temps
Furent confus en leur esprit, & sens.

Gen. 5.

Ainsi qu'Enoch, & Helye l'a sçeu,
(Qui fut raui en vn Curre de feu)
Ce ne fut pas en certaine asseurance

*Ysa. 2. & 18.
Ioel. 3.*

Du iour prefix, ains d'vne cognoissance
Confuse en eux. Les tres-diuins Prophetes
En ont laissé tant d'escritures faites,
En leurs escrits, & hautes visions,
Tant en ont fait de comminations :
Tant ont donné de terreur & menace,
Rendant les cœurs trop plus froids que la glace
Mais nul d'iceux au vray but n'a attaint,
Le iour certain du iugement tres-craint.

DV MONDE.

De cestuy iour, au temps du grand naufrage, — Gen. 11.
Les forts Geants donnerent tesmoignage :
En quoy induits de quelque prophetie
Firent la Tour de Babel, d'eux bastie,
Contre le feu de conflagration
Qu'ils preuoyoyent par reuelation.

Mesme celuy auquel estoit aduis, — Diuus Hieronymus.
Fust en parlant en propos, ou deux :
Fust en veillant, ou le temps qu'il sommeille,
Sembloit ouïr la trompe qui resueille
Les morts, gisans aux fosses de la terre,
Craignant ce son de l'Ange qui perterre
Les hommes morts : lequel toutesfois dit
Estre incertain de ce iour dessusdit.

Plusieurs ont dit, ce iugement creable — Diuerses opinions du téps du iugement.
Estre certain, & le temps mesurable,
En se fondant, que Iesus saluateur,
Tousiours monstré s'est le Mediateur
En tous ses faicts, ce qui est verité.
Premierement moyen en Trinité, — 1. Timot. 2.
Secondement il a porté la somme
De tout peché, entre son Pere, & l'homme. — Luc. 2.
Apres il fut trouué entre les bestes :
Entre docteurs aux iours des dignes festes : — Luc. 22.
Entre les siens voulut souuent manger, — Ioan. 19.
Et au millieu de tous eux se ranger :
Qui en la fin rachetant les pecheurs — Psalm. 15.
Fut haut pendu entre les malfaicteurs,

Du iugement de Dieu.

Dessus la Croix, operant (sans qu'on erre)
Nostre salut au millieu de la terre.

Matth. 27.
Apres sa mort commis pour sauuegardes
Se reposa trois iours entre les gardes:
Et afin donc que son acte dernier
Correspondist a son acte premier,
Ils ont conclu que celle passion,
(Ou faite fut la reparation
De tout forfaict) faite fut sans contents,
Droit au parmi, & au millieu des temps.
Et par ainsi autant de temps seroit
Apres sa mort, ainsi comme il auroit
Eu par deuant: ains que ce iugement
Fust terminé, ou print diffinement,
Ce qui n'est point de trop irraisonnable.
Ce non pourtant c'est chose moult doutable
S'y arrester, comme en opinion,
Dont l'Escrit sainct point ne fait mention.

Matth. 24.
Mesme Iesus, voyant par prescience
Au clair miroir de l'immortelle essense,
Les cours, les temps, & toutes creatures,
Qui furent onc, ou qui seront futures,
Possible d'estre, ou n'estre aucunement:
N'a point voulu ce dernier iugement
Nous reueler, ni nous le faire entendre:

Matth. 24.
1. Thessal. 5.
Apoc. 3. & 16.
Nous demonstrāt qu'il nous viendra surprendre,
Ainsi que fait le larron au mi-nuict,
Qui en aguet l'homme dormant seduit.

Comme ainsi soit que la bonté immense
Ait reserué dedans sa Sapience,
Le seul secret de ce grand iugement,
Ce non pourtant Iesus aucunement
Nous a laissé en sa sainte doctrine
Du iugement maint coniecture, & signe:
Afin que l'homme en tout se trouue prest
A comparoir, & entendre l'arrest
De ce haut Iuge, en tout irreuocable,
Hors tout appel d'autre Iuge capable.
Les signes donc, lesquels precederont
Ce iugement, & qui tesmoigneront
Le Fils de Dieu venir en forme humaine
Iuger les morts, en puissance hautaine,
Seront diuers, pleins d'admirations,
Donnans aux cœurs grandes turbations.

 Lors que les temps du iugement terrible
Approcheront, maint signe moult horrible
Apparoistra, qui tout homme viuant
Perturbera au cœur si tres-auant:
Lequel prendra son vray pied, & racine
De l'heresie, & peruerse doctrine
Des boucs puans, & meschans seducteurs
Prophetes faux, & vrais seminateurs
De Zizanie, & erreur malheureuse.
Car en l'Eglise, & bergerie heureuse
De Iesus Christ, plusieurs loups entreront
Furtiuement, & qui s'introneront

Le iugement declaré par coniectures & signes.

Le premier signe precedēt le iugemēt general.
1.Timoth.4.
2.Petr.3.

1.Timoth 4.
2.Timoth.3.
2.Petr.3.
Ezech.34.
Ierem.23.

SIXIEME AAGE

Du Iugement de Dieu.

Sous peau d'aigneau, & d'vne simple oüaille,
Qui sous bonté, qui ne vaudra pas maille,
Degraderont la laine, & la brebis :
Lesquels cachans sous leurs simples habits
Fainte bonté, faignant bailler pasture
A leur troupeau, donneront la pointure
D'vn mors amer, sous simplicité vaine
Se saisiront du laict, & de la laine :
Tout le plus gras alors deuoreront,
L'oüaille infirme en tout despriseront :
Rien ne cerchans au troupeau de l'estable,
Fors seulement le bon, & profitable.

Yfa. 56. & 62.
Treno. 4.

Lors regnera madame Symonie :
Et Chasteté sera au loing bannie
D'iceux pasteurs, desquels voix, & parole,
Sera en tout & muette, ou friuole,
Pour enseigner, & nourrir le troupeau :
Mais seulement n'aimeront que la peau.

s. Timot. 3.
2. Petr. 5.

Lesquels viuans voluptueusement,
Ne prenant soing, ni cure aucunement
De leur troupeau, ni de tous leurs affaires,
Y commettront affamez mercenaires :
Qui gratteront l'aigneau iusques aux os,
Tant qu'on veura & le cuir, & le dos.

Pluralité de benefices, & non residence en iceux, commencement d'heresie.

Vn mal plus grand y sera dauantage,
Qu'vn seul pasteur, soit vieil, ou de ieune aage
Entreprendra auoir plusieurs troupeaux,
Et gouuerner les brebis, & aigneaux

En divers lieux, que di-je gouuerner?
Mais bien pluſtoſt le parc abandonner,
Et le laiſſer a quelques mercenaires:
Qui ſous le nom de Paſteurs ordinaires
Vendront le fruict a quelque gros milourd,
Qui s'en ira le deſpendre a la Court,
Ou l'employera en cheuaux, chiens, & hardes,
Le conſommant auecques les paillardes:
N'ayant le ſoing ou garde de l'Egliſe,
Qui luy aura de Dieu eſté commiſe:
Mais en aura cinq ou ſix en ſa garde,
Et ſeulement ſur vne ne regarde.
Ce que ie croy eſtre commencement
De l'hereſie, & mal gouuernement
Qui maintenant pullule en euidence
Par le defaut de leur non reſidence.
(O mal peruers, inique & dangereux,
De tel paſteur infame, & malheureux,
Lequel delaiſſe aller vaille, que vaille
Entre les loups ceſte eſgaree oüaille.)
 O Seigneur Dieu plaiſe toy ſuſciter
Vn Prince, ou Roy, qui puiſſe reſiſter
A tels abus, & que ce bien il face,
Qu'vn ſeul Paſteur ſe tienne en vne place:
Ou autrement l'homme murmurera,
Ou tel abus touſiours pullulera.
 Au meſme temps paſteurs & leurs complices
Acheteront, & vendront benefices

SIXIEME AAGE

Du Iugement de Dieu.

A purs deniers, ou bien y commettront
Ieunes pasteurs, qui parler ne sçauront,
Et oseront en trop ieune appareil
(Ainsi qu'osa le Curre du Soleil
Phaëton conduire, en son puerile aage,
Dont esprouua & ruine, & naufrage)
La charge, & faix de l'Eglise conduire :
Que mesme l'Ange à gouuerner n'aspire,
Craignant cela estre par trop pesant
A son pouuoir debile, & impuissant.

Le second signe precedent le Iugement. Matth. 24.

A ce poison, & peruerse doctrine,
Se meslera au monde vn autre signe
Du Iugement : car par esmotions
Se leueront haines, dissensions

Dissensions & guerres entre les Princes Chrestiēs.

Entre les Roys, & Princes de la terre :
Qui resueillans ce monstre, nommé Guerre,
S'efforceront enuahir les prouinces,
A sang, & feu, sur Empereurs, & Princes :
Gent contre gent tost se rebellera,
Et le commun des grans foulé sera,
Et oppressé en mainte, & dure sorte,
Par tyrannie iniuste, & à main forte.
Et qui pis est, gens d'vne mesme loy,
S'efforceront en tres-cruel arroy
Se ruiner, sans amour, ni concorde :
Ains suyuiront sans paix, ni foy, discorde.
Lors regneront les secrettes poisons,
Et par aguets seront les trahisons,

DV MONDE.

Dont aucuns Roys prendront force & puissance,
Autres seront reduits en impuissance,
Parmi le monde en surprinse, & aguets   Matth. 10.
Seront commis plusieurs meurtres secrets,   Marc. 13.
Effusions de sang, & homicides,
Entre prochains, & parens fratricides.
Aussi seront parmi maintes citez
Triste famine, & grand's mortalitez :
Non seulement aux hommes vegetans,
Ains aux oiseaux, & autres animans.
Apres la faim, mortalité, & guerre,   Tremblemés
S'esmouueront grans tremblemens de terre,   de terre par le
Dont mainte ville, & maisons trembleront,   monde, & es-
Qui esbranslez en fin tresbuscheront.   motions de
Tout animant, & beste irraisonnable,   bestes brutes.
Ietteront cris, & clameur lamentable   Ioel 2.
Des hauts rochers, comme en signifiance,
Crians au ciel, & au haut Dieu vengeance,
Contre pecheurs, urlans tres-hautement,
Sentans de loing ce futur iugement.
Adonc voyant l'air de siege plus haut
De ceste terre, & bestes le desbaut,   Commotions
Concitera en soy turbations,   côtraires aux
Dures rigueurs, & choruscations,   elemens.
Fouldres, esclairs, tempestes, & tonnerre :
Comme voulant s'armer, pour faire guerre
Contre peché, qui pour lors regnera :
Car Charité tant se refroidera   Mat. 10 & 24

SIXIEME AAGE

Du iugement de Dieu.

Aux cœurs humains de mainte creature,
Tant que le pere oubliera sa nature :
Mesme le fils par vn cruel effort,
Mettra son pere, & propre mere à mort :
Le frere aussi point ne sera asseur
De l'autre frere, & la sœur à sa sœur
Pourchassera tout scandale, & ruine.
Le fils aussi de nature vulpine
S'efforcera par barath, & procez,
Faire a son pere, & à sa mere extez.
 Tant se sourdront des cœurs inuentions,

Matth. 18.

En tous estats, aussi de factions,
Pour deceuoir la bonne renommee,
Et esuenter la bonne renommee
De l'innocent, voire ou bien du coulpable :
Acte meschant, malheureux, & damnable.
 Vn autre signe, en quoy apparoistra

Le troisiéme signe precedent le iugement.

Ce Iugement, lequel approchera :
Sera, que lors plusieurs delaisseront
Toute vertu, & se diuertiront

Diuertissement de la foy.
2. Tim. 4.
2. Thessal. 2.

De nostre foy, croyant plustost aux fables,
Aux vanitez, & doctrines damnables
Des faux prescheurs, qui par vaine science
Ensuyuiront toute concupiscence :
Rien ne preschans qu'en orgueil, & fierté,
Et de la chair la seule liberté.

Quatriéme signe precedét le iugement.

 Bien tost apres hors le Romain Empire
(Dont le pouuoir de peu en peu s'empire)

Se causera en mainte nation,
La diuertie, & la discession :
Car chacun Roy, par force, & fait de guerre,
Contre l'Empire affranchira sa terre.

 Ces precedens signes, & grans malheurs,
Seront alors de tristesse, & douleurs
Commencement : lesquelles aduiendront,
Et tost au monde à l'homme apparoistront :
Car cela fait, pas ne sera encore
La fin des temps, ains par faict tres-notoire,
S'esleuera l'habomination,
Et le malheur de desolation :
Lors qu'Antechrist, faux prophete damnable,
Entre tout homme, infame, abhominable,
Et reprouué, commencera son regne
Sur les pecheurs, au terrestre domaine :
Et destruira au siecle des humains,
L'Empire, & chef, & sceptre des Romains.

 Ce grand lyon, & beste trop errone,
Se leuera du chef de Babylone,
Qui plein d'orgueil, & superbe arrogance,
Se fera Roy, par fierté, & outrance :
Et qui conduit par sens dyabolique,
Duit, & mené par art, & faict magique,
Assemblera tous faux predicateurs,
De vice pleins, d'erreurs seminateurs,
Et seducteurs, pleins de fausse doctrine,
De Zizanie, & peruerse farine

La diuertie des Royaumes du Romain Empire.
2. Thessal. 2.

Le cinquième signe precedét le iugement.

L'abhomination de desolation en l'aduenement de l'Antechrist.
Matth. 24.
2. Thessal. 2.

L'origine de l'Antechrist, & son gouuernement.

R

SIXIEME AAGE

Du iugement de Dieu.

D'hypocrisie inique, & trop meschante:
Qui sera lors d'efficace puissante,

Matth. 24.

A diuertir à soy, pour aucun temps:
Voire les bons, & iustes, par moyens
Lesquels seront si forts, & redoutables,
Que les esleus decherront variables,
Perdans la Foy, par crainte, qui sera
Dedans leurs cœurs, & qui demonstrera
L'infirmité, & vice de nature.

L'Eternel ne delaisse iamais les siens. Iosué 1.

Mais l'Eternel aimant sa creature,
Ne permettra les siens aucunement
Tomber du tout: mais iceux seulement,
Pour quelque temps pourront perdre la grac
Qui tost apres cognoissans la fallace
De ce dragon, tost se conuertiront.
Lors ses bourreaux deuant luy sortiront,
Mettant à mort heureuse, & moult cruelle,
Ceux qui voudront soustenir la querelle
De Iesus Christ: puis prins, & tourmentez
De maint supplice, en tout espouuantez,
Seront liurez à peine rigoureuse,
Endurant mort tres-iuste, & bien-heureuse.

Les hommes diuertis de la Foy par l'Antechrist, par pecune de tresors.

Plusieurs seront par pecune seduits,
Par les thresors patentement produits,
Qui leur seront de terre descouuerts,
Des lieux cachez, qui tous seront ouuerts:
Autres seront par crainte de menace,
Perdans la Foy, les autres par fallace.

Car ce lyon, fier, & voluptueux,
Auec les siens, maint signe monstrueux
Demonstreront, par subtil art magique :
En affermant, comme en dit Prophetique,
Cil Antechrist estre le vray Messie,
Dont a parlé l'Esprit de Prophetie :
Maints y croiront, disant celuy menteur
Estre le vray, & promis Redempteur
De Dieu, venant en sa grand' maiesté,
Mettre Israel en paix, & liberté,
Le deliurant de triste seruitude,
Qui le detient dispars en solitude,
Par les climats : lesquels s'assembleront
Dedans Iudee, où ils adoreront
Cil Antechrist, qui portera couronne
Dessus son chef, ainsi que Dieu l'ordonne.

  Tant de tourmens, tant de tristes mal-heurs,
Tant de perils, de peines, & douleurs,
Souffriront lors les bons predestinez,
Qui demourront, non point contaminez
D'aucun peché, & ceux seront heureux,
Qui ne verront ces iours-là malheureux.

  Entre ces maux, se trouueront en place,
Sans crainte, ou peur, non craignans la menace
De ce meschant, Enoch, auec Helye,
Pour abolir l'erreur, & la folie
De sa doctrine, approuuans nostre Foy
Euangelique, & naturelle Loy.

Marginalia:
2. Thessal. 2.
Mar. 13.

Matth. 24.

Matth. 24.

Le sixiéme signe precedent le iugement general.
L'aduenemét d'Enoch, & Helie, prophetes.
Malac. 4.

SIXIEME AAGE

Du iugement de Dieu.

Matth. 7.

Selon le dit d'aucun, qui ce recite,
S'y trouuera sainct Iean l'Euangeliste,
Pour declarer, & porter tesmoignage
De triple loy: lesquels par fiere rage
De ce tyran, seront persecutez
Par ses bourreaux, à mort executez.

Lors se sourdra parmi toute la terre
Telle douleur, frayeur, & telle guerre
Contre les bons, les iustes, & fideles
Persecutez de peines tres-cruelles,
Iusqu'à la mort, que les cœurs trembleront
De crainte, & peur, qui ces peines verront.

Matth. 24.

Le temps de l'habomination de desolation.

Telle sera l'habomination
De celuy temps de desolation,
Qu'oncques n'en fut au monde de semblable,
Ni ne sera autant espouuantable
Aux cœurs humains. Et ce temps qui sera
Plein de terreur, au siecle durera
Trois ans auec six mois, lesquels seront
Determinez, & qui s'abregeront
Pour les esleus, qui en telle souffrance
Diuertiront de leur perseuerance.

Antechrist vsurpera l'hōneur de Dieu se faisant adorer par les hōmes. 2. Thessal. 2.

Au mois dernier de ce temps ordonné,
De crainte, & peur, lequel Dieu a donné
A ces meschans, ce Roy de Babylone,
Cil Antechrist fera dresser vn throne,
Tout au parmi du Temple, qu'à son nom
Fera bastir, pour sa gloire, & renom,

Au propre lieu de la sainte cité
Où Salomon fut de Dieu excité:
Auquel seant en magnifique gloire,
Porté en l'air par puissance illusoire
Du faux Sathan, se fera adorer,
Se disant Dieu: se faisant honorer
Vray Fils de Dieu, vsurpant l'excellence
Du Dieu viuant en eternelle essense.
Là les Seigneurs, les Princes, & les Rois,
Tous congregez en triomphans arrois,
Deuant ce Roy plein d'esprit Plutonique,
Commenceront en tiltre magnifique,
Louer son nom dessus tous les viuans,
Qui lors seront son honneur poursuyuans,
Non cognoissans autre Dieu en la terre,
Fors ce glouton, mal-heureux, & tricherre.

 Mais l'Eternel, qui tout conseil entend,
Et de nos faicts la penitence attend
De son haut ciel, pour demonstrer l'exemple
De tout peché, & abolir ensemble
Ce mal-heureux, & croistre ses douleurs,
En la prison & chartre de malheurs,
Fulminera par l'esprit de sa bouche
Cest Antechrist, de tout peché la souche:
Car tost du ciel descendra vn Archange
Armé de Dieu, choisi dessus tout Ange,
Dit sainct Michel, qui l'honneur defendant
Du haut Seigneur, de taille & de fendant,

La ruine de l'Antechrist par l'Ange.
2. Thessal. 2.

K iij

SIXIEME AAGE

Du iugement de Dieu.

Viendra ruer, & charger à outrance,
Pour ruiner la superbe arrogance
De ce glouton: duquel la grand' ruine
A tous sera la demonstrance, & signe
De son abus, & damnables erreurs,
De sa doctrine, & faux predicateurs,
Qui seront mis en crainte espouuantable,
Considerans la ruine notable
De leur seigneur, qui par celeste guerre
Sera ietté au centre de la terre,
Pour y souffrir vn tourment eternel,
Accompagné du fier Luciabel.

Le septiéme signe precedēt le iugement.

Les hommes lors voyans estre seduits
Par ce fol Roy, bien tost seront induits
Par l'esprit sainct, & raison naturelle,
Suyuir la Loy de Dieu, & sa querelle.

Vne seule loy en vne seule Eglise en la fin du monde.
Ysa. 2.
Roman. r.
Zach. 14.

Ensuyuant quoy, vne Loy, vne Eglise,
Et vne Foy, sera de tous requise:
Car toute idole, & fictice statuë,
Sera du tout destruite & abbatuë,
Et vn seul Dieu de tout peuple honoré,
Reueré, craint, & de tous adoré:
Toutes erreurs, toute vaine heresie,
Qui de long temps auroit esté choisie,
Des cœurs humains sera tost extirpee,
De toute gent, & peuple mancipee.
Lors l'Euangile en ce temps sans peché,
Parmi le monde à tous sera presché:

DV MONDE. 132

Et celà fait, sera hors flaterie,
Vn seul Pasteur en vne bergerie.
 O temps heureux! s'ils duroyent longuement
En tel estat, mais veritablement
Bien courts seront, selon l'opinion
Des saincts docteurs qui en font mention:
Comme d'vn mois, ou de deux pour le plus,
Combien qu'en Dieu soit caché le surplus.
 Dont s'approchans les douleurs, & ruines
Du Iugement, apparoistront maints signes
Aux corps du ciel, au Soleil, & Planettes,
Qui sont là haut reluisantes, & nettes:
Car le Soleil, & la Lune prendront
Couleur de sang, & qui s'eclypseront
En leurs decours : voire ou realement,
Tous iceux corps seront certainement
Rendus obscurs, moult tenebreux, & pasles,
Pour inciter peur, & craintes fatales,
Aux cœurs mortels : ausquels apparoistront
Impressions celestes, qu'ils verront :
Voire ou ces corps perdront lors leur lumiere,
Pour la splendeur, & clarté singuliere
De Iesus Christ : laquelle reluira
A son aduent, lequel approchera.
 Et aussi tost s'esleueront les vndes,
Hors de la mer, de leurs antres profondes,
Tres-haut en l'air, qui par apres infimes
S'absorbiront aux profondes abysmes

Le huictiéme signe precedét le iugement de Dieu.

La mutation des corps ce-lestes.
Ysa. 13.
Ezech. 32.
Ioel. 3.

Le neufiéme signe precedét le iugement de Dieu. Mutatió aux vndes de la mer.

R iiij

SIXIEME AAGE

Dedans la terre, & à peine cogneuë
Sera la mer à toute humaine veuë :
Dont les poissons, les dauphins, & seraines,
Les marsouins, & les grandes balaines,
Feront ouir leurs voix, & leurs clameurs,
Contre les faicts des iniques pecheurs,
Tant qu'aux humains en ce terrible affaire,
Il semblera la mer vrler, & braire.
Ceci voyans les hommes esmayez,

Luc. 21.

Tremblans de peur, & de crainte effrayez,
Deuiendront lors comme morts, & timides,
Sechans debout, secs, craintifs, & arides
Pour la grand' peur, & conturbation,
Oyant le son, & la confusion
De celle mer, & merueilleuses vndes,
Bouillante en l'air de ses fosses profondes.
En ces tremeurs, qui pres approcheront,

Yfa. 2.

Et pour l'horreur que les hommes auront,
Se cacheront aux fosses de la terre,
Dedans les trous de mainte creuse pierre,
Cerchans les bois, les fosses des riuages,
Les lieux secrets, & absconses vorages,
Sentans en eux, en toute place & lieu,
La grand' fureur du iugement de Dieu.
Que diray plus ? en tous les elemens
Se leueront contraires mouuemens,
Et tremblemens parmi toute la terre,
Fleuues bruiront, se fendra mainte pierre,

DV MONDE. 133

Et s'armera en terribles fureurs,
Pour donner crainte aux malheureux pecheurs.
Les durs rochers, & hauts monts trembleront,
Arbres, & bois par vents rompus seront,
Dont les lyons, & les bestes rebelles
Sortiront hors (prins de rages cruelles)
De leurs terriers, courans parmi la terre,
Se concitans dure, & mortelle guerre,
Vrlans en l'air, & frappez de terreur,
Sentans en eux du haut Dieu la fureur.
Les Temples saincts, chasteaux, & edifices,
Faicts, & bastis par subtils artifices :
Comme tremblans de peur trebuscheront,
Et ce iour d'ire en eux tesmoigneront,
Qui demolis, & ruinez en terre,
Ne laisseront vne pierre sur pierre.
Les douze vents qui iamais n'ont concorde,
Viendront souffler en tempeste, & discorde,
Et parmi eux seront ouis en terre
Maints grans escrois de fouldre & de tonnerre,
Dragons de feu, comettes enflammees,
Lances de feu ietteront leurs fumees
Pleines d'horreur, & triste estonnement,
Comme annonçans ce dernier iugement.
  En l'air seront ouis plaints, & clameurs,
Pleurs, & souspirs, voix pleines de douleurs,
Qui sortiront des fosses, & cisternes
Des lieux secrets, & des basses cauernes,

Ysa.3.
Matth.23.

SIXIEME AAGE

Du iugement de Dieu.

Ou de long temps les nocturnes esprits
Auront esté deputez, & proscripts.
Mesme le ciel auecques ses puissances,
Demonstreront leurs vertus d'impuissances:
Car leur clarté tost se retirera,
Qui en soymesme au ciel se cachera.

Iob 26.

S'il faut parler, les Anges trembleront,
Non point de peur que lors auoir pourront,
Ni de frayeur, qui oste l'asseurance,
Du bien qu'ils ont en leur perseuerance:
Mais bien sera pour l'admiration
Qu'auoir pourront, en la turbation
Qui se fera au terrible refuge
De Iesus Christ, constitué le Iuge
Sur tous viuans, aussi dessus les morts.

Le dixiéme signe precedent le iugement de Dieu.
Le feu de conflagration.
Psalm. 96.
Malach. 4.

Apres ces maux, & douloureux efforts,
Pleins de terreur & de confusion,
Viendra le feu de conflagration,
Qui bruslera la face de la terre,
Arbres, & plants, liurant cruelle guerre
Contre pecheurs: car ce feu rigoureux
Deuorera pecheurs, & malheureux
Par son ardeur, qui point ne touchera
Aux bons esleus, & mal ne leur fera.
Mais s'il restoit quelque tache purgeable,
Par cestuy feu sera faite curable,
Purgee en tout, & sera ceste flamme
A ceux esleus, (sans qu'en rien les enflamme)

Ainsi que fut le feu de la fournaize *Daniel.3.*
Aux trois enfans, qui estoyent en leur aize
Dedans ce feu: lesquels mis en ce lieu,
Loüoyent par chants la grand' bonté de Dieu.
Ainsi sera celuy feu transitoire
Aux bons esleus, ainsi qu'vn Purgatoire
Plein de plaisir, & ceux qui nets seront,
De celuy feu l'effect ne sentiront.
 Des elemens la grandeur, & machine, *L'effect du feu*
Par cestuy feu sentira la ruine: *de conflagra-*
C'est assauoir la basse region *tion aux ele-*
De ce bas air aura combustion *mens.*
Du feu, montant en l'air sans nul refuge, *2.Petr.3.*
Comme les eaux monterent au deluge:
Mais celuy air, qui est proche du feu,
Hors de sa forme alterer sera veu,
Et la changer en forme plus parfaite.
La terre, & l'eau en leur forme deffaite
Se changeront quand à leur motion, *Matth.24.*
Qui cessera la generation
Des animants, & point ne se mueront
De l'vn en l'autre, aux cours qui cesseront.
 Le dernier signe, où nous apparoistra *L'vnziéme &*
Le Iugement, qui brefuement viendra, *dernier signe,*
Sera cestuy, (com' l'Escriture enseigne) *precedent le*
Lors que la mort desployera son enseigne *iugement.*
Sur tout viuant, qui sentira l'effort, *Toute creatu-*
Et le fier dard, & puissance de mort. *re viuante*
 mourra.
 1.Thessal.5.
 Hebr.9.

SIXIEME AAGE

Du Iugement de Dieu.

**Matth. 24.
2. Thessalon. 5.**

Lors que les gens, tant femmes comme hōmes
Priuez de soing, & pondereuses sommes,
De leur labeur: lors qu'ils seront dispos,
Et qu'ils prendront au lict somne, & repos:
Ou qu'ils seront buuans, mangeans ensemble
Ou estimans (ainsi que souuent semble)
Auoir sans peur, paix & securité:
Adonc viendra en grand' celerité
Vn bruit tonnant, vne frayeur nouuelle:
Comme à la femme aduient, qui renouuelle
Crainte, & douleur en son enfantement,
Qui lors la vient frapper subitement.

**Marc 13.
Luc 12.**

Ainsi viendra celle mort, qui tout guette,
Soit au mi-nuict, ou en l'heure secrette
Du poinct du iour, que le coq vient chanter,
Pour tout mortel du dormir exciter.

Psalm. 100.

David parlant du dernier iour, & heure,
Semble affermer, & par son dict asseure,
Que ceste mort sa force exercera
Au plus matin, que tout homme mourra:
Soit au matin, ou autre heure doutable,

Hebr. 9.

Elle viendra d'effect tres-redoutable.
Car tous viuans qui sur terre seront,

**1. Thess. 4.
Diuus Aug.
lib. 2. c. 20. de
ciuit. Dei. &
de diffi. orth.
fid. ca 6.
Hierony. ad
Marcellum.**

En vn instant subitement mourront.
Plusieurs ont dit, ayans raison non feinte,
Par texte plein de l'Escriture sainte,
Que des esleus, iustes, non reprouuez,
Plusieurs, qui là alors seront trouuez

DV MONDE, 135

Encor viuans, ne sentiront l'effort,
Ni le fier dard de naturelle mort,
Qui ne mourront: ains en tres-briefue espace,
D'eux se fera au lieu, & en la place
Où ils seront, vne mutation
De vie, & mort, comme en dormition:
Et en l'instant, ce qui est corruptible,   1. Cor. 15.
Sera changé en forme incorruptible:
Ce qui sera & passible, & mortel,
Sera mué impassible, immortel,
Comme vestu d'vne forme nouuelle,
Ou cestuy corps en mieux se renouuelle.

  Au mesme instant, que mort par ses efforts
Aura rendus hommes & femmes morts,
Seront rengez (ce qui tout cœur perterre)   *Les morts se*
Aux quatre coings de l'ample, & large terre,   *resueilleront*
Quatre herauts, quatre anges, qui pour signes,   *par la trompe*
Du hautain Dieu les trompes, & buccines   *de l'Ange.*
Sonneront lors, voire si hautement,   1. Corinth. 15.
Qu'ils rempliront l'air, & le firmament,   1. Thessal. 4.
Le ciel tournant, les astres, & estoilles,   Matt. 13. & 24
Et tous les lieux des regions mortelles.
Ce son sera si tres-espouuantable,
Si aigre, & fort, que le ton redoutable
Penetrera fosses, & lieux diuers,
Allant frapper iusqu'au bas des enfers,
Aux monumens, & tombeaux de la terre,
Comme l'escroy d'vn horrible tonnerre:

Du iugement de Dieu.

SIXIEME AAGE

Crieront en l'air de voix tres-hautement,
Leuez-vous morts, venez au iugement.
 Lors tous les corps reposans aux cisternes,
Dans les tumbeaux, aux charniers, & cauernes
Morts de tout temps, en cendres, & tous secs,
Aux monumens tous pourris, & infects,
Aux hauts gibbets, ou en la mer profonde,
Dedans les puits, en quelque fleuue, ou vnde,
Mangez des vers, ou des bestes sauuages,
Bruslez par feu, ou iettez aux naufrages
Pour y perir : aussi tous os arides,
Et du tout secs, de veines, & chair vuides,
Qui sur la terre apparoissans seront,
Ou dedans terre alors reposeront.
Ceux qui là bas aux enfers trebuscherent,
Encor viuans, & qui s'y abysmerent
Par leur orgueil, ou ceux qui sont viuans
Auec l'esprit de gloire iouissans,
Orront le cri de la trompe sonnante,
Et du haut Dieu la parole tonnante.
 Tous les esprits du lieu & auditoire,
Des infernaux, & du bas purgatoire,
Du lymbe obscur, & ceux des regions
Du hautain ciel, & de ses mansions,
Ou qui seront iouissans de la vie
D'eternel bien, sans craindre aucune enuie,
En vn instant tous reprendront leurs corps,
Et sortiront subitement dehors

Ysa. 26.
Ezech. 37.
1. Cor. 15.
1. Thess. 4.
Ioan. 5.
August. de vanitate seculi.

Ysa. 3.
Matth. 24.
1. Petr. 1.
Apocal. 1.

Des monumens, & sepulchres de terre,
Soyent enchassez en or, argent, ou pierre,
Et en l'instant de resurrection
S'esueilleront de leur dormition :
Diuerse entre-eux, combien que tous seront
Faits immortels, qui ressusciteront :
Car les esleus seront faits susceptibles
De quatre dons, ils seront impassibles,
Et reuestus d'isnelle agilité,
De grand' clarté, & de subtilité,
Qui les rendra au Createur semblables,
Et en sa gloire aux Anges admirables.
Chacun des corps au ciel glorifié,   Matth. 13.
Qui sera là lors beatifié,
Aura en soy trop plus grande lumiere
Que le Soleil, en sa clarté premiere.
  Ou s'ils seront apres mort reuestus   Si les corps se-
De tels habits, desquels l'homme confus   ront reuestus
Par son peché, couure, & vest sa nature,   apres la resur-
De ceci point ne parle l'Escriture :   rection.
Mais ie croy bien que tout corps glorieux,
Apres la mort sera aux hautains cieux,
Enuironné de clarté, & de gloire,
Qui le rendra au diuin territoire
Priué de honte, & d'imperfection,
Qui peut blesser nostre perfection :
Ainsi qu'estoit Adam en innocence,   Genes. 2.
Ains qu'il commist forfaict, vice, ou offense.

SIXIEME AAGE

Du iugement de Dieu.

Si l'homme reprendra la partie apres la resurrection. Matth. 22.

Si l'homme lors reprendra sa partie,
Qui luy aura au monde esté partie:
Ou si plusieurs ici conioints ensemble,
Leur mariage apres mort les rassemble
Ressuscitez, prendre faut tesmoignage
De Iesus Christ, ostant tout mariage,
Apres la mort: car les hommes seront
Ainsi que l'Ange au ciel, ou reluiront.

De l'aage auquel tout corps ressuscitera. Ephes. 4. Philip. 3. Aug. de ciuit. Dei, libr. 22. cap. 14.

L'aage duquel les corps seront munis,
Apres dormir aux esprits reunis,
Sera nombré de trente & deux en somme,
Auec trois mois: en tel aage tout homme
S'esueillera, soit vieil, ieune, ou chenu,
Petit enfant, ou du ventre venu,
Mort-né sur terre, & aura la stature,
Grosseur, grandeur, telle que sa nature
Luy eust donné si tel aage eust attaint,
Et si vieillesse en tout auroit estaint
Force, & vertu, par le long temps de viure:
Lors qu'il viendra s'esueiller, & reuiure,
Aura tel corps, telle grandeur, & force,
Telle stature, & sans aucun diuorse,
Lors qu'il estoit en tel aage mué,

De la tache & imperfectiōs du corps apres la resurrectiō. Psalm. 102. Philip. 3. August. in Enchir. cap. 90.

Qui ne sera en riens diminué
De sa vertu. Quand à parler de tache
Du corps humain, qui souuent l'homme fasche
Auoir en soy, point ne demeurera
Aux corps des bons: mais changee sera

Toute macule, & imperfection,
En celuy corps, plein de perfection :
Cil qui aura ici esté boiteux
Deuiendra droit, le iuste monstrueux
Deuant sa mort, sera mis en sa forme,
Qui ne sera contrefaite, ou difforme.
Mais aux damnez toute imperfection
Qu'ils auront euë en leur formation,
Soit d'accident, ou faute de nature,
Leur demourra en leur corps & stature.
Combien qu'aucuns ne soyent d'opinion
Leur demeurer telle imperfection :
Peu se challans des vices de nature
Du corps mortel, mis en la creature,
Qui descendra auec l'esprit, & ame,
En l'ardent feu de l'eternelle flamme.
Bien ce ie croy, que leurs corps deuiendront,
Et pour defaut en eux tousiours seront
Pasles, tremblans, pensifs, chagrins, passibles,
Mornes, pesans, de regret susceptibles,
En crainte mis, qui tousiours durera,
Et qui iamais ne les delaissera :
Mais point n'auront d'aucuns membres defaut,
Selon l'escrit, ainsi croire le faut.

 Tout abortif, & tout monstre formé,
S'il a eu vie, & de corps informé,
De face humaine ayant d'homme figure,
Suscitera auec telle stature,

August. in Enchir. c. 91.

De la resurrection des abortifs sans Baptesme.

SIXIEME AAGE

Du iugement de Dieu.

Comme dessus tout autre homme aura eu:
S'il n'a eu vie, en riens ne sera veu.

De la peine de ceux de Purgatoire, qui sera acceleree en quatre manieres.

S'il faut parler de ceux du Purgatoire,
Qui n'auront eu peine satisfactoire,
Qui leur aura esté determinee
Pour leur peché, du haut Dieu ordonnee:
Il conuient dire, & croire asseureement,
Que celle peine, & rigoureux tourment,
Qui resteront, seront accelerez
Par le merite, & biensfaicts implorez
De celle Eglise au haut ciel triumphante:
Ou qu'ils pourront en douleur penetrante
Autant souffrir en vn petit moment
Comme en mille ans: voire ou plus longuemen
Ce qui seroit vne misericorde
Grande à excez, pour rompre celle corde
De l'ardent feu, poignant, & rigoureux,
Ou plongez sont les tristes langoureux:
Ou qu'en ce temps l'Eterne prescience
Aura mis fin à toute penitence,
Et disposé, qu'en cestuy iugement,
Viendra le terme à leur peine & tourment.
Ou autrement, il faudra qu'en celle heure,
(Que vifs, & morts appellez sans demeure,
Comparoistront deuant le tribunal)
Aux prisonniers de l'vmbre nocturnal,
Estans au feu de ce bas Purgatoire,
Le Iubilé de grace soit notoire

A leur langueur, & qu'ils soyent deliurez
Par grace faite, ainsi qu'aux martyrez
En la prison, la grace est conferee
D'vn Prince, ou Roy, lequel fait son entree.

 Princes, & Roys, tout regne, & monarchie,   Les predesti-
Morts, & estaints, en ruine abolie,   nez & reprou-
Et tous les corps de resurrection,   uez ensemble
Tost resueillez de leur dormition,   en la valee de
Et congregez en la basse vallee   Iosaphat.
De Iosaphat, par tel nom appellee.   Matth. 25.
Bons, & mauuais, estans en vn monceau,
Comme brebis, & boucs en vn troupeau,
Entremeslez au dessus de la terre,
Viendra du ciel plus roide qu'vn tonnerre,
Trop plus leger que ne sort du landage
L'agile cerf, ou le fort daim sauuage,
Celle grand' Pierre, & sainct Emmanuel,   Daniel. 2.
(C'est Iesus Christ) dont parle Daniel,
Fait, & parcreu d'vne pierre en montaigne: Aug. de vani-
Et pres de luy ses armes, & enseigne,   tate seculi.
La Croix, les Cloux, la Couronne, & la Lance Matth. 24.
Ou il souffrit pour nostre deliurance:
En son sainct corps les cinq playes mortelles,   Apoc. 1.
Pleines de sang, & vlceres cruelles
Apparoistront, pour sa mort tesmoigner,
Et aux pecheurs, peur, & crainte donner.   Ysa. 16. Dan. 11
 Alors tout œil, toute chair suscitee,   Apoc. 1. Zach.
Verra ce Iuge en fureur excitee,   13. Ysa. 2. & 26
                         Matth. 24.
       S ij   Psalm. 117.

SIXIEME AAGE

Venant en l'air, comme en ire, & fierté,
En sa puissance, & grande maiesté,
Enuironné d'vne infinie gloire:
Qui aux esleus sera ample, & notoire.
Mais aux pecheurs, sa face de douceur
Apparoistra de menace, & fureur:
Autant qu'aux bons sera lors gracieuse,
Aux reprouuez sera tres-furieuse.

  Toute la Court du celeste pretoire,
Les potestez du diuin auditoire,
Tout le senat du hautain Paradis,
La Vierge saincte, & Anges benedicts,
Seront presens en l'air à sa venue,
L'accompagnans, ployans, la teste nue
Par reuerence, en ce haut Parlement,
Pour assister en ce craint iugement.

  Lors ce Lyon monstrant sa fiere corne,
Plein de fureur, plus que n'est la Licorne,
Sera assis en son siege Royal,
Pendant en l'air de son haut Tribunal.
Et pres de luy, pour porter tesmoignage
Du Iugement, plein de miel, & de rage,
Seront seans illec les douze Apostres,
Comme assesseurs: plusieurs autres des nostres,
Comme Martyrs, qui auront tout laissé,
Biens, & auoir, & mesme delaissé
Leurs propres corps pour Iesus Christ suyuir,
Et son vouloir parfaire, & ensuyuir:

Marginalia:
Du iugement de Dieu.
Matth. 25.
Philip. 2.
Les Apostres assesseurs iugeront les hommes.
Dan. 11.
Sapien. 3.
2. Corinth. 5.
Matth. 19.

Comme vn sainct Paul, gens parfaits qui auront
Abandonné leur vie, assis seront,
Iugeans les faicts iniques, & damnables
Des reprouuez, qui seront condamnables:
Et des esleus approuuans l'action,
Par iugement de confirmation.
 Ce iuge ici, tres-iuste, & equitable,   Psalm. 7.
Fort, & puissant, droit, & invariable,
Non corrompu d'amitié, crainte, ou peur,
Par parenté, par dons, ou par faueur,
Procedera en cestuy iugement,
Ainsi que fait vn iuge humainement.
Comme vn pasteur, qui au soir se prepare   Separation
Sur son troupeau, qui ses brebis separe   des iustes, &
D'auec les boucs, remplis de puanteurs: des reprouuez
Ainsi seront miserables pecheurs   Matth. 25.
Iettez dehors d'auecques les esleus.   Apocalyp 21.
Lesquels seront de ce Iuge cogneus,
Et esleuez en l'air hors de la terre,
En corps agile, & subtil comme verre: Sapien. 3.
Mais ces vieils boucs de vices enfangez,
Demourront bas, sur la terre rengez
En vn monceau, confus sans aucun ordre,
Auec Sathan, leur prince, en tout desordre:
Qui d'vn regret frappez, & crainte horrible,   Sapien. 5.
En desespoir, & angoisse terrible,
Mattes de cœur, & confits en douleurs:
Iettans souspirs, & lamentables pleurs,

S iij

SIXIEME AAGE

Du iugement de Dieu.

De rage esprins, & fureur desbrisez,
Verront les bons, qu'ils auront desprisez,
Et contemnez par ris, & mocquerie,
Rengez en l'ost de la cheualerie
De Iesus Christ, appellez les enfans
Du hautain Dieu, dignes & triumphans.

Les tesmoins produis au iugement, contre les reprouuez.

Secondement, ce iuge irreuocable,
Procedera d'enqueste veritable
A l'examen des meschans reprouuez :
Lesquels seront en leur vice trouuez,
Afin que l'homme, en tres-iuste iustice,
Soit conuaincu de sa propre malice
Par luy commise, en quoy comparoistront
Plusieurs tesmoins, certains, & qui seront
Dignes de foy, & non en riens sannables :
Mais cognoissans, & en tout veritables.

La conscience premier tesmoin contre le pecheur. Roman. 2. Y la vltimo.

Pour le premier, sera la conscience,
Qui point ne ment : mais cognoist en presence
L'estat, maintien, auec toutes les mœurs,
Et les pechez du secret de nos cœurs :
La synderese, & elle qui seront
Contre pecheurs, tres-fort s'efforceront
Les accuser, & les rendre coulpables,
Dignes de peine, aux enfers deuorables.
Alors seront les crimes descouuerts,

1. Corinth. 4.

Lesquels estoyent tant cachez, & couuerts
Dedans ce cœur, pour en receuoir honte :
Ce qui douleur, & tout tourment surmonte.

L'autre tesmoin, sera l'accusateur,
L'esprit malin, lequel tousiours menteur
Aura esté, fors en ce Iugement :
Lequel viendra, voire constantement,
Pour accuser les pecheurs de la terre,
Comme celuy, qui aura mis en l'erre,
L'homme pecheur par sa tentation,
Surprins aux lacs de fornication,
Ou de larcin, ou quelque autre peché :
Qui son esprit, & ame aura taché.
Ainsi que fait vn larron pour excuse,
Qui de son fait son compagnon accuse,
Ce faux esprit rempli d'abusion,
De nos pechez fait sa production :
Et produira son sac lors pour surprendre
Celuy pecheur, impuissant se defendre.
 Le tiers tesmoin, sera le bon esprit,
Nostre bon Ange, & expert, & perit
A nostre bien, à nous baillé pour garde :
Lequel tousiours soigneusement regarde
A nous pousser par inspiration
A la vertu : mais si par faction,
Ou non chaloir, de nous est delaissé
Son bon conseil, il est authorisé
De l'Eternel, à nostre peur, & crainte,
En cestuy iour en former vne plainte.
 Apres viendront les Poures, desolez,
Lesquels n'auront point esté consolez

Le diable & mauuais esprit, second tesmoin contre le pecheur Apocal. 12. Iob 14.

Le bon Ange, troisiéme tesmoin contre le pecheur 1. Corinth. 6.

Les poures & les richesses, quatriéme tesmoin contre le pecheur.

SIXIEME AAGE

Du iugement de Dieu.

Exod.22.
Iacob.5.

Des opulens, des puissans, & auares:
Ains les auront iusqu'aux fanges, & mares
Persecutez & en mal poursuyuis,
Et leur auront leur terre, & biens rauis,
Et tout pillé, & auront abusé
De leur loyer: ou qui auront vsé
Contre tels gens de tort, ou pillerie.
Soit le pecheur asseur sans mocquerie,
Que telle gent ayant en Dieu fiance,
En cestuy iour demandera vengeance
De tout le mal, qu'on aura pourchassé,
Aussi du tort contre-eux fait, & brassé.

Peché mortel cinqiéme tesmoin contre le pecheur.
Ierem.2.
Osee 13.
Prouerb.5.

L'autre tesmoin comparant en iustice,
Sera le fait, & la propre malice
De tout pecheur, qui sur luy alliee
Entour son col sera mise, & liee,
Tenant son erse, & sa prinse, si fort
Sur le pecheur, que pour aucun effort
Ell' ne pourra estre desamparee
De celuy cœur, ou sera inseree:
Ains le blasmant, tres-fort l'increpera,
Et auec luy lors surprise sera,
Ainsi comme est souuent pres le buisson
D'vn beau iardin surprins le herisson,
Chargé de fruicts, facile à attrapper,
Mais impuissant fuir, ou eschapper:
Ainsi sera toute offense trouuee,
Auec l'autheur du iuge reprouuee.

Apres viendront (selon les Escritures)
Au iugement toutes les creatures
Faites de Dieu, qui se viendront armer
Contre pecheurs, (qui leur sera amer)
Et deposer contre les insensez,
Sentans leurs cours par iceux offensez :
Comme le Ciel, Soleil, Lune, & Estoilles ;
Et animans des regions mortelles,
Formeront lors, sans tremeur, peur, ou crainte,
Contre pecheurs une mortelle plainte,
Pour se venger de l'abus, & horreur
Qu'ils ont commis contre leur Createur :
Qui offensé en sa haute nature,
Lors offensee est toute creature.

Toute creature sixiéme tesmoin contre le pecheur.
Sap. 5.
Iob 20.

Pour le dernier tesmoin irrefragable,
Plus que certain, & sur tous veritable,
Qui mesmes est la pure verité
Contre mensonge, erreur, ou falsité,
Sera Iesus, constitué le iuge
De tous esleus : auquel auront refuge,
Comme au secours tres-desirable, & cher :
Deuant lequel nul ne pourra cacher
Aucun peché secret, vice, ou offense :
Car c'est luy seul qui sçait la conscience,
Qui sonde, & voit tous les interieurs,
Et le profond des pensees & cœurs :
Il voit tres-clair dans les os, & moelles,
Et scrutateur des pensees, & ceruelles,

Iesus Christ septiéme tesmoin contre le pecheur.
Malach. 3.
Isal. 50. & 115.
Roman. 3.
Ioan. 3.

Ierem. 11. & 20.
Hebr. 4.

Et penetrant du glaiue, de la flamme
De son regard le cœur, l'esprit, & l'ame.

Psalm. 134.
Si l'homme veut eslire quelque place,
Pour s'absconser de la diuine face :
Ou bien cacher son peché, & offense,
Tousiours aura ce iuge en sa presence,
Qui le verra. S'il choisit les montagnes:
Ou s'il eslit vallees, & campagnes:
Ou quelque lieu secret dedans la terre,
Ou au profond de l'eau prendre son erre,
Pour se cacher, ou se cuider celer
De son peché, ou son mal receler :

Iob 24.
Ou haut en l'air, soit de iour, ou de nuict,
Soit en tenebre, ou heure de minuict :
En quelque lieu que l'homme soit caché,
Tousiours ce Dieu cognoistra son peché
Tres-clairement : car toute chose aperte,
Est à ses yeux patentement ouuerte.

Iob. 31.
Qui pourra donc alors donner excuse
A son peché, si ce haut Dieu l'accuse ?
Auquel seront, comme au iuge certain,
Tous les pechez de tout homme en la main.

Naum 3.
Matth. 10.
Apoc. 20.
Apres ceci, sans nulle couuerture,
Tous les pechez de toute creature,
Seront illec patentement ouuerts,
Et à tout œil clairement descouuerts.

Matth. 17.
Là on verra l'auare repentance,
La trahison, & la desesperance

DV MONDE.

Du faux Iudas, & la triste auarice
D'Anne, & Cayphe, & Pylate complice
En leur peché: aussi sera la vie
Des fols Iuifs, & de Cayn l'enuie,   Gen. 4.
Patente à tous, & de Luciabel   Ysa. 14.
                                                 Apoc. 12.
Sera l'orgueil veu, & cogneu mortel.   Luc. 10.
On cognoistra les pechez de Gomorre,
L'ambition de Choré, qui abhorre: Gen. 19.
                                       Numer. 16.
D'autres aussi, qui en tres-ords excez
Ont esté prins, & morts en leurs pechez.
Ce qui sera à leur confusion:
Car point n'auront, grace, ou remission
Pour les purger, & de leur insolence
N'apparoistra aucune penitence.
   Aussi seront (selon l'opinion   Apoc. 20.
De maints docteurs) pour approbation 1. Corint. 4.
De leur bonté, vertu, & excellence
De tous esleus, liures de conscience
Illec ouuerts: Mais leur peché notoire
Sera plustost à leur louange, & gloire,
Qu'à deshonneur, comme ceux qui auront
Fait penitence: ausquels apparoistront
Le vray remede, & qui se medecine
Contre peché, & contre sa ruine:
Est de leur mal la cure, & guarison,
Le mythridat, & la contrepoison.
   Là on verra l'orgueil, & pompe vaine,   Luc. 7.
De la contrite, & saincte Magdalaine:

Et illec pres ses larmes, & douleurs.
Là de sainct Pierre on cognoistra les pleurs,
Son cœur nauré, & sa contrition,
Et les souspirs de sa negation.
De sainct Matthieu l'vsure reprouuee,
Le rapt, & furt, & fraude de Zachee,
Chacun verra: Mais leur grande largesse,
Les desliera de peché, & sa lesse.
La trahison, l'orgueil, & homicide
Du bon Dauid, qui en peché le bride,
Seront cogneus: mais son humilité
Le purgera de toute iniquité.
    Combien qu'aucuns docteurs de l'Escritur
Ont contredit, que de la creature,
Qui lors sera coniointe auecques Dieu,
Le peché soit descouuert en ce lieu,
Au iugement, de qui la conscience
Au monde aura fait digne penitence :
Ce qui demeure entre-eux comme incertain,
Et au haut Dieu tres-cogneu, & certain.
    A vray parler, toutes vaines pensees,
Qui en ce cœur auront esté pensees,
Tous fols desirs, & cogitations,
Vains souuenirs, vaines affections,
Parole sotte, oisiue, & impudique,
Tout fol regard, & toucher non pudique:
Et au certain encor ne sera pas
Vn desmarcher, vn aller, ou vn pas,

lequel ne soit ramené auec honte
Aux reprouuez, dont ils ne rendent conte,   Iob 31. & 14.
Iusqu'au dernier quadrin estroitement   Matth. 5.
Deuant ce iuge, au iour du iugement.
  O Seigneur Dieu, Empereur, & Auguste,
Ou est celuy, lequel se rendra iuste
Deuant ta face, en la distriction
De ta iustice, & inquisition :
Comme ainsi soit que toutes nos iustices   Ysa. 64.
Prinses de nous, soyent dites iniustices   Luc. 17.
Deuant tes yeux, n'ayans seur fondement.
A toy Seigneur desplaisent grandement :
Ainsi comment du ladre la figure
Desplaist à veoir à toute creature:
Et que nostre œuure, aussi tout nostre fait,
Comme le drap monstrueux, & infect,
Soit reputé de toy deuant ta face.
  Grande bonté, ce cœur plus froid que glace
Tremble de peur, & demeure confus,
Considerant d'vn costé nostre abus,
Et d'autrepart tes diuins iugemens,
Qui sont en toy les cachez fondemens
Que nul ne sçait, & où l'esprit s'abysme,
Qui trop s'enquiert de la profonde abysme
De ton sçauoir : en quoy ce mien esprit
Sans toy ne peut poursuyuir mon escrit.
  Apres ce fait, ce iuge s'enquerra   Matth 18.
De nostre vie, & qui nous requerra

SIXIEME AAGE

Du Iugement de Dieu.

Rendre raiſon, non ſeulment des fautes
Faites par nous : mais auſſi des defautes
De tout le bien par les hommes laiſſé,
Par negligence, & en tout delaiſſé.

Rendre faudra vray compte de noſtre am
Conionte au corps, comme excellente dame,
Pour gouuerner nos actes, & nos faicts,
S'ils ſe ſont point de vice contrefaicts,
En refuſant la verge, & diſcipline
Du ſainct Eſcrit, & celeſte doctrine.
Plus entendant au boire, & au manger,
Qu'à continence : ou ſon eſprit renger,
Suyuir vertu, & employer les graces
Prinſes de Dieu, en temps, en lieu, & place
Si force au corps a plus eſté gardee
A mal qu'à bien : ou ſi beauté fardee
A abuſé, & deceu follement,
Soy, ou autruy en ſon entendement :
Ou ſi les biens, & mondaines richeſſes,
T'ont irrety aux plaiſirs, & lieſſes
De volupté, ſans point les impartir
Aux indigens, & bien les departir.

L'homme rendra cõpte des biens de grace, de fortune & de nature. Matth. 5. Iacob. 5.

Et pour du tout contenter l'Eſcriture,
Des dons d'eſprit, de fortune, ou nature,
Du bien acquis, ou par grace infuſé
L'homme pecheur qui en a abuſé,
En l'examen, auecques ſa malice,
Compte en rendra, pour luy faire iuſtice:

Et tous tels biens, & mondaines richesses,
Tous vestemens d'excellentes noblesses,
Qui pourri ont trop inutilement
Dedans le coffre: aussi l'or, & l'argent,
Lequel aura rouillé par l'auarice
Du conuoiteux, sans que pour son supplice
Il ait serui au poure souffreteux,
Pour soulager son mal trop langoureux.
Le tout viendra tout prest au grand dommage
Des reprouuez, porter le tesmoignage
De leur malheur, & condamnation,
Criant vengeance, en ce iour d'vltion.

 Aussi viendront peres, seigneurs, & Roys, Peres, Sei-
Auec Prelats, (non point en tels arroys   gneurs, Roys,
                     & Prelats, ren
Comme ici sont) pour comparoir en place, dront compte
Au iugement: lesquels deuant la face   de leurs sub-
                     iects.
De Iesus Christ, rendront compte, & raison Ezech 33 & 34
De leurs subiects, & train de leur maison,
De leurs enfans, seruiteurs, & oüaille,
S'ils ont esté durant paix, & bataille,
Bien soustenus, traittez sans tyrannie: 1. Reg. 2.
Si par imposts, ou dure felonnie,
Par pillerie, ou forte exaction,
Ils ont esté en perturbation.
Si le peché du peuple, ou sa malice
S'est augmentee à faute de iustice,
Ou non punie: ou bien si par rigueurs
On a sur eux exercé ses fureurs.

SIXIEME AAGE

Du Iugement de Dieu.

Ierem 23.
Ezech. 3. & 33.
& 34.

Si le troupeau dedans la bergerie :
Si la brebis a bien esté nourrie
Par les Pasteurs, du vray pain de doctrine,
De la parole excellente, & diuine :
Si par defaut d'auoir veillé dessus,
Commis se sont nuls erreurs, ou abus,
Et que s'estant celle oüaille esgaree,
Du cruel loup ait esté deuoree.
De tout cela compte sera rendu
Estroitement, & sera pretendu
Sur les Pasteurs, qui ont le droit de tondre,
De leurs subiects en celle heure respondre.
 Le tout parfaict, les informations
Faites illec, & confrontations,
Et le tout veu par ce vray iuge immense,
Seront pecheurs attendans la sentence
De leur arrest, qui sera malheureux,
Plein de fureur, & tourment rigoureux.

Ysa. 2. & 13.
Osee 10.

Qui effrayez trop plus que d'vn tonnerre,
Desireront s'abysmer dans la terre :
Ou que les tours, maint rocher, & haut mont
Viennent sur eux tomber à contre-mont,
Pour leur cacher, & absconser la face,
De Iesus Christ, pleine d'ire, & menace.
 En ce destroit n'auront aucun secours,
En vain ayans leur adresse, & recours,
Aide querans, au fort, & armarie,
De l'aduocate, & tres-digne Marie,

Ni d'aucun Sainct : car en cestuy regard
Toute priere apparoistra trop tard.
Aussi (au vray) prier celle bonté,
Point n'en auront aucune volonté :
L'huys de pardon, & de misericorde
Sera fermé, douceur auec concorde,
Seront bandees encontre les pecheurs :
Plustost sera le iour d'ire, & fureurs.

 Lors ce haut Roy à ceux de son escole,
Adressera sa benigne parole,
Alliciante, & de voix gracieuse,
Prononcera la sentence ioyeuse :
En leur disant, Mes enfans benedicts,
Venez iouir du hautain Paradis
A vous promis, pour la perfection
De vostre cœur plein de dilection :
Lequel tousiours auez eu à mon Pere,
Et qui m'auez sans aucun impropere,
Donné le pain, le boire, & le manger :
Point ne souffrans me nuire, ou le danger.
Mais i'ay esté de par vous reuestu,
Et par vouloir plein de toute vertu
En la prison m'auez reuisité :
Malade, & sain à loger inuité,
Et apres mort, par pitié de nature,
Auez donné à mon corps sepulture.
Donc pour ce bien que m'auez imparti,
Et mieux aux miens, & à eux departi

Matth. 24.

L'arrest & sentence pour les predestinez.

Matth. 25.

T

SIXIEME AAGE

Du iugement de Dieu.

Mes biens, vſant de grand' miſericorde,
Touſiours en paix, & celeſte concorde
Viurez au ciel, miens eternellement.
Lors les eſleus reſpondans ſainctement,
S'excuſeront de tel bien eſtre dignes:
Et n'auoir faict tell's œuures, ni tels ſignes,
Pour viure au ciel en l'eternel repos:
Treſ-reſiouïs d'entendre tels propos.
    Apres cela, ce haut Iuge irrité

L'arreſt & ſentence contre les reprouuez

En ſa fureur, & rigueur excité,
Se tournera plus aſpre qu'vn tonnerre
Vers les pecheurs, proſternez contre terre:
Que touſiours ont durant leur vie aimee:
Et d'vne voix terrible, & enflammee,
Pleine d'aigreur, & de ton rigoureux:
Ie di la voix, dont tous les malheureux

Pſalm. 28.

Tremblent de peur: voix que les elemens,
Le ciel, la terre, & autres ſentemens
Craignent ouir: voix aſpre, & terrifique,
Que les enfers, & la gent Plutonique,
Ont en horreur entendre, & eſcouter:
Voix que l'eſprit ne pourra ſupporter:
Voix qui ſera de rigueur penetrante,
Plus que nul glaiue, à l'eſcouter trenchante:
Voix de pitié: voix pleine de douleurs,

Pſalm. 111.

Qui tombera ſur malheureux pecheurs:
Voix qui ſera de ſon parler acoup
Les reprouuez illec ſecher debout:

DV MONDE.

Voix qui rendra les diables, & damnez
Au centre bas, en peché obstinez :
Voix qui sera de si grande efficace,
Qu'elle fera les cœurs plus froids que glace :
Rendant l'ouye en vn tel cornement,
Qu'il durera, voire eternellement.
Que diray plus ? Vne voix foudroyante,
Naurant l'esprit, auec l'ame tremblante,
Trenchant le cœur, le corps, & les visceres,
Plus asprement que toutes les vlceres
D'vn glaiue, ou dague, en leur concussion.
 Ce Iuge donc, pour la conclusion
De son arrest, tonnera la sentence
Contre pecheurs, priuez de penitence :
En leur disant, Retirez-vous maudits,
Bannis du ciel, & de gloire interdits :
Descendez tost en l'abysme, & maison
De Zabulon, en la chartre, & prison
De l'ardent feu, & flamme sulphuree,
A vous meschans de long temps preparee.
Car i'ay eu faim, soif, froid, couché dehors,
Matte, en prison, & point à ce mien corps,
Vous n'auez fait grace, ou misericorde :
Dont en tourment, en rigueur, & discorde,
Allez vous en en langoureux esmoy
Au feu d'enfer, bannis d'auecques moy.
Lors les damnez, qui là s'excuseront
Ne l'auoir veu, tristement pleureront :

Hebr. 4.

T ij

Du iugement de Dieu.

SIXIEME AAGE

Qui fulminez de ce coing de tonnerre,
Trebuscheront de rage sur la terre.

Sapien. 3.

Les Asseſſeurs eſtans preſentement,
Approuueront de Dieu le iugement
Eſtre bien fait, tref-iuſte, & equitable:

Matth. 25.
Ioan 5.

Dont à l'inſtant en regret lamentable,
Plein de souſpirs, de larmes, & de pleurs,
De hauts ſanglots, de triſteſſe, & douleurs,
Là ſe fera la ſeparation
Des malheureux, en deſolation,
D'auec les bons, qui en ioye notoire,
Auecques Dieu iront au ciel en gloire.
Lors les bourreaux, eſprits pleins de malice
Executeurs de diuine iuſtice,
Viendront rauir les corps vnis aux ames,
Des condamnez aux eternelles flammes:
Ainſi que fait vn fort lyon ſa proye,
Lors qu'au chemin, en ſentelle, ou par voye,
Preſſé de faim, ſe pourchaſſe, ou ſ'eſſore,
Et ce qu'il trouue à l'inſtant il deuore
Cruellement: ſi la faim le rend matte,
Toſt celle proye il abbat de ſa patte,
La deuorant en miſerable horreur,
Et deſſus elle il eſtaint ſa fureur.
Ou comme fait le loup deſſus l'oüaille,
Lors que la faim le tourmente, & trauaille:
Qui rencontrant la brebis par le champ,
Ou autre lieu, ſe ſaoule de ſon ſang,

DV MONDE.

La desrompant des dents moult fierement.
Ou comme fait l'Authour agilement
Sur la perdrix, quand de sa forte serre
La prend en l'air, ou la poursuit en terre.
Ainsi sera des poures malheureux,
Bannis du ciel, & plaisir bienheureux :
Qui là seront en crainte tres-horrible,
L'abysme ouuerte, & le gouffre terrible,
Pour les gloutir au centre de la terre :
Leur propre lieu, au feu qui les perterre,
Ou ils cherront, pour eternellement
Y reposer, en misere, & tourment.

 Des abhortifs (combien que l'Escriture
Ne nous en rend certaine coniecture,
Ou s'ils seront en peine, ou en repos,
Ou s'ils seront de leurs membres dispos)
De ceux ie di, lesquels n'ont peu renaistre
En la saincte eau Baptismale, apres naistre,
Morts nez sans eau, qui les puisse purger :
De leur estat on ne peut rien iuger :
Car on ne peut, sans bien, les mettre en gloire :
Sans mal, iamais n'iront en Purgatoire :
Moins en enfer, le seul lieu des damnez,
Lesquels sont morts en peché obstinez.
Il conuient donc que l'Eterne, & vray Dieu,
Ait reserué, & preparé vn lieu
A tels enfans, tres-dignes de pitié :
Lequel ie croy estre plus de moitié

Dan 7.
Matth. 3.

Opinion diuerse du lieu des enfans abhortifs apres le iugement.

August tamé in libr. de fid. ad Petr. cap. 14 asserit, d'os ians at vel sepicion an nos & in enchiri cap 9 asserit ipsos per sa esse damna mitissima d...

T iij

SIXIEME AAGE

Du Iugement de Dieu.

Delicieux, & rempli de soulas,
Que ne fut onc le beau iardin d'Atlas:
Auquel croissoyent les pommes d'or luysantes
Gardé des sœurs Hesperides plaisantes.
　Ou plus plaisant en richesse Royale,
Que le beau val de Tempé, en Thessale,
Dont les autheurs en leurs vers compassez,
A le louer se seroyent moult lassez:
Dedans lequel, à l'entour de la plaine,
Plantee à bois decourt mainte fontaine,
Douce, & heureuse, & maint fleuue de laict,
Aussi de miel, se monstre par effect.
De ce Tempé, en maint lieu, & partie,
Lequel respand par toute la prairie
Vne liqueur tres-douce, & melliflue,
Qui par le bois trauerse, court, & flue:
Dedans lequel plusieurs sortes d'oiseaux
Harmonieux, de plumage tres-beaux,
Chantent sans cesse, aux fueillards, & landage
Chants de plaisir, sentans son doux ramage:
Et en tout temps les fruicts delicieux,
Pleins de beauté, & de goust precieux
Y sont cueillis: aussi dessous la vigne,
Est le raisin plein de douceur tres-digne.
　Voire, ou plus beau, que le champ Elysee,
Dont maint autheur, par plume desguisee
De verité, a tant peinct & escrit:
Auquel alloit tout bon, & iuste esprit,

Description du val de Tépé en Thessalie.

Description du champ Elysee.

pour y iouïr de tout ce qu'il desire :
Et où plaisir l'esmeut, pousse, & attire,
A sauourer Nectar, & Ambrosie :
Où tout esprit content se rassasie,
Quand au plaisir que ce corps peut auoir,
Où volupté fait tres-bien son deuoir.
 Aucuns ont dit que la demeure, & estre
De tels enfans, est Paradis terrestre,
Apres la fin du dernier iugement :
Combien que rien l'Escrit aucunement,
De la tres-sainte, & sacree Escriture
N'en ait parlé : en quoy ie coniecture.
Qu'en quelque lieu que Dieu les posera,
Ie croy au vray que leur plaisir sera
Grand en leur corps, & où qu'ils soyent en place,
Point ne verront de Iesus Christ la face :
Combien qu'aucun en son opinion,
Auec le dam d'eterne vision,
Les ait posez aux flammes perdurables
D'eternel feu, damnez & miserables,
Ce qui se peut entendre sainement
De ceux, qui n'ont la Foy aucunement
Par leurs parens : des nostres sans malice,
L'Eternel Dieu en face à sa iustice.
 Le Iugement du haut Dieu mis à fin,
Lequel sera aux esleus tres-benin,
Mais aux damnez, & diables miserables,
Tres-rigoureux, toutes choses muables

August. de fi.
ad Pet. c. 24. &
in Enchir. ca.
92.

Renocation
de toutes cho
ses muables,
apres le iuge-
ment.

T iiij

Du iugement de Dieu.

SIXIEME AAGE

Se changeront, trop plus parfaitement
Qu'ils ne sont pas: car le haut firmament
S'arrestera de son cours de nature.
Donc cessera toute autre creature
De mouuement, comme Lune, & Soleil,
Astres du ciel en feront en pareil:
Le Soleil mis en place Orientale,
La Lune estant en plage Occidentale.

Augmentatiō de la peine des reprou-uez. Matth. 23.

  Des elemens, sera l'expulsion
De tout venin, & imperfection
Qui descendra en l'infernal domaine,
Pour augmenter, & accroistre la peine
Des reprouuez: les elemens seront
Sans animaux: qui n'y habiteront.
Et de trop mieux ils seront innouez
En grand' clarté, où ils seront muez
Parfaitement: car ceste terre encor
Faite sera plus luysante que l'or:
Et l'eau, qui est ici comme troublee,
Comme chrystal sera fine, & coulee.
L'air fait plus clair que du feu estincelles,
Et le feu fait plus clair que les estoilles.

La substance du ciel, & des elemens in-corruptible. 1. Cor. 7. Luc 21. Ysa. 30 & 65. Roman 8. Apocal. 21.

Mais à parler de leur vraye substance,
Croire il conuient que sans nulle doutance,
Point ne sera destruite, ou consumee:
Ains demourra en essense immuee:
Et lors en Dieu tout renouuellera,
Changé en mieux: car le Soleil sera

Sept fois plus clair qu'il ne peut apparoistre
Presentement, & chacun en son estre,
Des corps du ciel prendra forme nouuelle
Là haut au ciel, en clarté trop plus belle :
Et leur splendeur, qui s'estoit retiree
Au temps qu'Adam fist l'offense empiree,
Reprendront lors apres le iugement,
Pour decorer le hautain firmament.

 Ou s'il sera en ces iours clairs, & beaux,   *Opinion du*
Vn autre peuple, ou autres gens nouueaux   *commun sans*
Creez de Dieu, qui cheminans en place,   *raison.*
Verroyent de Dieu la lueur de la face :
Ou s'ils seroyent ioints en telle amitié,
Qu'entre-eux n'auroyent aucune inimitié :
Sans froid, ni chaud, ni subiects en seruage,
Sans honte, nuds, & immortels par aage :
Ainsi qu'Adam estoit deuant le fait,
Qui le rendit contre son Dieu forfait.
De tout cela au vray n'en pourrois dire,
Ni ne voudrois asseureement l'escrire :
Car l'Escrit sainct, ni docteurs excellens,
N'en ont parlé en leurs œuures recens.
Et en ce iour d'honneur, foy, & hommage,   *Fin du sixié-*
Dieu mettra fin à nostre sixieme aage.   *me aage.*
  FORS DIEV TOVT PASSE.

 FIN DV SIXIEME AAGE
  DV MONDE.

SEPTIEME AAGE

S'ENSVIT LE VII.
& dernier aage, qui commencera apres le iour d[u]
general Iugemét de Dieu[,]
& durera eternellement[.]
En quoy sont contenus l[a]
peine des reprouuez, & l[a]
gloire des predestinez.

De la peine des reprouuez.

Le septiéme aage.

De la peine des reprouuez.

Ysa. 30.

Plutarque.

A Pres que Dieu par sa grand' prouidence,
Aura mis fin à la vaine prudence
De tous mortels: que ciel, & elemens
Auront cessé leurs cours, & mouuemens
Du tout changez en clarté rutilante,
Sept fois plus claire, & plus resplendissante.
Apres qu'Amour, Chasteté, & la Mort,
Et Renommee auront fait leur effort
L'vn contre l'autre, en rigueurs, & contens,
Tous abolis, & triumphez du Temps,

Et que ces cinq auront esté vaincus:
Et en ce iour faits mattes, & confus
Par le triumphe, & grand' celerité,
Du haut pouuoir de la diuinité:
Et abbaissez chacun en son endroit.
Apres que Dieu par iugement tres-droit,
Aura rendu à toute creature
Iuste loyer en sa iudicature,
Reste sçauoir selon l'Escrit notoire,
En quel pays, quel lieu, ou territoire
Habiteront iniustes malheureux,
Priuez du bien celeste, & bienheureux.

 Les saincts Escrits, & inspirations,   Déscription
Donnez de Dieu par reuelations,   du lieu des
                 reprouuez a-
Aux cœurs humains par saincte demonstrance, pres le iuge-
De leur estat parlent en asseurance,   ment.
Que la demeure, & habitation
Des reprouuez, pleins d'obstination,
Preparee est (sans qu'en cela on erre)   Ysa.3.
Droit au parmi du centre de la terre:
Lieu concaué, sans fonds, riue, ne bord,
Noir, & obscur, vn vray vmbre de mort,   Ysa.9.
Region morte, & en tout desolable:
Lieu lequel est en tout irremeable:
Lieu bruineux, froid, aspre, & tout desert
De tout soulas, comme vn val, ou desert
Inhabité de creature aucune:
Auquel iamais astre, Soleil, ni Lune,

De la peine des damnez.

Matth. 22.
Iob 20.

Psalm. 10.

Deuteron. 32.
Ysa. 33.

La peine du feu, premiere peine des reprouuez.
Matth. 25.
Psalm. 20.

Aug. de vera & falsa pœnit. cap. 18.

N'ont respandu leur lumiere, ou splendeur.
Mais en ce lieu tenebres, & froideur,
Glace, tempeste, & tremblemens de terre,
Font l'vn à l'autre impetueuse guerre.
Lieu cauerneux, plein d'infecte poison,
Comme vne basse, & obscure prison,
Ternie en soy, chagrine, & somnolente,
Et de mucreur tres-infecte, & pulente.
De toutes parts s'y sourdent en fureurs
Les douze vents, en tempeste, & horreurs,
Soufflans entre-eux par haleines contraires,
Dedans les corps, & profondes visceres
Des malheureux, & lieu qui se r'engorge
D'vn ardent feu, ainsi que d'vne forge
Se sourd la flamme, en chaleur sulphuree,
Flamme qui sort en l'air desmesuree,
Flamme de poix, qui là où ell' s'essore
Point ne consume, ains bien brusle, & deuore.
Voila le lieu des pompes, & funebres,
Le vray tombeau plein d'espaisses tenebres:
Lieu plein de feu agile, & corporel,
Feu corrosif, poignant, & eternel
En la gehenne, & tourment rigoureux,
Auquel seront plongez les malheureux.
  Auec le feu d'infernal territoire,
S'assemblera le feu du Purgatoire,
Qui souloit poindre, & brusler viuement
L'esprit de l'homme en douleur, & tourment

DV MONDE.

Comme le feu, qui d'ardeur violente,
D'actiuité, & chaleur vehemente,
Ressemble en tout à ce feu eternel :
Feu des damnez, qui sera immortel.
Combien qu'il fust purgeant toute ame lasse,
Ainsi que feu, qui se termine, & passe :
Ce feu ici tellement est actif,
En son effect chaud, & penetratif,
Autant ou plus sur feu elementaire,
Comme le feu que l'on voudroit pourtraire
En la paroy, seroit d'actiuité
Moindre en chaleur en sa frigidité.
  En ceste chartre, & prison plangoureuse,
La grand' ardeur, & flamme rigoureuse,
Des malheureux les corps penetrera
Iusques au cœur, & leur infligera
Vne douleur par dehors, & dedans,
Au comble, & but de leurs aigres tourmens.
Et ceste flamme obscure, & eternelle,
Pourra donner aux yeux vne estincelle
D'vne lueur, plustost estant aux morts
Peine, & douleurs en leurs tristes remors,
Qu'ell' ne sera de consolation,
En leur rigueur de desolation.
  Ainsi comment les corps des miserables,
Seront mangez des flammes deuorables
En cestuy feu, qui ne consumeront :
Aussi l'esprit, & leur ame seront

Iudicum 16.
Ysa.33.& vlt.

SEPTIEME AAGE

De la peine des damnez.

Rongez de dueil, d'ennuy, & de tristesse,
Qui en ce feu accroistra leur angoisse.
　Oste celuy de son esprit, l'erreur
Qui le deçoit, disant que la fureur
De cestuy feu, & flamme corporelle,
Point ne s'herdra en l'ame incorporelle,
Ainsi qu'au corps, en ce l'eternité,
Luy a donné sur elle actiuité:

Apoc. 20.
Non seulement ce feu, & viue flamme,
Auront pouuoir dessus l'esprit, & ame
Des reprouuez, ains dessus les esprits
Du vieil Sathan, & anges interdits,
Bannis du ciel, & de sa claire veuë,

Ysa. vltimo.
Par luy tirez de son infecte queuë.
　Ce feu ici à tousiours durera,
Tousiours bruslant, qui ne consumera
Corps, ni esprit: mais en ces durs tourmens,
Seront ouis clameurs, & vrlemens,
Tristes regrets, & tarde penitence,
Pleints infinis, & pleurs de violence:
Lesquels iamais en leurs iours lamentables,
Ne leur seront à leur mal profitables.
Car cestuy pleur, & triste repentir
Ne peut iamais à bien se consentir,
Par vn vouloir, lequel est destiné
A tout peché, & en tout obstiné
A ce malheur qui ne leur permet faire
Oeuure d'effect de grace salutaire:

DV MONDE.

Ains tout peché, qui sort de volonté,
Contraire en tout à l'eterne bonté.
Ce non pourtant leur vice plein d'offense,
Point ne merite en leur douleur intense,
Autre tourment de nouueau merité:
Mais supplice est : lequel ont merité,
Qui les tourmente, & les tourmentera,
En corps, & ame : & autant grief sera
Comme a esté la delectation
De leur peché, en l'operation.

 Ce grief tourment, & rage tres-cruelle,
Dedans leur cœur tousiours sera nouuelle,
Qui ne prendra iamais aucun repos,
En leur esprit troublé, & non dispos :
N'ayant espoir trouuer iamais concorde,
A la bonté, & grand' misericorde
Du hautain Dieu, ni que iamais leur face
Fin à leur pleur, remission, ou grace.

 Comme ainsi soit que leur mal, & tourment,
Soit ordonné estre eternellement :
Ce non pourtant par bonté de iustice,
Dieu peut vser sur leur peine, & supplice,
De sa douceur, pour heure, ou quelque temps,
Non punissant peché (comme i'entens)
Selon rigueur de l'ire prouoquee,
Qu'a le pecheur contre soy meritee.

 Autres effects, & causes miserables,
Qui accroistront leurs peines execrables,

Apoc.18.

Luc.16.

La seconde
peine des re-
prouuez.
Matth.13.

De la peine des reprouuez

Seront, alors qu'ils verront les complices
De leurs pechez, & damnables malices,
Qu'au monde auront ensemble perpetrez :
Lors que ces corps se seront rencontrez
En leurs delicts, comme en furt, & vsure,
Ou en larcin, ou infame luxure,
Ou comme sont meschans blasphemateurs,
Rapteurs de biens, ou grans depredateurs,
Ou d'autres faicts iniques, & meschans :
Qui les voyans commenceront les chants
Pleins de descords, & desolation,
Chants de douleurs, & de confusion :
Comme chargeans leurs conforts, & complices,
Cause, & autheurs de leurs propres malices.

La troisiéme peine des reprouuez.

 Aussi verront les malheureux damnez,
Tous leurs pechez, & crimes condamnez :
Lesquels seront pres d'eux en compagnie,
Qui leur sera vn tourment, & manie,
En eux causant vn regret lamentable,

Ecclesiast. 7.
Roman. 1.
Apoc. 16.

Auoir perdu la gloire perdurable
Par tels pechez, qui les tourmenteront,
Et de douleur leurs langues mangeront,
Cognoissans bien en leur esprit la gloire
Des saincts esleus, qui ne sera notoire
A ceux damnez : comme ayant cognoissance

Ysa. 36.

Telle qu'elle est, mais en triste asseurance,
Dont se doulans de leur felicité,
Desireront en leur perplexité,

D'iceux

DV MONDE.

D'iceux esleus le dam & la ruine,
Contredisant à la bonté diuine.
 Auec ces maux les tristes desolez,
Qui ne seront en leurs pleurs consolez,
Verront l'aspect, & les faces terribles
Des noirs esprits, & des diables horribles,
Vn feu iettans, qui des yeux sortira :
Dont le pecheur de crainte fremira,
Tremblant de peur subite, & redoutable,
Et de frayeur en tout espouuantable.
Ces fiers esprits en leur rage escumee,
Contre damnez ietteront la fumee
De feu soulphré, & flamme violente
Pleine d'ardeur, & vapeur tres-pulente :
Ainsi comment le dragon dangereux
Iette le feu, ardent, & salpestreux :
Intoxiquant de sa gueule, & pointure,
La face, & l'œil de mainte creature :
Ou comme fait le basilic peureux,
Qui de regard subtil, & rigoureux,
Infecte l'air de poison venefique :
Duquel maint homme empoisonne, & toxique.
Ainsi ces chiens en leur rage interdicts,
Par leur aspect, aux reprouuez maudits,
Infligeront tourmens innumerables :
Car si nostre œil voyoit faces de diables
Telles qu'ils ont, aussi tost il mourroit,
Où à l'instant de peur se troubleroit.

La quatriéme peine des reprouuez.
Iob 41.

V

SEPTIEME AAGE

De la peine des reprouuez

La cinquiéme peine des reprouuez.
Iob 41.
Aug. de vanitate seculi.

En ceste peur d'aspect, & vision,
Ces fiers bourreaux donnent affliction
Aux malheureux, en puissance si forte,
En la prison de la region morte,
Que leur pouuoir à nul incomparable,
Tousiours en eux demeure infatigable
Sans se lasser: qui de tant plus s'efforce
Aux durs tourmens accroist puissance, & force.
Leur rage, & ire, & fiere cruauté,
Sur les damnez pleins de desloyauté,
Et de peché, monstreront leur furie,
Leur grand' rigueur, leur grand' forcenerie:
Ainsi que fait le lyon plein de rage
Dessus sa proye, en son felon courage:
Qui la deuore, & desrompt piece à piece,
En cent morceaux l'ensanglante, & despece.
Ou comme fait le loup cruel, & glout,
Qui s'ensanglante, & gloutist en vn coup,
Cent ou cinquante, autant qu'il en rencontre,
Aigneaux benins, qui se ruë à l'encontre
Du doux troupeau, qui frappé de terreur,
Sent de ce loup la rage, & la fureur.
Ou comme fait vn chien courant, de chasse,
Lequel la beste aux champs, & aux bois chasse
Par grand' ardeur, desirant se saouler,
Va çà & là, glatist, semble voler,
De grand' vistesse aux ruses, & poursuite,
Aucunesfois d'erre lent, & puis viste,

selon le frain de son odorement :
Mais s'il aduient la beste aucunement
Lasse de cœur, & de iambes trop mattes,
En fin tomber entre les grifs, & pattes
De ce clabaut, lors est dilaceree,
De pieds, & dents, & en tout deuoree
En vn instant. Ainsi les malheureux,
Et reprouuez, des bourreaux rigoureux,
Seront glauis, & rauis aux auernes,
Plongez au lac des profondes cauernes,
Comme pincez de grand's grippes de fer,
Et defrompus des gros marteaux d'enfer,
En la fournaise, & flamboyante enclume :
Ou maint esprit peine & tourment allume,
Aux ennemis du haut Dieu triumphant :
Ie di au lieu obscur, & paslissant,
Plein de serpens, de dragons, & viperes,
D'aspics, d'oruers, & crapaux mortiferes,
Morons, & chats, & couleuures mordantes,
Et de lezards, & bestes deuorantes :
Qui là seront auecques les damnez,
En tels tourmens sopis, & ordonnez :
Ou en douleur, en fureur, ire, & rage,
Rafraischiront leur esprit, & courage.
Lors en ce lieu, & plongez la dedans,
Commenceront vn grincement de dents,
D'ire, & douleur, & de forcenerie :
Et qui pasmez en leur rage, & furie,

Ysa. 65.
Matth. 22.
Luc. 13.

V ij

SEPTIEME AAGE

De la peine des reprouuez

Deschanteront les funebres de pleur,
Non corporel, au grabbat de douleur :
Et en tels maux perdront toute asseurance
De tout plaisir, & n'auront la puissance
De se mouuoir : ains seront deboutez
De froid en chaud, d'ardeur mis, & boutez
En vn instant dedans froideur, & glace,
A tout iamais, sans espoir d'auoir grace.
Ceste douleur, & rigoureux tourment,
Sera en eux comme en l'enfantement
Est celle peine, & rage immoderee
De toute femme, en ce mal penetree
De triste angoisse, alors qu'elle trauaille,
Rage sentant en son ventre, & entraille.
  Que diray plus? En ce cruel effort
Tres-ardemment desireront la mort,
Qui les fuira, & sans misericorde
Appeteront se venger en la corde
De desespoir, chacun sera inclin,
Chercher en soy la cause de sa fin :
Ou soit par glaiue, ou trenchant de l'espee,
Dont cestuy corps, & ame fust frappee.
Mais le decret de la diuinité,
Leur a donné don d'immortalité,
Par lequel est, & sera immortelle,
L'ame en son corps, & en fureur mortelle,
De ceste mort qui iamais ne mourra,
Dedans ce feu mort les tourmentera.

Iob 14.

2. Thessal. 6.

Osee 10.
Apocal. 9.

1. Cor. 15.
Aug. de spir.
& anima. c. 8.

Retire ſoy cil, qui d'eſprit confus,
A deſgorgé vn erreur plein d'abus :
Diſant, ce feu, & flamme ſulphuree,
Par l'Eternel aux damnez preparee,
Eſtre par temps aux enfers tranſitoire :
Et que ce feu ſera vn purgatoire,
Fait pour mille ans apres le iugement,
Aux reprouuez en leur peine, & tourment :
Et que Sathan auecques ſes conſors,
Et tous eſprits reunis dans les corps
Des malheureux, par grace ineſtimable,
Seront mis hors de peine miſerable,
En Paradis auecques les eſleus,
Et que de gloire au ciel ſeront pourueus.

   O fol erreur ! parole malheureuſe,
Damnable dit, & ſentence enuieuſe,
Contre l'arreſt d'eterne volonté.
O faux eſcrit ! qui deſment la bonté,
Qui point ne ment, & eſt invariable,
Iuſte en ſes faits, fidele, & equitable.

   Si tel erreur, & eſcrit inuenté,
Si tel abus, & menſonge eſuenté
Se trouuoit vray, il faudroit que la terre,
Et elemens commençaſſent la guerre
L'vn contre l'autre, & entre-eux dominer,
Pour ſe deſtruire, & s'entre-ruiner.
Ce qui ſera certain, & veritable,
Lors que le dit de Ieſus, variable

In hoc loco Origenes reprobatur à diuo Auguſt in lib. de diſ. orthod. Fidei. ca. 8. & de fide ad Pet. cap. 25.

Pſalm 144. ad ſ.u.1.

Matth. 24. 2. Petr. 1.

V iij

Sera trouué: ou plein de falsité,
Contre l'arrest de iuste verité:
Ou que le dit de ce fol inuenteur
Fust veritable, & que Dieu fust menteur.
S'ainsi estoit, nostre Foy approuuee
Seroit folie, & fable reprouuee.

Ostez, ostez tel erreur, & mensonge,
Inique, & faux, vne bourde, & vray songe
Tres-malheureux, & se declarant digne
D'eternel feu, de vengeance, & ruine:
Aussi tous ceux, qui mis ont leur effort,
Vouloir prouuer qu'en tel vmbre de mort,
Point n'est de feu, ou flamme aucunement:
Mais que là est de Dieu tant seulement
Priuation du regard de sa face,
Qui de regret tout le plaisir efface
Aux reprouuez. Ceux-là en corps, & ame,
Sont iustement tres-dignes de la flamme
De cestuy feu: l'aller veoir, & sentir
Apres la mort, punis du repentir.

Pour mettre fin au grand tourment, & peine
Des malheureux, mourans au bas domaine,
De ce chaos plein de confusion,
Plein de terreur, & de turbation,
Soit asseuré tout homme, & creature,
Ayant en soy l'instinct vray de nature
Par le haut Dieu, que ce feu eternel,
Sera tousiours bruslant, & immortel:

Deuteron. 32
Iudicum 16.
Ysa. 33 & vlt.
Apocal. 20.

Et aux damnez mort ne sera finie,
En l'aiguillon de langueur infinie:
Car tous les sens qui auront fait l'offense
Punis seront d'aigreur de penitence,
Hors de merite : & qui sera indigne
Sentir en soy de grace medecine.
Lors tout esprit de remors gemira
Sa perte,& dam : & le corps sentira
Rage,& douleur, privé de toute ioye,
Iusqu'au dedans du poulmon,& du foye.
  Pour auoir fait ses doux plaisans regards
Lasciuieux, aux dances,& escarts,
Et regardé quelque benigne face,
S'esmerueillant du port,& bonne grace
De ceste amie, & ses yeux attractifs,
Trop s'arrestant aux signes deceptifs
De vanité : & auoir retiré
Ses yeux ingrats du poure martyré :
Mais plus prisé la beauté de richesse,
Ou vestemens, par mondaine lyesse.
Pour ce les yeux verront foudres, esclairs,
Brandons de feu, pleins de soulphres tres-noirs:
Et parmi eux la tres-laide figure
Des faux esprits, pleins d'horrible laidure.
Et lesquels yeux confits d'aigres douleurs,
Ietteront là les larmes,& les pleurs
De leur malheur, en si grande abondance,
Iusques au but d'eterne repentance.

Tous les sens des reprouuez punis en enfer.

La peine des yeux.

V iiij

SEPTIEME AAGE

De la peine des reprouuez.

La peine de l'odorement.
Iob 17.

Pour les senteurs des eaux aromatiques,
A ce doux nez, & odeurs mellifiques,
Dont ce beau teinct, & face estoit fardee:
Et plus souuent par ardeur regardee
De fol desir: auront infections,
Dattes puants, auec commixtions
Du vil bourbier rempli de punaisie,
Ou tout damné se plonge, & rassasie.

La peine du touchement.

Et pour les doux, & sots attouchemens
Lasciuieux, sentiront les tourmens
Les reprouuez, qui de flamme en l'arsure
Estancheront l'ardeur de leur luxure:
Et les endroits des membres, & visceres,

Apoc. 18.

Qui auront fait, & commis les miseres
De vil peché, ceux-là seront mangez,
Et viuement des couleuures rongez:
Poignans plus fort que la pointe des dardes
Des vars morons, d'aspics, ni de lezardes:
Ni l'aiguillon de glaiue, ou son effort,
Qui les poindra iusqu'au but de la mort.

La peine de l'ouye.

Pour l'harmonie, & chansons gracieuses,
Ordes de soy, vaines, lasciuieuses,
Pour ce flageol, & ton voluptueux
De ceste harpe, & sons melodieux,
Plaisans à l'ouye, au cœur, & au courage,
Orront tousiours la tempeste, & orage,
Le coing de fouldre, en bruine, & tonnerre,
Tomber sur eux au centre de la terre.

Et pour les chants plaisans, & amoureux,
Orront les cris aigres, & sonoreux,
Des desaccords pleins de tristes complaintes,
De chants de dueil, & lamentables plaintes :
Non chants, mais cris de langueurs, & miseres,
Et les aigreurs des lezards, & viperes,
Les siblemens des serpens, & dragons,
Iettans le feu, & enflammez brandons,
Meslez de soulphre, & obscure fumee,
Siblans de pres en l'oreille estonnee.

 Et pour du tout ce ventre contenter,
Et cestuy goust tousiours prest d'appeter
Les bons morceaux, & les viandes exquises,
Deuoreront, au lieu de friandises,
Venims, poisons, fiel, & amertume,
Infection meslee auec l'escume
De Cerberus, le grand chien infernal :
Toute l'ordure, & venim spurcial
Qu'auront vomi toutes bestes cruelles,
Au fond d'enfer, & chartres eternelles.
Ce brouët là, & ces infections,
Seront le vin, & les potations
De cestuy goust : pour syrop, & bruuage
Mixtionné, en leur grand faim, & rage.
Dont se voyans au comble de malheurs,
Prins, & liez aux pieges de douleurs,
Les pieds, & mains, de chaines, & de fers,
Aux profonds puys de l'abysme, & enfers,

La peine du goust, & de la langue.

De la peine des reprouuez

Se tourneront par rage immoderee
Vers la bonté, tres-iuste, & mesuree
De l'Eternel, requerans qu'vne goutte
De la bonté de sa grace degoutte
En leurs tourmens: Ausquels tres-iustement
Fera refus de tel soulagement.

Luc.16.
Ainsi que fist (com' l'Escriture atteste)
Pere Abraham, à la fole requeste
Du mauuais riche, aux bas enfers trouué,
Pour son peché, maudit, & reprouué.

Ysa.65.
Ainsi sera ceste langue abbruuee
D'aigre fiel, à tout iamais priuee,
De pain, & vin: que tant desireront,
En rage, & faim, tousiours mourans seront.

Lors ceste langue en soy desordonnee,
Se cognoissant de Dieu abandonnee
En ses tourmens, vn chant commencera,
Et aux enfers si haut l'entonnera,
Que la bonté, qui iamais ne sommeille,
Orra ce ton iusques en son oreille:

Ysa.65.
Apoc.16.
Car les damnez en ce lieu destinez,
Aux bas estangs, en peché obstinez,
Blasphemeront l'Eternelle bonté
Contre leur sang, contre leur parenté,

Iob 40.
S'irriteront encontre pere, & mere,
Encontre amis, contre sœur, contre frere,
En leur crachant toute confusion,
Rigueur, iniure, & malediction:

S'esiouissans aux tourmens perdurables,
Veoir leurs consorts estre en peines semblables,
Comme ils seront, combien que leur tourment
Accroist tousiours par tel accroissement.
Si du haut ciel le nombre des estoilles,
Estoit changé en langues immortelles,
Disantes bien, & pleines d'eloquence,
Et cognoissans le secret de science,
Autant ou plus que tous les orateurs,
Comme vn sainct Paul, & tous autres docteurs,
Ils ne pourroyent dire iamais le nombre
Des griefs tourmens, & malheureux encombre,
Que souffriront iniustes reprouuez,
Qui prins seront, & en peché trouuez:
Mourans de faim, & froid, en feu, & glace,
Priuez en tout de pardon, & de grace.

Fin de la peine des reprouuez.

FORS DIEV TOVT PASSE.

SEPTIEME AAGE

De la gloire des predestinez.

DE LA GLOIRE
des Predestinez.

MA triste Muse aimee des haut cieux,
Chanter vous faut vn chant plus gra-
cieux,
Que n'auez fait en ceste rude game,
Toucher vous faut le doux epythalame
Des bienheurez, & des esleus de Dieu:
Et les doux chants, qu'ils orront en ce lieu
Où ils seront, appellez pour y viure,
Enregistrez, & escrits dans le liure
De vie, où sont tous les predestinez
Vnis en Dieu, en gloire destinez.
Si vous auez ietté en ce mien carme,
Mainte douleur, maint pleur, & triste larme,
Voici le temps ou vous faut resiouir,
Et aux esleus faire vn doux chant ouir,
Pour consoler leur peine tres-austere,
Qu'ils ont soufferte en ce lieu de misere.
Or donc amis, de Dieu predestinez,
Qui veu auez le mal des obstinez,
Consolez-vous à la iuste promesse
Du grand Seigneur, plein de toute largesse,
Qui vsera de sa misericorde
Vers ses esleus, en douceur, & concorde.

Au temps passé que l'Eterne bonté   Narration.
Voulut monstrer sa haute volonté,
Par les effects, & discours de nature,
Fist esmouuoir de mainte creature,
L'esprit, enclos (ainsi comme en funebres)
Dedans ce corps, & confuses tenebres,
Tout endormi d'ignorance en repos,
Le suscita comme sain, & dispos,
A contempler les choses admirables
De sa grandeur, à nostre œil desirables:
Qui admirans les effects de ce Dieu,
Se retiroyent en mainte place, & lieu,
Pour enquerir, mieux, & plus à leur aise,
Le but, & poinct, ou leur esprit se plaise:
En quoy remis hors de negoce, & cure,
Ont tant sondé, & perscruté nature,
Qu'ils ont trouué par inspiration,
Apres cogneu par reuelation,
Qu'il est vn Dieu, tout bon, en son essence,   Ioan. 1.
Iuste en ses faicts, & plein de sapience:
Lequel a fait le ciel, & elemens,
Tout leur discours, & secrets mouuemens,
Que nul n'a peu cognoistre, ni sçauoir,
Ni ne sçaura, tant qu'il ait le sçauoir,
Veu, & acquis au miroir de sa face:
Lors qu'il sera iouissant de sa grace.
  Apres ont veu, & à eux fut notoire,
Que ce haut Dieu est plein de toute gloire: Luc. 2.

SEPTIEME AAGE

De la gloire des predest.

Aug. de spir. & anima. c. 45

Qui ne peut estre en riens diminuee,
D'eternel bien, en soy continuee.
Comme vn miroir, qui en sa spherité,
Seul se comprend en sa rotondité :
Ainsi en Dieu, à sa gloire celeste,
Qu'ils preuoyoyent en son œuure parfaite,
Ils ont iugé tres-veritablement,
Ce feu, ceste eau, & tout autre element,
Auec le ciel plein de lumineux corps,
Plein de splendeur, & beauté, bien d'accords,
Estre creez en leur circonference :

August. vbi supra.

Non pour le bien de celle haute essence,
Ni pour sa gloire, ou que Dieu eust besoing
En riens de nom : Mais par l'Eternel soing
Qu'il a de nous en sa saincte pensee :

Gen. 2.

Ausquels il a toute œuure commencee,
Faite subiecte, & ce haut ciel immense
Qu'il a choisi, pour seule residence
De celle gloire, il nous l'a reserué,
Comme le lieu où sera conserué
Le prix, & gaing, & loyer de merite,
Comme chacun par sa vertu merite.

    Tant ont loué les sages anciens
Ceste vertu, ses actes, & moyens,
Tant estimé son honneur, & hautesse,
Estre excellents, & parfaicts en noblesse,
Tant precieux, que point n'ont peu trouuer
Lieu digne assez pour son nom approuuer :

Fors ce haut ciel, duquel est descendue,
Et aux mortels pour leur seul bien rendue.
  Tous les escrits de tous les escriueurs,
Parlans du nom, des tiltres, & honneurs,
Et du renom de vertu precieuse,
Sont d'vn accord, qu'elle tant lumineuse,
Et son autheur, doyuent auoir leur place
Au ciel, pour veoir la lumineuse face
De ce haut Dieu : en ce maint Philosophe,
Sage, & diuin, de renom, & d'estophe,
Se condescend : Mesme la gent ethnique,
Toute l'escole, & secte Academique
Des grans docteurs, & de leur alliance,
Qui du vray Dieu n'ont eu la cognoissance,
Fors que par vmbre, & instinct tenebreux.
Ce non pourtant ont dit les malheureux
Deuoir souffrir vne peine ordonnee,
Et la vertu estre en biens guerdonnee :
En quoy ont feint vn lieu plein de douleur,
Triste, & obscur, & rempli de malheur,
Pour les mauuais : & pour vertu prisee,
Ont ordonné le beau champ Helysee.
  Mesme ce fol, plein du diable, & Sathan,
Qui escriuit le liure d'Alchoran,
Pour Mahommet, reprouué faux prophete,
Tant a loué vertu saincte, & parfaite,
Qu'il l'a posee en vn lieu tres-heureux,
Mettant peché en vn lieu langoureux.

Paradis celeste, lieu de la demeure des vertueux, & enfer des pecheurs.
Matth. 25.

Ephes. 4.

Sergius inuenteur & escriueur de l'Alchoran de Mahommet.

De la gl. des predestinez.

Mais de ce lieu, qui tant est delectable,
Parlé n'en a fors ainsi comme fable,
Trop plus sentant son paradis charnel,
Que l'estimant diuin, & supernel.

Description de Paradis, le lieu & demeure des predestinez.
Apoc.21.
August. de spiritu & anima. cap.60.

Le lieu des Saincts, & habitation,
Est appellé le Temple de Syon,
Cité de paix, au haut ciel bien fondee,
D'vn fondement, & place bien sondee,
De l'Eternel, qui si bien est construite,
Qu'elle ne peut iamais estre destruite :
Ses fondemens, ses tours, murs, & enseignes,

Psalm.86.

Sont chimentez sur les hautes montaignes
D'eternité, & vertu tres-exquise
A maçonné ceste celeste Eglise,
Et ce chasteau plein de biens plantureux,
Pour la demeure aux iustes, & heureux.

Ceste cité construite, & ordonnee,
Du Dieu viuant close, & enuironnee
De murs tres-hauts, separez de la terre,
Plus reluysans que chrystalin, ni voirre,
Est de fin or frizé, & detaillé,
D'argent purgé, vuidé, & esmaillé,
Plus clair que n'est Soleil, Lune, ou Estoilles,
Iettant aux yeux flammes, & estincelles
De sa splendeur, laquelle regardee,
Plaist aux esleus en beauté non fardee.

Apocalyps.21.

Ceste cité en ses hauts fondemens,
Bastie fut par diuins iugemens

De

De l'Eternel sur douze viues pierres,
Pures en soy, qui nullement de terres
Ne sentent rien : mais leur vertu tres-viue
De la bonté du Createur diriue,
Le Iaspe clair, Saphir, & Chalcedoine,
Et l'Esmeraulde, auecques la Sardoine,
Le Chrysolite, auecques la Sardine,
Et le Beryle, ayant vertu diuine :
La neufiéme est le reluysant Thopaze,
Le vray Hyacinthe, & iaune Chrysopaze,
Et l'Amethiste : auecques d'autres dignes,
Comme Rubyz, Dyamans, Crapaudines,
Mainte Escarboucle, & autres de valeur
Inestimable, & d'ardente couleur,
Font les hauts murs de beauté admirable :
Auec les tours de monstre desirable
Aux bienheurez, & les portes construites,
Sont à l'entour de claires Marguerites,
Iusqu'au coupeau diuinement basties.
Clarté ne faut en nulle des parties
De ce haut lieu : car Dieu en sa grandeur,
Reluire fait sa diuine splendeur,
Par tous les lieux, & endroits habitables
De ce palais aux esleus souhaitables.
  En ceste terre, & pays de Syon,
Terre de paix, & de promission,
Les iustes sont remplis d'vne lumiere,
Claire sept fois plus que n'est celle entiere

Apoc. 21.

Matth. 13.

Analogie de la premiere beatitude des predestinez.

SEPTIEME AAGE

De la gl. des predestinez.

De ce Soleil : & la nuict tenebreuse,
Point n'y habite en langueur ennuyeuse;
Car chacun iuste ayant agilité,
Et en son corps don d'immortalité,
En vn instant sans labeur se transporte
Où il luy plaist : Car de ce lieu la porte
Ne ferme point, mais tousiours est ouuerte,

Aug. de spiritu & anima, c. 60.

Et nulle peur ne s'y rend descouuerte.
Tout y est seur, tout est en grand' seurté :
Chacun y est en pleine liberté :
Chacun s'entre-aime en la terre celeste,
D'vne amitié viuante, & tres-parfaite,
Sans se mouuoir de rancune, ou fureur :

1. Cor. 15. Ioan. 14.

Sans conceuoir enuie, ire, ou rigueur,
L'vn contre l'autre, & combien que la gloire
A l'vn soit plus, en celuy territoire,
Grande qu'à l'autre, ainsi que le merite
A esté grand, ou moindre, qui merite
Diuers loyer, manifeste, & patent :

Matth. 20.

Ce non pourtant chacun est tres-content
De ce qu'il a, cognoissant la bonté
De l'Eternel, auoir leur volonté
Mieux contenté, par sa droite iustice,
Plus que ne fut l'œuure de leur seruice.

Charité, seule des vertus, en Paradis. 1. Cor. 13. Aug. de spir & anima. c. 39

Toutes vertus, ou soyent Theologales,
Mises en nous, diuines, ou Morales,
N'iront au ciel pour le bien merité :
Mais seulement y sera Charité,

DV MONDE. 162

Et iuste Amour, que l'homme aura gardee
A l'Eternel, & en luy bien fondée.
Et s'il faut dire, en ce haut Paradis,
Les vrais amis, esleus, & benedicts,
Qui se feront aimez parfaictement,
Viuans sur terre, au hautain firmament,
S'entre-aimeront, & se plairont ensemble,
Sans que iamais ennuy les desassemble :
Et l'amitié, qui tant estoit loyale,
Se trouuera au haut ciel sociale,
Plus que iamais ici n'aura esté,
En fruissant de haute Maiesté.
Lors se verront entre les bienheureux,
Les vrais amis, les chastes amoureux,
Rauis de ioye en leur grand' loyauté,
Pleins de clarté, de gloire, & de beauté,
Tenans deuis d'amitié tres-heureuse,
Et saincts propos de l'amour vertueuse,
Plus grande au ciel, qu'en ce monde terrestre.
L'amy tiendra s'amye par la dextre,
Se pourmenans au plaisant Paradis :
Et bien souuent en leurs propos, & dicts,
Se feront lors en tres-chaste embrassee
Mille regards, en la face embrasee
Du feu d'amour, celeste, & tres-diuin,
Mille baisers, d'ardeur chaste, & benin :
Tant que ces corps, & esprits pleins de gloire,
S'admireront se veoir au territoire

Aug. de spiritu & anima c. 60.

X ij

De la gloire des predest.

Des bienheurez, en l'habitation
De tout plaisir, & delectation.

Analogie de la seconde beatitude des predestinez.

Souuent Amour procede de richesse,
Ou de beauté, qui le vray cœur adresse
Aimer celuy, duquel bien on pretend :
Souuent l'amye à son amy s'attend,
Se deliurer de sa triste indigence.

Psalm. 111.
Matth. 25.

Amour n'aura au ciel intelligence
De ce defaut : car tres-parfaitement
Les bienheurez auront contentement,
D'honneur, de gloire, & de toute richesse,
De tout desir, de triumphe, & noblesse,
Et iouiront en celestes douceurs,
Ainsi que Roys, & que vrais possesseurs
De cent citez, de cent mille prouinces,
Tenans estat de Monarques, & Princes :
Accompagnez d'vn train tres-magnifique,
Des legions de l'ordre Seraphique,
Des hauts esprits de la sainte cité.
Car les thresors de la diuinité,
De sa bonté, & de toute science,

Colloss. 2.

Cachez en Dieu dedans sa sapience,
Seront ouuerts aux bons predestinez :
Ausquels seront du tout abandonnez,
Pour en vser du tout à leur plaisir,
Les admirer, & veoir à leur desir :
Thresors qui sont plus que l'argenterie
De tous les Roys, ou que l'orfeurerie

Des Empereurs, dignes, & precieux :
Thresors tres-beaux, qui iamais aux hauts cieux
Point ne seront aucunement muables,   Matth.6.
Ni par le temps, ni par rouil deuorables :
Et qui seront en plus grande largesse,   3.Reg.10.
Plus que ne fut l'or, argent, ni richesse,
Commun iadis au temps de l'opulence
De Salomon, en sa magnificence,   Psalm. 5.
Dont les esleus, qui tres-contens seront,   Matth.:1.
En tels plaisirs, au ciel s'enyureront   August. in cō-
De la douceur, saincte, & voluptueuse,   fess.
Au doux torrent de bonté fructueuse
Du Dieu regnant, ainsi qu'en la fontaine
De source viue, en la terre hautaine,   Apoc.7.
Car ou la soif, ou desir de manger,
Plus ne viendra leur appetit ranger
A desirer aucune nourriture,
Comme il faisoit au defaut de nature.
Et qui plus est, froid, chaud, ni la chaleur
D'aucun Soleil, ne causera douleur
A cestuy corps, au diuin territoire,
Lequel sera enuironné de gloire.
    Le plus grand bien qu'vn triste langoureux   Analogie de
Desire auoir pour se iuger heureux,   la tierce bea-
C'est, qu'en son mal, foiblesse, ou mesprison,   titude asspre
Plus qu'autre bien desire guarison :   deli.nez.
Et que santé, qui tout membre r'enforce,
Donner luy puisse allegement, & force.

SEPTIEME AAGE

De la gloire des predestinez.

Apoc. 21.

Les bienheurez de ce n'auront besoin,
Car maladie, & mal seront tres-loin
De leur santé. & mort, douleur, ni larmes,
Clameurs, ni plaints, ne leur feront alarmes :
Mais tres-puissans, tres-sains, & bien dispos,
Seront ainsi que cil qui du repos
A restauré ses membres vertueux,
Qui de trauail estoyent deffectueux.
Ainsi seront tous les predestinez,
Lesquels auront en leurs iours ordonnez
Esté en terre en leur dormition :

Matth. 11.

Lesquels apres leur resurrection,
Seront refaits, sans chagrin, ni tristesse,
Mis en vigueur au repos de hautesse.

En ce repos de leur eternité,
Tousiours seront en grand' securité,
Sans crainte, ou peur, ou qu'aucun les assaille,
Soit par enuie, ou fureur de bataille,
Par malle bouche, ou par detraction,
Par faux rapports de malediction :
Car l'Eternel, qui de l'œil tout regarde,
A mis au ciel si bonne, & seure garde
A leur repos, que rigueur, ni pouuoir
De l'ennemy, ne les pourra mouuoir

Psalm. 30.
Cant. 4.

De leur seurté : car l'vmbre de sa face
Rend la vertu, plus froide que la glace,
De l'ennemi, & plus de cent milliers
De champions, & nobles cheualiers

De l'exercite, & celeste domaine,
Sont tousiours prests, & rengez sur la plaine,
Pour les defendre, ayans boucliers, gisarnes,
La lance en cuisse, & au costé les armes,
Pour se ruer contre les ennemis
Des bienheurez, faicts de Dieu vrais amis.
Ce sont les saincts Cherubins, & Archanges,
Cent millions de Seraphins, & d'Anges,
Veillans tousiours, ne craignans la surprinse
Du fier Sathan, dont la force fut prinse
En son orgueil, fier, & ambitieux :
Lequel plongé aux bas, & tristes lieux
Des bas enfers, de desolation,
Auec les siens : plus par tentation,
N'aura pouuoir aux bons faire nuisance,
Ou infliger aucune desplaisance
Aux bienheurez, qui lors viuront aux cieux.

 Eux donc priuez d'aucun soin soucieux,
Tres-grandement se plaisent, & delectent,
Et du haut Roy tres-ardemment appetent
Parfaire en tout le sainct commandement,
Facile, & doux : lequel est seurement,
Trop plus que miel, ou que l'or, desirable,
Fidele, & seur, tres-iuste, & equitable,
Benin à faire, & doux à supporter :
Qui ne leur sert que les reconforter
En tout soulas, & delectation,
Et rien n'est, fors la contemplation,

Psalm 18.

Et le regard de sa diuine face,
Cognoistre aussi la clarté de sa grace.
En cestuy lieu de sa gloire enyurez,
De cœur tres-munde, & d'ennuy deliurez,
D'erreur, & mal, & fange corruptible:
Aussi purgez de l'ordure nuisible
De cestuy corps, seront les vrais esleus
De sainctetè, sans macule pourueus,
Tant nets, tant beaux, sans peché, ni malice:
Mais reluysans de gloire, & de iustice.
Car en ce lieu de beauté ordonnee,

Apoc. 22.

Point n'entrera chose coinquinee
D'aucun peché: ains toute purité,
Toute splendeur, toute mundicité,
Y regneront. Tout peché, & macule,

1. Corinth. 6.
Ephes. 5.
Apoc. 22.

De ce sainct lieu totalement recule,
Fornicateurs, luxurieux immunde,
Sont reiettez de ce lieu sainct & munde:
Tout homicide, enuieux, impudique,
Tout idolatre, & detracteur inique,
Empoisonneurs, & tels autres semblables,
N'habiteront les chasteaux perdurables
De Paradis: car en tranquilité
N'y a que paix, & saincte humilité,
Iamais discorde au lieu n'aura demeure,
Où l'Eternel auec les siens demeure:
Non pour vn iour, non point pour cent mill' ans,
Mais à tousiours, à tous les habitans

De Paradis, car la haute montaigne
De ce Palais est refuge, & enseigne
A tous esleus, pour leur protection,
Lieu eternel de consolation.
Et vn seul iour, Que di-ie? vne seule heure, Psalm. 83.
Du grand soulas, qui est en la demeure
De Paradis, est trop plus precieux,
Plus excellent,& lequel vaut trop mieux
Que cent mille ans des plaisirs de la terre,
Dauid le dit, donc ne s'en faut enquerre.

 Tant soit vn Roy plein de contentement, Analogie de
Riche, puissant, tres-excellentement la quatriéme
Craint, reueré en sa gloire mondaine : beatitude des
Tant soit vn homme au terrestre domaine, predestinez.
Nourri de vins,& viandes exquises,
Faisant banquets en ses tables requises,
Couché, leué en tres-doux appareil :
Tant soit amour de plaisir non pareil :
Tant soit l'amy content de son amye :
Tant soit leur cœur plein d'amour, endormie
En volupté, qu'il pourroit desirer
Par le long temps, le tout peut s'empirer
En leur plaisir: & de la iouïssance
De tel soulas,& mondaine plaisance,
L'homme s'ennuye, & peut s'entremesler
Vn faschement, lequel vient trauailler
Le long iouïr d'amour, & de richesse,
Et y mesler chagrin, dueil, & angoisse,

SEPTIEME AAGE

De la gloire des predest.

Sçachant l'esprit, qu'en ce mondain souhait,
N'est le vray but de son plaisir parfait:
Mais cestuy cœur qui là dedans souspire,
Tousiours en soy quelque chose desire.

Roman. 8.

Les bienheureZ en leur contentement,
Qu'ils ont de Dieu au luysant firmament,
Iamais n'auront d'aucun plaisir defaute:
Car l'Eternel par sa bonté tres-haute,
Parfaitement comblera leur desir
D'infini bien, de ioye, & de plaisir:
Trop plus parfait que celuy que desire
L'homme mortel, & où tousiours aspire,
L'esprit heureux, qui ne peut souspirer:
Au ciel iamais ne pourra desirer
Que ce qu'il a au diuin territoire,
Lors qu'il sera en l'eternelle gloire:
Et de ce bien qui tousiours durera,
Pour en iouïr point ne se faschera:
Car cent mille ans en la gloire celeste,
Est comme vn iour lequel se manifeste
Hastiuement, & legerement passe:
Où vn instant, qui de l'heure compasse

Psalm. 89.

Le mouuement. Ainsi deuant les yeux
Des bienheureZ, viuans aux hautains cieux,
Dix cens mille ans seront comme vn moment,
Qui sous le temps passe bien briefuement:
Ainsi leur bien, & leur ioye nouuelle,

1. Petr. 1.

Tousiours plaisir en leur cœur renouuelle,

Au seul regard de la diuine face,
Le vray loyer de tout merite, & grace.
　　Plusieurs viuans au naturel discours, *Analogie de la cinquiéme beatitude des predestinez.*
Ardentement ont desiré longs iours,
Mettans le bien de parfaite liesse
Estre tousiours en l'aage de ieunesse,
Sans point vieillir: tousiours viure en la fleur
D'aage parfait, sans aucune douleur.
En suyuant quoy plusieurs incantatrices,
Comme Circé, & autres meretrices,
Plusieurs vsant de sort, & de magie,
Suyuant l'effect de leur sortilegie,
Se sont bandez tant perscruter nature,
Pour enquerir herbes à l'aduenture,
Et faire viure, & regner longuement
L'homme mortel: voire & asseureement
Renouueller les ans de sa vieillesse,
En vne forte, & puissante ieunesse.
Plusieurs se sont en voye, & chemin mis,
Non point craignans froid, chaud, ou ennemis,
Pour s'aller ioindre en toute diligence,
Et se baigner en l'estang de Iouuence.
　　Les bienheurez en l'habitation
Du ciel, apres la resurrection,
N'auront besoin de cercher les fontaines,
Ni les estangs de Iouuence en ses plaines,
Pour maintenir leur aage fleurissant:
Car l'Eternel par son pouuoir puissant,

SEPTIEME AAGE

De la gl. des
prædestinez.

Les priuera de l'imperfection
De s'enuieillir, leur resurrection
Des corps changez en immortalité,
Amortira toute mortalité :
Pſalm.102. Ainſi que fait l'Aigle qui renouuelle
Sa vieille plume,en plume tres-nouuelle :
Ou comme fait la Couleuure gliſſante
Par le buiſſon, laquelle vieilliſſante,
Laiſſe en l'eſtroit de l'eſpine qui poingt,
Sa roeſſe,& peau : laquelle en ceſtuy poinct
Semble à noſtre œil pour ceſte peau perdue,
(Comme il eſt vray) ieune eſtre deuenue :
1. Pet. 5. Ainſi les bons en tel aage plaiſant,
Comme le Palme,ou le Cedre croiſſant,
Seront regnans en gloire incorruptible,
En leur ieuneſſe,& force immarceſſible.

Prudence des
Romains.

Les forts Romains , pour bien reſcompenſer
Les ieunes gens , les ſouloyent triompher
Sur chariots en la cité Romaine :
Et pour loyer de leur vertu hautaine
Les couronner de verdoyans lauriers :
Pour animer les autres Cheualiers
De paruenir à tel honneur notoire,
Par vn image eſleué en leur gloire.

En ces palais remplis de loyauté,
Pleins de tous biens,& celeſte beauté,
Seront les bons,iuſtes Predeſtinez,
En plus grand' gloire , & triumphe ordonnez,

Que ne fut onc en sa gloire mondaine,
Nul Chevalier, ni le grand Charlemaine,
Plus qu'Alexandre, ou les Cesars Romains,
Plus de cent fois que tous Princes humains :
Pour qu'en ce monde en celestes plaisirs,
Ils ont vaincu la chair, & ses desirs.
Sur chariots de fin or decorez,
D'un pur argent, & d'azur bien dorez,
Seront portez en triumphe, & noblesse,
Par les Palais de leur gloire, & hautesse :
Mille herauts des ordres Angeliques,
Proclameront leurs louanges celiques   Sapien. 5.
Par tout le ciel, leur baillant derechef
Couronnes d'or, sur leur teste, & leur chef,
Pleines en tout de nobles Marguerites,
De Dyamans, & cheres Chrysolites,
Qui se lançans en la gloire immortelle,
Ainsi que fait aux roseaux l'estincelle
De l'ignel feu, regneront en ce lieu :
Et chacun d'eux sera appellé Dieu,   Psalm. 81.
Et vray enfant du Createur immense,
Participant, & usant de l'essense   Apocalyps. 1.
De ce haut Dieu, & en divins arrois,
Les bienheureux seront Princes, & Roys.

    L'homme voulant vivre en securité,   Analogie de
A son plaisir, & grand' felicité,   la sixiéme bea-
Apres avoir acquis biens, & richesses,   titude des pre-
Pour augmenter ses desirs, & liesses,   destinez.

SEPTIEME AAGE

De la gloire des predest.

Comme s'il deust viure eternellement,
Sans point mourir: il fait pompeusement
Bastir logis de grand' magnificence,
Quelque chasteau, ou maison d'excellence,
Tout à l'entour close, & enuironnee
De bas fossez, sur roche maçonnee,
Afin que l'eau, ou feu qui tout ruine,
N'ait le pouuoir esbransler la machine
De tel chasteau, ou logis bien fondé.

Qui bien aura l'Escriture sondé,
Et perscruté, il pourra bien cognoistre,
Que tout chasteau, logis, maison, ou estre
Que l'homme ait fait bastir, & bastira,
Longueur du temps destruit, & destruira:
Ou soit par vents, par foudres, ou tempestes,
Par guerre, ou feu, par miner, ou molestes,
De l'air marri en ses esmotions,
Ou par la pluye, ou inundations,
Qui moult souuent telles grand's œuures battent
L'vn d'vn costé, l'autre d'autre combatent,
Et rien n'y a de stable, ou permanent.

Mais au Palais du hautain firmament,
Ou basti est le lieu, & la demeure
Des bienheurez, ou l'Eternel demeure,
Regnant sans fin, est vn lieu que la fouldre,
L'eau, vent, ni tēps, point ne pourront resoudre,
Ni ruiner, tempeste, feu, tonnerre,
Ni les assauts de la fureur de guerre,

Mich. 2.

Matth. 6,
2. Corint. 5.
Hebr. 13.

Ne le pourront nullement fulminer,
Ni par leur force, ou vertu ruiner :
Car leur maison de gloire illuminee,
Par l'Eternel a esté maçonnee
Sur le haut mont de son eternité :
Ou les esleus en toute amenité,
Viuront sans peur, sans terreur, ni menace,   Apoc. 21.
N'ayans souci là essuyer leur face.
Car celuy temps de larmes, & de pleurs,
Sera passé, qui causoit les douleurs
De leur ennuy : mais en ioye immortelle,
Viuront sans mort en la gloire eternelle.

  Plus grand honneur vn Prince, ou Gouuerneur,   Analogie de
Faire ne peut à son vassal, mineur,   la septiéme
En luy monstrant d'amitié peculiere   beatitude des
Son bon vouloir, & grace singuliere :   predestinez.
Fors, quand luy plaist, & pres que s'humilie,
Et de bon cœur humblement le supplie,
Boire, & manger deuant luy en sa table :
Vsant de luy, & se monstrant affable
En leur deuis, & magnifique arroy.

  Plus que cela fera l'Eternel Roy
A ses amis, iouissans des largesses
De Paradis, & diuines richesses :   Luc. 22.
Car les heureux au ciel seront assis
Auecques Dieu, & de sens tres-rassis
Deuiseront auec la Sapience,
De saincts propos pleins de toute science :

Buuans, mangeans des doux mets precieux,
Qui leur seront presentez aux hauts cieux,
Luc. 12.   Pour les repaistre de viande admirable.
Mesmes Iesus se leuera de table,
Lequel sourceint les administrera,
Et de son vin tous les enyurera,
En la douceur Nectare, & Ambrosie
De sa bonté, qui le ciel rassasie :
Psalm. 35.   Car en ce lieu, & diuin territoire,
Se baigneront au profond de sa gloire,
Plus que ne fist le tres-iuste sainct Pierre,
Matth. 17.   Lors qu'en Thabor tomba la face en terre.
2. Petr. 1.
Ainsi sera leur cœur, & leur pensee,
Rauie en Dieu, quasi comme insensee,
Qu'ils ne sçauront en tout que deuenir,
Fors qu'au haut Dieu se ioindre, & reunir.
Apocal. 21.   Et pour la fin & consommation
De leur plaisir, & delectation,
Tout leur labeur, douleur, & tristes larmes,
Angoisse, ennuy, sanglots, souspirs, alarmes
Des ennemis, leur malheur, & souffrance,
Leurs repentirs, chaud, froid, inasseurance,
Peines, sueurs, trauail, souci, misere,
Tristesse, & dueil, & fascherie amere,
Qui les auront au monde tourmentez :
En cest estang de gloire confortez
Seront du tout, & leur beatitude
Les priuera de la solicitude

Qui

Qui les preſſoit en ce bas element.
　Leurs ſens auront parfait contentement
De leurs deſirs: car ceſte tendre ouye
Orra les ſons, & plaiſante harmonie
Des doux accords qui au ciel ſe feront:
Et qui iamais ne ſe termineront.
Là ils orront les celeſtes Archanges,
Cithariʒans cinq cens mille louanges,
Mille fleurtis, mille gringotemens,
Perçans le ciel, & tous les elemens.
　L'œil cognoiſtra en la diuine eſſence,
Toute vertu, clarté, & ſapience:
Ce qu'il voyoit ici obſcurement,
Sera cogneu au ciel parfaitement,
Au clair miroir de la bonté diuine:
Car il verra la Vierge treſ-benigne
Pres de ſon Fils, & ordres Angeliques,
Hautes vertus, & bandes Seraphiques,
Prenans plaiſir, tenir ioyeux propos,
Auec les bons en l'eternel repos:
Leſquels ſeront, d'amour qui les aſſemble,
Meſleʒ au ciel, & ſe ſeans enſemble.
　En ce banquet des hauts palais celiques,
Se reſpandront ſenteurs aromatiques,
Mille perfums plus flagrans que le baſme,
Plus que les muſcs de Princeſſe, ni Dame.
　Vins delicats, Hypocras, Rommanie,
Vin Muſcadet, ni douce Maluoiſie,

Contentemẽt à tous les ſens des predeſtinez.

Contẽtement à l'ouye.
Aug. de ſpir, & anima. c. 60

Cõtentement aux yeux.

Contentemẽt à l'odoremẽt du nez.

Cõtentemẽt au gouſt, & à la langue.

Y

De la gl. des predestinez.

Vins affettez, sucrez en mainte sorte,
A ceste langue à l'homme point n'apporte
Tant de douceur, de saueur, ni plaisir,
Comme fera au ciel l'ardent desir
Des bienheurez, en admirant la face
De Iesus Christ, enyurez de sa grace.

Ysa. 65.
Ainsi comment de faim, & soif, mourront
Les reprouuez : ainsi iustes boiront,
Et mangeront Nectar, & Ambrosie,
Qui les esleus, & Anges rassasie,
S'esiouissans au plaisant Paradis,
Contre le mal des pecheurs interdicts:

Ysa. vltimo.
Lesquels esleus en telle iouissance,
Auront en Dieu parfaite cognoissance
Des malheureux, de leur peine, & tourment,
Sans se douloir d'iceux aucunement.

Ysa. 64.
1. Corint. 2.
Que diray plus? Esprit n'a peu entendre:
Entendement en soy n'a peu comprendre,
Oeil n'a peu veoir, ni la langue exprimer :
Et nul n'a peu en son cœur imprimer,
L'honneur, les biens, les thresors, & richesses,
Les grans soulas, & parfaites liesses,
Lesquels sans fin au ciel sont preparez,

Matth. 21.
Aux iustes, saincts, aux bons, & bienheurez.
Car le tres-sainct, pour consommation
De tout leur bien, & delectation,
Viura en eux : & lesquels regneront,
Viuans en luy : auquel contempleront

Leur grand' beauté en plaisir assouuie.
Comme au miroir auquel ils auoyent vie,
En l'Eternel dés le commencement,
Deuant que l'air, ciel, terre, & element
Fussent creez, en temps qui tout efface :
Et par ainsi verront tousiours la face
De ce bon Dieu, qui ne terminera
Ce septiéme aage ; ains en soy durera,
Sans bout, sans fin : ou l'eterne pensee
Clorra leur gloire en luy non commencee.
   Auquel ie prie (ô Prince plein d'honneur)
Que luy, qui est seul Dieu, Roy, & Seigneur:
Et qui au ciel, & en la terre regne,
Vous donne en fin ce haut palais, & regne.

Ioan. 1.

FORS DIEV TOVT PASSE.

FIN DV MIROIR D'ETERNITÉ
COMPOSÉ PAR MAISTRE
ROBERT LE ROCQVEZ
DE CARENTEN EN
NORMANDIE.

A TRES-DOCTE,
& vertueux Prelat, Estienne Martel Euesque de Cóstances: auquel l'Autheur presenta le Chant Royal, & les cinq dixains qui ensuyuent.

Comme ainsi soit que vostre dignité,
Merite vn don de plus grande efficace
Que n'est cestuy, qui la sublimité
De vostre nom saluer prend l'audace.
Ce non pourtant il plaise à vostre grace
Le receuoir, comme don precieux:
Vous protestant, si ma Muse fait mieux,
Le presenter à vostre bonté haute:
Et si le don se trouuoit vicieux,
Deuant vos yeux, supportez en la faute.

CHANT ROYAL DV TRIVMPHE DE IESVS Christ sur la Mort.

Le grand Serpent, & monstrueux Dragon,
   Empoisonné du venim mortifere:
   Voyant Adam le Chef, & Parangon
   Du genre humain, au sumptueux repaire:
Se desguisant sous masque du Vipere,
Pour mieux iouër de sa ruze, & effort,
Intoxiqua du mors amer, & fort,
Adam à tort: dont Mort s'est ensuyuie.
Mais ignora que viendroit pour ce tort,
Salut de Mort, & liberté de Vie.

Ce monstre infect, prins d'vn estourbillon,
   Laissa ce Chef à Peché tributaire,
   Frappé à Mort, du mortel aiguillon,
   Le despouillant de tout bien salutaire:
Par cestuy mords de Grace l'aduersaire,
Fut mis Adam sous puissance de Mort,
Serf, & captif de Peché, qui remord
Son vif remors: mais Grace poursuyuie,
Luy fist preueoir sous Foy, pour son accord
Salut de Mort, & liberté de Vie.

Ce mortel mors prenant possession

CHANT ROYAL.

Sur nostre Chef de mortel impropere,
Nous fist sentir en sa transgression,
L'effect infect du faict de nostre pere.
Mort nous saisit, qui le faict impropere,
Aux heritiers du principe ia mort:
Duquel la race à seruitude amord,
Par ce grief mors, plein de mortelle enuie:
Lequel cachoit en son goust (qui tout mord)
Salut de Mort, & liberté de Vie.

Pour ietter hors de mortelle prison,
Ce vieil Adam digne de vitupere:
Et abolir de mort l'aigre poison,
Par vne mort, qui contre mort prospere:
Grace du ciel (qui en tout exupere
Pouuoir de mort) vint dresser pour renfort,
Contre la mort vn bastillon tres-fort:
Qui debella la mort, par mort hauie.
Puis decreta nous donner pour confort,
Salut de mort, & liberté de Vie.

Ce Chef de Mort dressant son Bastillon,
Contre l'effort du Serpent anguifere,
Le desbrisa du sanglant croisillon,
Mortifiant sa puissance, & affaire:
Puis attachant celle mort sans deffaire
Dessus sa Croix, (pour oster le discord,
De mort, à l'homme: ou pendoit le descord,

CHANT ROYAL.

Du Chyrographe, ou mort se mortifie)
Fist publier par celeste record,
Salut de Mort, & liberté de Vie.

ENVOY.

O bon Iesus, qui par diuin support,
As triumphé la puissance, & haut port,
De mort, qui mord, non mort qui viuifie:
Tu es celuy qui donnes pour apport,
Salut de Mort, & liberté de Vie.

FIN.

DIXAINS.

LE TROPHEE DE Iesus Christ.

I. DIXAIN.

IEsus a fait eriger son Trophee,
Le decorant des armes des vaincus:
Auquel estoit celle mort triumphee,
Portant' en soy de peché les escus:
Enuie aussi, dont furent conuaincus
Nos deux parens, & Sathan Plutonique,
Estoyent liez à la Croix Prophetique
De Iesus Christ, qui par eux estoit mort:
Mais suscité en gloire magnifique,
Vainquoit Sathan, Peché, Enuie, & Mort.

II.

La mort de Iesus Christ est nostre victoire.

Si Iesus Christ n'auoit vaincu la Mort,
Endurant mort par le mords de souffrance:
Ce vieil Adam ia tout infect, & mort,
N'eust de sa mort recouuert deliurance.
Sa mort fut donc aux morts la recouurance
De liberté, ayant son fondement

DIXAINS.

En ceste Mort, qui prend commencement,
Sur mort de mords, ou Mort Grace a suyuie :
A l'homme donc pour son aduancement,
Du mords la mort, & de Mort vient la Vie.

III.

Du mords la mort, & de Mort vient la Vie,   Grace, Mort,
A cil, qui veut son corps mortifier :   & Foy, nous
Car ceste mort, qui la Mort crucifie,   iustifient.
Fait nostre esprit en Dieu viuifier.
Dieu a voulu Grace iustifier
L'homme en la mort, ou Foy prend efficace :
Le sang de mort de Iesus Christ efface
Nos actes morts, par ce mords putrefaicts :
Et Foy suyuant nos œuures en la trace
De ceste Mort, fait viure nos effects.

IIII.

Les heureux morts, qui sous mortalité,   La mort est
Ont debellé la fureur, & morsure   commécemét
Du mords infect, ont immortalité :   de vie.
Comme vainqueurs des assauts de mort sure,
Mort les fait viure, & la Mort les asseure
Des aiguillons de leurs forts ennemis,
Qu'ils ont vaincus, & à dure mort mis :
Donc sans remors leur gloire est assouuie :

DIXAINS.

L'vmbre de Mort leur esprit a remis
Hors toute mort en l'immortelle vie.

V.

<small>Mort est cō-
mencement
de mort.</small>
  Le poignant dard, & mortelle fureur
De celle mort, que Iesus a deffaitte :
Iette sa rage, escumant son horreur
Sur morts, mourans, qui leur esprit infecte.
Mort les poursuit, & mort l'esprit affecte :
Mais mort le fuit, qui picque leur remords
D'vn ver mordant : & l'effect de ce mords
Est immortel : qui en Mort les faict viure.
Et par ainsi, sera tousiours aux morts,
Peine de mort, leur mort faisant reuiure.

    FORS DIEV TOVT PASSE.

Ego subscriptus, Doctor, ac Decanus supramundanæ Theologiæ facultatis, in alma studiorum matre Cadomensi Academia perlegi hoc Gallicum Poëma, à principio vsque ad finem, in quo nihil est repertum quòd fidei Christianæ, Apostolicæ & Romanæ aduersetur, aut aliquam Rempub. offendere possit: in cuius rei fidem signum apposui, hac mensis Ianuarii, decima quarta, Anno 1588.

BVYSSONIVS.

TABLE DES CHOses plus memorables contenues en ce liure.

Age auquel tout homme reſſuſcitera. 156.b.
Aage quatriéme, commençant l'an de la creation du monde, 2890. 39.a
Aaman, Artabanus, Artaxerxes, & Aſſuere. 56.b
Aaron, & Moyſe ducteurs du peuple de Dieu. 23.a
Abeſſam, dixiéme Iuge d'Iſrael. 34.a
Abias, & Aza, Roys de Iuda. 41.a
Abimelech, ſixiéme Iuge ſur Iſrael. 33.a
Abraham reçoit la promeſſe de Dieu. 19.b
Abraham victorieux contre quatre Roys. 19.b
Acham Roy de Iuda, meſchant & idolatre. 43.a
Adam, & Eue bannis du Paradis terreſtre. 10.b
Adam eſtoit immortel ſans ſon offenſe. 5.b
Adrian le mutin, & Anthoine Empereurs de Rome. 83.b
Aelœus, geant. 19.a
Aeternité de Dieu. 1.a
Agamenon tué par Clitemneſtre, & Egiſte. 36.a
Aioth, deuxiéme Iuge ſur le peuple d'Iſrael. 29.b

TABLE.

Alexandre le grand, & de ses faicts. 57.b
Alexandre, premier & dernier Monarque en Gréce. 59.a
Alexandre receu en Ierusalem, & de sa mort. 59.b
Ame immortelle, selon les Etniques Philosophes. 44.b
Amon Roy de Iuda. 45.a
Amos, & Michee propheres. 44.b
Analogie de la premiere beatitude des predestinez. 161.a
Analogie de la seconde beatitude des predestinez. 162.b
Analogie de la troisiéme beatitude des predestinez. 163.a
Analogie de la quatriéme beatitude des predestinez. 165.a
Analogie de la cinquiéme beatitude des predestinez. 166.a
Analogie de la sixiéme beatitude des predestinez. 167.a
Analogie de la septiéme beatitude des predestinez. 168.a
Anchises d'Assaracus fils du Roy Ilus. 34.b
Andromeda deliurée par Perseus. 32.a
Anne, & Caiphe, grands prestres en Ierusalem. 76.a
Annunciarion de la conception de Iesus Christ. 73.a
Antioche, dit Illustre, & la souche de peché. 64.a. & b
Antioche, & de ses cruautez. 63.a
Apollo, & Diane. 23.a
Apollo adoré en Delphos. 24.b
Apostres assesseurs iugeront les hômes. 138.b

TABLE.

Arche de Dieu par les Philisthins rauie, & puis rendue. 36.a

Argiue, & Thessale, changé au regne des Mycenes. 31.a

Argus Roy de Thessale occis par Mercure. 22.b

Arion sauué sur le dos d'vn Dauphin. 45.b

Aristote grand philosophe. 59.b

Arrest pour les Predestinez, & Reprouuez. 145.a.& b

Arrius condamné au Concile de Nice, & de sa mort. 85.a.& b

Artillerie inuentee par vn moine. 100.b

Artur de Bretaigne, & de sa ronde table. 86.b

Athenes perdant nom de regne. 45.a

Attyla Roy des Huns, dit le Fleau de Dieu. 87.b

Auerrois, Auicene, & Almaric. 98.b

Austerité, & mort de sainct Iean Baptiste. 76.a

B

Babylone ruinee par Cyrus. 51.a

Balaan faux prophete tué par Phinees. 26.b

Balthazar Roy de Babylone. 50.b

Baptesme de François de Valois Dauphin de France. 116.a

Baruch prophete. 45.b

Baudouin, premier, deux, & troisiéme, Roys de Ierusalem. 98.a.& b

Bayeux fondé par Belus. 16.b

Bayeux reçoit la Foy Chrestienne. 82.a

Bede docteur venerable. 91.a

TABLE.

Belus deuxiéme monarque des Babyloniens, & premier fondateur de la ville de Bayeux. 16.a.

Belus, dit Iupiter. 16.b

Bon Ange, troisiéme tesmoin contre le pecheur. 140.a

Boulongne rendue au Roy par les Anglois. 117.a

Branton geant. 19.b

Briareus geant. 19.b

Bucephal le cheual d'Alexandre. 58.a

Busyris fondateur de Thebes, & de sa cruauté. 28.b

C

Cain fratricide tousiours tremblant. 10.b

Calais rendue aux Anglois. 101.b

Caleph, & Iosué explorateurs de la terre de promission. 25.b

Calisto muee en l'Estoille du Plaustre. 29.b

Cambyses deuxiéme Monarque de Perse. 54.b

Captiuité du peuple Iudaique au temps de Thobie. 43.a

Carthaginois, perpetuels ennemis des Romains. 38.b

Carthage ruinee par Scipion l'Aphricain. 65.a

Cassandre, fille de Priam, ayant nom de Sybille. 34.b

Catilina, & Cicero l'Orateur, ennemis. 66.a

Cham Zoroaste, inuenteur de Magie. 17.a

Charité seule des Vertus en Paradis. 161.b

Charlemaine fils de Pepin Roy de Fráce. 92.b

Char-

TABLE.

Charlemaine empereur de Rome. 93.a
Charlemaine au cathalogue des sainctz. 93.b
Charles Martel, & son fils Pepin. 91.b
Charles cinquiéme. 101.a
Charles six, & septiéme. 102.a
Cherubins, thrones, & seraphios, en la premiere hierarchie des anges. 4.b
Childerich Roy de France. 87.b
Chilperich Roy de France, & de sa mort. 89.a
Choré, Dathan, & Abiron, tombent vifs en enfer. 21.b
Cinquiéme peine des reprouuez. 153.a
Circé enchanteresse, inuentrice de poison. 36.b.
Circoncision baillée à Abraham. 20.b
Cloches inuentees par Paulin, euesque. 86.b
Clothaire premier du nom Roy de France. 88.a
Clothaire, deuxiéme du nom, Roy de France. 89.a
Clothaire troisiéme, & Clouis deuxiéme, Roys de France. 90.a
Commencement de la premiere monarchie du monde sous le regne des Babyloniens. 16.a
Commencement du regne des Amazones. 21.b
Commencement du regne des Atheniens, sous la monarchie des Babyloniens. 23.a
Commencement du regne de Corinthe, sous les Babyloniens. 37.b
Commencement du regne de Crete, sous les Babyloniens. 21.a
Commencement de la danse au veau d'or. 25.a

Z

TABLE.

Commencement du regne de France, sous les Babyloniens. 36.b
Commencement des Gaules, sous les Babyloniens. 17.a
Commencement du regne d'Italie, sous les Babyloniens. 17.a
Commencement du regne d'Egypte, sous les Babyloniens. 17.a
Commenrement du regne des Lacedemoniens, sous la monarchie des Babyloniens. 37.a
Commencement du regne de Mede, sous nulle Monarchie. 50.b
Commencement de la Pasque entre les enfans d'Israel. 25.a
Commencement du regne de Perse, sans nulle monarchie. 50.b
Commencement du regne de Phrygie, sous la monarchie des Babyloniens, par le Roy Tantalus puni aux enfers. 29.b
Commencement du regne de Thessale, sous les Babyloniens. 21.b
Conqueste de la Toison d'or, par Iason, & Hercules. 32.b
Constans Empereur Romain. 89.b
Constantinoble prinse par les Turcs. 102.b
Conscience premier tesmoin contre le pecheur. 160.b
Construction de l'Arche de Noé. 12.a
Contentement à tous les sens des predestinez. 169.a
Contentement à l'ouye. 169.a
Contenrement aux yeux. 169.a
Contentement à l'odorement du nez. 169.a
Contentement au goust, & à la langue. 169.a

TABLE.

Conuiue des dieux, & le iugement de la pomme d'or. 33.b
Cofdroë rapteur de la fainéte Croix. 89.b
Croefus Roy de Lydie, tref-riche, vaincu par Cyrus. 53.a
Curtius fauua Rome par fa mort. 53.b
Cyrus porte faueur aux Iuifs. 52.b
Cyrus vaincu par Thamyris, Royne des Amazones. 53.a

D

Dagobert, & Childebert Roys de France. 91.a
Daire Roy de Babylone, & vaincu par Cyrus. 51.a.& b
Daire troifiéme monarque de Perfe. 55.b
Dairē dernier monarque de Perfe. 58.b
Danes & Califto violees par Iupiter. 29.a
Daniel expofiteur des fonges. 50.b.& 51.a
Dauid tue Goliath. 37.b
Dauid pleure Ionathas. 38.b
Dauid recouure l'Arche de Dieu. 39.a
Dauid amoureux de Berfabee. 39.b
Dauid efchauffé en fa vieilleffe par la pucelle Abifaag. 39.b
Debat entre Neptune, & Pallas, pour le nom d'Athenes. 37.b.
Declaration de la ftatuë de Nabuchodonozor. 87.a
Deluge des eaux en Normandie. 114.a
Deluge des eaux en Theffalie, & les pierres muees en hommes. 24.b
Demetrius le cruel, fucceffeur d'Antioche. 64.b

Z ij

TABLE.

Denis Roy de Cecile, cruel. 57.a
Deploration sur la captiuité du peuple de Iuda. 48.a
Description du lieu apres le Iugement. 150.a
Diable mauuais Ange, deuxiéme tesmoin contre le pecheur. 140.a
Dido se ietta dans le feu. 36.a
Dieu voit par tout. 14.b
Dieu le Fils engendré eternellement. 1.b
Dieu peut faire tout ce qu'il veut : mais il ne veut pas faire tout ce qu'il peut. 2.a
Dignité de Consul, Dictateur, & Tribun en Rome. 55.a & b
Dismes premierement donnees par Abraham. 20.a
Diuersité de gloire aux Anges, auec contentement. 4.a
Diuision du Royaume de Salomon, & Roboam son fils Roy de Iuda. 40.b
Domitian Empereur & Monarque de Rome. 82.a

E

Eleazar grand Prestre en Ierusalem. 61.b
Elysee lieu de plaisir. 147.b
Elon vnziéme, & Abdon douziéme Iuge sur Israel. 34.a
Emor, & Sichem morts pour le stupre de Dina. 22.a
Enceladus geant. 19.a
Enfans abortifs ne sont en Paradis ni en Enfer. 147.a
Ennius, & Cato. 63.a
Enuie premier peché. 6.b

Eloeus geant. 19.a
Ephialtes geant. 19.a
Epicurus voluptueux,& Empedocles, Philo-
 sophes. 53.b
Esope le fabuleux. 51.b
Eternité de Dieu. 1.a
Euphrates, fleuue, passé, & diuisé par le Roy
 Cirus. 51.a
Euergetes Roy d'Egypte. 61.b
Europa rauie par Iupiter, & muee en forme
 de taureau. 28.a
Eurostrate brusle le Temple de Diane. 58.a
Exitonius fils de Dardanus, Roy de Darda-
 nie tresriche. 28.a
Ezechias Roy d'Israel fist abbatre le serpent
 d'airain. 44.a
Ezechias respité de mort. 44.b
Ezechias Roy de Iuda. 43.b

F

Famine l'vn des fleaux, ou glaiue de Dieu.
 107.b
Feu de conflagration dixiéme signe prece-
 dent le Iugement. 133.b
Fin du regne des Medes par le Roy Cirus. 50.b
Fondation de la ville d'Amyens. 60.b
Fondation de la ville d'Angers par Sarron. 35.a
Fondation de la ville d'Auxerre, & de Soif-
 sons. 53.b
Fondation de la ville de Bayeux. 16.b
Fondation de la ville de Caen, par Cadmus
 fils de Iupiter. 23.a
Fondation du Chasteau d'Ilion, sur le fleuue
 Xanthus. 52.a

Z iij

TABLE.

Fondation des chasteaux de Caen, & de Falaize. 66.b.

Fondation des villes de Cherbourg, Constances, & Carenten. 70.a

Fondation du Capitole de Rome. 45.b

Fondation de la ville de Carthage sur la mer, & par qui. 45.a

Fondation de la ville de Constantinoble sur le bord de la mer. 45.a

Fondation de la ville de Corinthe, par le Roy Sysiphus. 26.b

Fondation de la ville de Lyon, par le Roy Lugdus. 22.a

Fondation des villes de Marseille, & de Nice. 47.a

Fondation de la ville & chasteau de Milan. 28.b

Fondation de Niniue, par Ninus, & commencement d'idolatrie. 16.b

Fondation de la ville d'Orleans, par Aurelius. 83.b

Fondation de la ville & cité de Paris, sur la riuiere de Seine. 31.b

Fondation de la ville de Pauie, par les François. 57.a

Fondation du Pantheon Romain, & de sa supposition. 70.a

Fondation de la ville de Poitiers, par les Scythes. 33.b

Fondation des villes de Renes, & de Nantes en Bretaigne. 33.a

Fondation de la ville de Rhodes. 22.a

Fondation de la ville de Rome, & le fratricide de Romulus. 43.b

Fondation du temple de Paix en Rome. 71.a

TABLE.

Fondation du temple de sainct Iaques en Galice.　92.b

Fondation de la ville de Thoulouse sur la Garonne.　35.a

Fondation de la ville de Troye, & le fat du Palladium.　25.b

Fondation de la ville de Venise sur la mer.　86.b

France vaincue par Iules Cesar.　66.a

François de Valois premier du nom Roy de France.　106.a

Fratricide commis par Dardanus en Italie.　24.b

G

Galien medecin, & Origene philosophe.　83 b

Ganelon le trahistre tiré à quatre cheuaux.　93.a

Ganymedes raui par Iupiter.　31.b

Gayus Caligula, monarque des Romains.　79.b

Gayus Marius, & Scilla Romains.　65.b

Gedeon le fort cinquiéme Iuge sur le peuple d'Israel.　31.b

Genealogie de la vierge Marie.　71.b

Geoffroy Martel apporta la saincte Larme de Iesus Christ en France.　96.b

Gloire des predestinez.　160.b

Godefroy de Buillon Duc de Lorraine, & de ses faicts.　97.a.& b

Godolias gouuerneur au Royaume de Iudee.　49.b

Gorgone forcee au temple de Pallas, par Ne-

Z iiij

TABLE.

ptune. 30.b
Grace, Mort, & Foy nous iustifient. 173.a
Guerre en Paradis. 6.b
Guerre troisiéme glaiue, ou fleau de Dieu. 109.a
Guillaume le Bastard vainqueur des Anglois. 96.a

H

Hammon Temple, l'vne des merueilles du monde. 30.b
Haunon premier appriuoiseur du Lion, & de sa mort. 36.a
Hannibal Roy de Carthage, & de la guerre qu'il fist contre les Romains. 63.b
Helene la belle rauie par Theseus. 33.a
Helene rauie par Paris Alexandre. 54.a
Heliachin, dit Ioachin, l'vn des Roys de Iuda. 46.a
Helicon sacré aux Muses. 32.a
Hely grand Prestre, & quatorziéme Iuge sur Israel. 36.a
Helie, prophete, raui au ciel par puissance diuine. 41.b
Henry premier du nom Roy de France. 96.a
Henry deuxiéme du nom, Roy de France. 116.b
Heracle humble, & noté d'heresie. 89.b
Heraclitus, philosophe, tousiours pleurant. 56.a
Hercules premier inuenteur des ieux Olympiades. 43.a
Hercules de Lydie, & de ses faicts valeureux. 37.a

TABLE.

Hermes trifmegifte, dit Mercure. 60.a
Herodes Tetrarque, de fa mort, & de la mort des Innocens. 75.b
Hefter, Affuere, Vafthi, & Haman. 56.b
Hefiode poëte. 38.a
Hefione fille de Laomedon, rauie par Hercules. 33.a
Hieronymus fuper prophetam Amos. 27.a
Hieronymus du iugement. 125.a
Hierufalem deftruite par les Romains. 81.a
Hircanus, & Ariftobulus, grans preftres en Ierufalem. 65.a
Holofernes colonel de Cambifes. 54.a
Homere, poëte fabuleux, & tref-eloquent. 38.a
Horace poëte. 73.a
Hue Capet grand Marefchal de France, & de fes faicts. 95.b
Huict perfonnes fauuez du deluge. 12.b
Hypocrates, medecin, & Socrates philofophe. 56.a

I

Iaques de Couffy, fieur de Vernin, & de fa trahifon. 117.a
Iamneus, & de fa cruauté. 65.b
Iafon mort de defplaifir. 32.b
Iehu tue Achab, & fes enfans. 41.b
Iephthé neufiéme Iuge fur le peuple d'Ifrael. 33.b
Ieremias in Thren. 48.a
Iericho ruinee, & la deliurance de Raab paillarde. 27.b
Ierufalé deftruite par Nabuchodonozor. 47.b

TABLE.

Ierusalem reprinse par les Turcs sur les Chrestiens. 99.a
Iesus Christ la vraye pierre. 87.a
Iesus Christ iuge souuerain des viuans & des morts. 123.b
Iesus Christ adoré des Pasteurs, & des Rois, apres sa natiuité. 75.a
Iesus Christ, & de ses actes. 76.b
Iesus Christ nay pourement. 74.a
Ihesus Syrach, composa le liure de l'Ecclesiasticque. 62.b
Iezabel cruelle, iette Naboth hors de sa vigne. 41.a
Iezabel precipitee du haut en bas de la tour, deschiree par les chiens. 42.a
Indes conquestees par Bacchus fils de Iupiter. 30.b
Ingratitude des Romains vers Scipion l'Aphricain. 65.a
Institution de la religion des vierges Vestales. 17.b
Institution des ieux Lupercaux en la ville de Rome. 43.b
Institution de la religion des filles repenties à Paris. 105.b
Inuention d'atteller les cheuaux. 28.b
Inuention de labourer la terre, & de faire le pain. 22.a
Ioab neueu du Roy Dauid, colonel de son armee. 39.a
Ioachim grand Prestre en Ierusalem. 55.a
Ioachim Roy de Iuda, & les Prophetes captifs en Babylone. 46.b
Ioathan Roy de Iuda. 43.a
Iob persecuté, & de sa patience. 26.b

TABLE.

Ionas le prophete, qui fut trois iours en la Balcine. 42.b
Ionathas grand preftre en Ierufalem. 75.b
Ioram fils de Iofaphat Roy de Iuda. 41.b
Iofaphat Roy de Iuda. 41.a
Iofeph vendu aux Amalechites, par fes freres. 22.b
Iofephus captif fous Vefpafian, Empereur Romain. 81.a
Iofias Roy de Iuda. 41.b
Iofué ducteur du peuple d'Ifrael. 27.a
Iofué par la priere qu'il fift à Dieu arrefte le Soleil. 27.b
Iofué tue trente & vn Roys. 28.a
Iofué, & Caleph feuls en la terre de promiffion. 28.a.& b
Iofué mort, & enfepulturé. 28.b
Iudas Machabeus, & fes freres occis. 64.b
Iudith la magnanime, & de fes faicts. 54.b
Iugement de Dieu. 119.b
Iugurtha Royne de Numydie. 63.b
Iuifs vendus trente pour vn denier, & la fin du regne d'iceux. 81.b
Iuifs exilez, & Iofephus captif en la ville de Rome. 82.a

L

L'Aage doré. 13.b
L'aage d'or violé par Cham, & fou fang reprouué. 14.b
La benediction d'Ifaac furprinfe par fon fils Iacob. 21.b
Labyrinthe de Dedalus, & la ruine de fon fils Icarus. 32.b

TABLE.

La circoncifion baillee à Abrahrm. 20.b
La clarté des aftres celeftes diminuee pour le peché d'Adam. 2.a
La confufion des langues. 15.b
La couronne d'efpines, la vraye croix, l'efponge, & le fer de la lance de Iefus Chrift defgagez par fainct Loys, &c. 99.b
La creation de l'Ange. 3.a
La creation de la machine celique, & des elemens. 2.b
Lactance conful Romain, & philofophe. 62.b
La fondation de la ville & cité de Babylone, fur le fleuue d'Euphrates, & la confufion de la tour de Babel, le premier des merueilles du monde. 18.a
La forfaicture d'Adam, & d'Eue. 7.b
La guerre des Geants contre Dieu. 18.a
La lance de Iefus Chrift defgagee par le Roy fainct Loys. 99.b
La langue Hebraique premiere des autres langues. 15.b
L'ame immortelle par grace. 5.a
La malediction de peché. 9.b
La mort de Iefus Chrift eft noftre victoire. 172.b
La mort eft commencement de vie. 173.a
La mort eft commencement de mort. 173.b
La nature humaine reffemble de plus pres à Dieu, &c. 5.a
L'ange creé à operer infatigablement. 4.a
L'ange deputé à la garde de l'homme. 3.b
L'ange peut meriter la gloire eternelle. 3.b
L'ange immortel par grace. 3.a
Lanfquenets en Normandie, & de leur paffa

ge par Caen. 106.b
Lantrect seigneur du lieu deliure le Pape qui estoit prisonnier. 113.a
Laomedon fils d'Ilus mocqueur des dieux, & de sa punition. 32.a
La premiere habitation de l'homme. 5.b
La procreation. 3.a
La proprieté de l'ame. 5.b
La race de Cain commencement du mal. 11.a
La ruine de Lucifer, & de ses complices. 7.a
La ruine des Geants, & leur dispersion. 18.a
La sepulture d'Abraham. 21.b
La terre diuisée en trois parties par Noé. 14.b
La terre perira par feu. 15.a
Le ciel, & les elemens incorruptibles substantiellement. 3.a
Le fruict de vie defendu à Adam. 6.a
L'homme rendra compte des biens de grace, & de fortune. 143.b
L'homme deliuré de la mort eternelle par Iesus Christ. 121.a
L'homme sans le peché n'estoit subiect à la mort. 4.b
Le peché d'Adam pardonnable. 7.b
Le peché d'Adam tref-grief. 8.a
Le Pere, le Fils, & le sainct Esprit sont indiuisez. 1.b
Le premier aage du monde qui commença à l'expulsion d'Adam hors le Paradis terrestre. 10.b
Le rauissement du Prophete Enoch. 11.a
Le repos de Dieu. 6.a
Les Anges gouuerneurs des regnes, & des

TABLE.

citez. 3.a
Le sainct Esprit procede du Pere, & du Fils. 1.b
Le sang d'Abel demande vengeance. 11.a
Les cinq montagnes roulees l'vne sur l'autre. 18.a
Les cinq citez subuerties au lac alphabetique. 21.a
Les eaux tombantes du ciel, fontaines, & fleuues. 12.b
Les sept pechez commis par Lucifer. 6.b
Loth rescoux par Abraham. 19.b
Loth sauué en Segor, & sa femme conuertie en vne statuë de sel. 21.a
Lothaire Roy de France. 97.a
Loys quatriéme, & Loys cinquiéme, Roys de France. 95.a
Loys sixiéme du nom Roy de France. 97.a
Loys septiéme du nom Roy de France. 98.a
Loys huictiéme du nom Roy de France, & sanctifié. 99.a
Luciabel le plus beau & le plus parfaict de tous les Anges. 6.a
Lucrece, Romaine, violee par Tarquin le superbe. 55.a
Lychaon, Roy tyran, mué en Loup. 29.a
Lycurgus, Legislateur en Lacedemone. 42.a

M

Mahommet, son Alchoran, & sa genealogie. 90.a
Magus fondateur de la ville de Rouen sur la riuiere de Seine. 17.b
Manasses Roy de Iuda, & de sa cruauté. 44.b

TABLE.

Manasses captif en Babylone. 45.a
Marc Antoine meurdrier de Ciceron. 69.b
Marie vierge, conceuë sans macule. 71.a
Marie Cleophé, Marie Salomé, Marc Varro, Valere le grand. 72.a
Martian, & Leon empereurs de Rome. 86.b
Mathathias, & ses enfans. 64.b
Mansole, Roy de Carie, & son sepulchre, l'vne des merueilles du monde. 47.a
Melchisedech premier fondateur de Ierusalem. 20.a
Misael, Azaria, & Abdenago, mis en la fournaise. 50.b
Monarchie premiere en Babylone. 16.a
Monarchie deuxiéme sous Cyrus. 52.a
Monarchie troisiéme sous Alexandre. 59.a
Monarchie quatriéme sous Iules Cesar. 68.a
Mort venue à l'homme pour son peché. 9.a
Mort de sainct Pierre, de sainct Paul, & de Seneque. 80.a
Mort est vn dormir. 122.a
Morts ressusciteront. 122.a
Morts se resueilleront par le son de la trompette de l'Ange. 135.a
Moyse reçoit les deux tables. 25.a
Moyse erige le serpent d'airain au desert. 26.a
Moyse incredule, & le murmure du peuple pour de l'eau. 26.a
Mutation des regnes. 24.a
Mydas auaricieux, & le fleuue Pactolus. 31.a

N

Naaman Syrien guari de sa lepre. 42.a
Nabuchodonozor fait la guerre contre

TABLE.

Sedechias. 47.b
Nabuchodonozor mué en vn taureau. 50.b
Naples, & Sicile, prinses par le petit Roy Charles. 104.b
Naum, & de sa prophetie contre la ville de Niniue. 46.a
Nembroth premier monarque sur les Babyloniens. 16.a
Neron le cruel, & Claudius monarques des Romains. 80.a
Nerua empereur, & monarque des Romains. 81.b
Nicolas Osber de Carenten, & Budee Iurisconsulte. 113.b
Noëmy la tres-belle meurt pour ses enfans. 36.b
Nombre des femmes, & concubines de Salomon. 40.b
Nombrement du peuple par Dauid, & sa punition. 39.b
Numa Pompilius, deuxiéme Roy des Romains. 44.a

O

Occision de Cain par Lamech, inuenteur de bigamie. 11.a
Occhus huictiéme, monarque de Perse. 57.a
Octauian Cesar Auguste deuxiéme monarque des Romains. 69.a
Octauia repudiee de Marc Anthoine, & Cleopatre receuë. 69.b
Onias grand prestre en Ierusalem. 62.b
Opinion du commun sans raison. 149.a
Ordonnance du Ieusne, & de la tonsure des Pre-

TABLE.

Prestres. 83.b
Origine de toutes eaux. 6.a
Orpheus parfait chantre, & la vertu de sa harpe. 32.b
Othoniel premier Iuge sur Israel. 29.a
Ouide, Virgile, Cratipe, & Oedipus. 72.b
Ozias & Amazias Roys de Iuda. 42.b

P

Pardon de la croisade. 106.b
Pairs de France maintenant Cheualiers de l'Ordre. 93.a
Paix vniuerselle à la venue de Iesus Christ. 70
Pallas deesse de sapience. 21.b
Panthasilee royne des Amazones. 34.b
Paradis celeste & sa description. 160.a
Paradis lieu des vertueux, & enfer lieu des pecheurs. 160.a
Paschal du Hamel lecteur du Roy. 114.a
Pauie, Bourbon, François de Valois, & l'Empereur. 111.a
Pauures & riches, tesmoins contre les pecheurs. 140.a
Peché mortel v. tesmoin cõtre le pecheur. 140
Peché rend l'homme honteux. 9.b
Peine des damnez. 150.a
Peine du goust, & de la langue. 157.a
Peine du touchement, & de l'ouye. 156.b
Peine deuxiéme des reprouuez. 152.a.& b
Pepin premier Roy de France de la deuxiéme generation. 92.a
Peres & Seigneurs, Roys & Prelats, rendront compte de leurs subiects. 144.a
Peste, glaiue second de Dieu. 108.a
Peuple d'Israel conduit sous la colomne de feu. 24.a

TABLE.

Phaëton tombe dans le Tybre. 24.b
Phalaris tyran, lapidé de son peuple. 45.a
Pharamond premier Roy de France. 86.b
Pharao submergé en la mer rouge. 24.a
Pharos tour en Egypte l'vne des sept merueilles du monde. 61.b
Philippe deuxiéme Empereur de Rome, premier Chrestien. 84.a
Philippe premier du nom Roy de Fráce. 96.a
Philippe Dieu-donné deuxiéme du nom Roy de France. 98.a
Philippe 3. Philippe 4. & Philippe 5. Rois de France. 100.a
Philometor Roy d'Egypte. 63.a
Phocas, Empereur de Rome. 89.a
Pierre Lombard euesque de Paris. 98.b
Playe 8. 9. & 10. d'Egypte. 24.a
Platon, Philosophe diuin. 57.a
Pline, & Plutarque. le Colosse de Rodes. 83.a
Pluralité de benefices & non residence. 126.b
Poitiers, & sa fondation. 33.b
Pompee le grand, consul. 66.b
Pompee, & sa mort, & Iules Cesar. 67.a
Premiere 2. 3. 4. 5. 6 & 7. playe d'Egypte. 23.b
Premier signe du Iugement. 126.a
Prestres desmariez. 84.a
Priscian restaurateur de Grammaire. 88.b
Production de tesmoins contre les pecheurs. 139.b
Prometheus, & Atlas philosophes. 22.b
Prudence des Romains. 166.b
Ptolomee Philadelphe Roy d'Egypte. 61.b
Ptolomee Sother Roy d'Alexandrie. 61.a
Puissance de Dieu. 2.b
Purgatoire, & la peine de ceux qui y sõt. 137.b

TABLE.

Pyramide d'Egypte vne des sept merueilles du monde. 17.b
Pylate preuost en Iudee sous les Rom. 76.a
Pylate exilé & de sa mort. 79.a
Pythagoras philosophe. 49.b

Q

Qvatriéme peine des reprouuez. 153.a
Quintilian, Iuuenal, & Perse. 80.b
Quintus Mutius Augur Sceuola Romain. 47.a

R

Rauissement de Proserpine fille de Ceres. 30.a
Rebellion des Iuifs contre les Romains. 80.b
Regne d'Albanie changé au regne des Romains. 43.b
Regne d'Ital. chágé au regne des Latins. 34.b
Regne de Lacedemone changé. 42.b
Regne de Iuda gouuerné par le grand prestre. 53.b
Regne des Latins changé au regne des Albanois. 36.b
Regnaud de Montauban & ses freres. 93.b
Regulus Attilius, Romain, & de sa mort. 62.b
Reprouuez en peine perpetuelle. 149.b
Resurrection des abortifs sans Bapt. 137.a
Resurrection des corps figurée par le fourment. 122.b
Rhadamante, & Minos freres, Roys de Crete, &c. 29.b
Rhodes, & des cheualiers. 101.a
Rhodes prinse par les Turcs. 107.a
Richard sans peur en Normandie. 101.a
Robert le Normand, dit le diable. 92.b

Aa ij

TABLE.

Robert premier, Roy de France, de la troi-
siéme generation. 95.b
Rome prinse par les François. 53.b
Rome prinse par Charles de Bourbon. 112.a
Romains desolez par les Borboniens. 112.b
Rouen fondé par Magus fils Samothes. 17.b
Rou brusle Angers, assiege Tours, & Paris. 94.a. & b

S

Saba Royne, vint veoir Salomon en Hie-
rusalem. 40.b
Sainct Ambroise euesque de Milan, & sainct
Athanase. 86.a
Sainct Chrisostome, Damascene, Sainct Hie-
rosme, & Sainct Augustin. 86.a
Sainct Denis en France sepult. des Roys. 82.a
Sainct Iean, Sainct Ignace, Iosephus, & Tra-
ian. 82.a
Sainct Martin euesque de Tours. 85 b
Sainct Maurice affligé par l'Empereur Maxi-
mian. 84.b
Sainct Nicolas, Sainct Hilaire, Sainct Mau-
rille, & Sainct Basile. 85.a
Sainct Pierre, S. Paul, & Sainct Denis. 79.a
Sainct Quentin, ville, & Calais. 118.a
Salem dite Hierusalem. 19.b
Salmoneus, son entreprise, & sa mort. 56.b
Salomon edifie vn Temple au lieu du sacrifi-
ce d'Abraham. 40.a
Salomon fils de Dauid Roy de Iuda. 40.a
Samuel, 15 & dernier Iuge sur Israel. 30.a
Sangar 3. Iuge sur le peuple d'Israel. 30.a
Sanson le fort occist vn lion. 35.a
Sanson par sa mort tue les Princes Philist. 35.a
Sapho, & Pindarus. 51.b

TABLE.

Sardanapale met fin au regne des Babyl. 42.b
Saturne expulsé de son Royaume par son fils. 29.a
Saul enuieux contre Dauid. 37.b
Saul tué par les Philisthins. 38.b
Sceptre Royal osté aux Iuifs. 75.a
Scipion Aphricain zelateur du public. 63.b
Scipion Nasique, Consul Romain. 63.b
Sebellins, & leur erreur. 48.b
Seconde hierarchie des Anges. 4.b
Sedechias Roy de Iuda. 47.a
Sedechias captif en Babylone. 48.a
Schon Roy des Amorrheens mort. 26.a
Seleucus puni de Dieu. 63.a
Semiramis Royne de Babylone, & femme de Ninus. 17.b
Semiramis tuee par son fils. 17.b
Senat Romain contre Iules Cesar. 68.b
Separation des iustes & des reprouuez. 139.a
Septiéme aage du monde. 149.b
Seraphins, Trosnes, & Cherubins, en la septiéme hierarchie. 4.b
Sergius auteur de l'Alchorā de Mahomet. 160
Sicheus mari de Dido occis par Pigmalion. 25.b
Signe 1.2.3. & 4. precedēt le Iugement. 127.b
Signes apparus en Hierusalem deuant sa ruine. 80.b
Signes apparus en la natiuité de Iesus Christ. 74.b
Sion haute tour construite par Dauid. 39.a
Si les corps seront reuestus apres le Iugement. 136.b
Si l'homme reprendra sa partie apres la resurrection. 136.b

TABLE.

Sosthenes Roy de Macedone vaincu par les François. 62.a
Substance du ciel & des autres elemens incorruptible. 148.b
Sybile Cumee, dite Dalmathee. 45.b
Sybile Cumee requise d'amour par Apollon. 46.b
Sybile Delphique, dite Themis. 25.a
Sybile erithree excellente entre les autres. 34
Sybile Europhila en Samos. 30.a
Sybile Hellespontique dispute contre Solon. 51.b
Sybile Lybique, & Persique. 27.a
Sybile Tyburtine, dite Albimee. 74.a

T

Tache nulle, ou imperfection du corps apres la resurrection. 156.b
Temple de Hierusalem destruit par Nabuchodonozor. 48.a
Templiers & Chartreux instituez par Bruno. 96.b
Teophrastus, Apuleius, & Plotin. 60.a
Terence philosophe facecieux. 65.a
Terre perira par feu. 115.a
Tesmoignage de Iesus Christ. 76.b. & 78.a
Theseus Roy d'Athenes, & de ses faits. 33.b
Theseus, & Pyrithous demeurez aux enfers. 33.b
Thomas d'Aquin, S. Alexandre des Halles. 99
Thyphon geant. 19.a
Tierce hierarchie des Anges. 4.b
Tite-Liue, Plaute, & Diodorus Siculus. 69.a
Tous animaux peris au deluge. 12.b
Tous animaux indignez contre Adam. 8.b

TABLE.

Tous animaux subiects à l'homme. 5.b
Tous les sens des reprouuez punis en enfer. 156.a
Toute creature, sixiéme tesmoin contre le peché. 141.a
Toute creature rebelle à Adam pour son peché. 9.a
Toute creature viuante mourra deuant le Iugement. 134.a
Tout esprit creé impuissant à cognoistre Dieu parfaitement. 2.a
Tout homme rendra compte de son fait. 144.a
Triple hierarchie des Anges. 4.a
Triumphe aux enfers pour le peché d'Adam. 9.b
Trones, Cherubins, & Seraphins, en la premiere hierarchie des Anges. 4.b
Troye destruite par Hercules. 33.a
Troye destruite par les Grecs, & la mort de Priam. 34.b
Tytius l'enuieux tourmenté aux enfers. 30.a

V

Valerian, Decian, Diocletian, & Maximian empereurs Romains. 84.a
Val de Iosaphat lieu du Iugement. 123.b
Vasthi repudiee, & Hester en sa place. 56.b
Veneration des saincts approuuee. 92.b
Vne seule essence en trois personnes. 2.a
Vertu de la Harpe de Dauid. 38.a
Vesta vierge, & son institution. 17.b
Vieillards, deux, Susanne, & le iugement de Daniel. 52.a
Simon grand prestre en Hierusalem. 61.a

TABLE.

X
Xerxes quatriéme monarque de Perse, 55.b
Xenophon l'eloquent, & Diogenes le pauure. 57.a

Y
YO muee en vachee. 21.b
Yuetot erigé en Royaume. 88.a
Yxion orgueilleux puni aux enfers. 30.a

Z
Zacharie lapidé dans le Temple. 42.a
Zacharias, Esdras, & Malachias. 55.b
Zeuxis, Appelles, Prothogenes, & Parrasis, peintres. 60.a
Zeno, & Crisipus, Philosophes. 62.a
Zorobabel parfait la Cité, & le Temple de Hierusalem. 55.b

FIN.

M. PIERRE LOMBARD, PAR
LEQVEL A ESTÉ COLLIGÉ
l'Indice, ou Table de ce prsent liure, aux veillans Lecteurs,
D. S.

Comme aux plaisans vergers, l'abeille industrieuse,
Emplit d'vn doux Nectar, sa ruche mi-elleuse,
Qu'elle va suçotant, en mille, & mille fleurs:
Ainsi, mes bons amis, ayant leu ce beau liure,
Vn million de fois, entre vos mains ie liure,
L'vn ordre Alphabetic, support de vos labeurs.

1568

815. **NORMANDIE**. Le Miroir d'Eternité, comprenant les sept aages du monde, les quatre monarchies, et diversité des règnes d'iceluy. En la fin duquel sont contenus le général jugement de Dieu, la peine des réprouvez et la gloire des predestinez, composé par M. Robert Le Rocquez, de Carentan, en Normandie. *A Caen, de l'imprimerie de Pierre Le Chandelier,* 1589, pet. in-8, mar. rouge, dos orné, fil. à comp. et ornem. sur les plats, fil. int., tr. dor. (*Gruel.*) 120 »

Ces poésies, qui n'ont vu le jour que vingt-neuf ans après la mort de l'auteur, sont d'une très grande rareté.

Elles contiennent quelques pièces en patois normand.

www.ingramcontent.com/pod-product-compliance
Lightning Source LLC
Chambersburg PA
CBHW052120230426
43671CB00009B/1054